名师名校名校长书系

U0589287

且教且反思

高中物理教学探究

曾长兴 / 著

吉林人民出版社

图书在版编目（CIP）数据

且教且反思：高中物理教学探究 / 曾长兴著. —

长春：吉林人民出版社，2019.6

ISBN 978-7-206-16151-3

Ⅰ.①且… Ⅱ.①曾… Ⅲ.①中学物理课—教学研究

—高中 Ⅳ.①G633.72

中国版本图书馆CIP数据核字（2019）第137114号

且教且反思——高中物理教学探究
QIEJIAOQIEFANSI GAOZHONG WULI JIAOXUE TANJIU

著　　者：曾长兴　　　　　封面设计：姜　龙

责任编辑：郝晨宇　崔剑昆

吉林人民出版社出版发行（长春市人民大街7548号　　邮政编码：130022）

印　　刷：北京虎彩文化传播有限公司

开　　本：787mm×1092mm　　1/16

印　　张：15.75　　　　　字　　数：284千字

标准书号：ISBN 978-7-206-16151-3

版　　次：2022年6月第1版　　印　　次：2022年6月第1次印刷

定　　价：45.00元

目录

第三章 高中物理有效教学思考

第四章 "教学相长"的成长与收获

第一章

高中物理研究课题申报

第一节　案例1：中学物理"三动一参与"
教学模式研究

一、课题研究背景

随着科学技术的发展和信息时代的到来，教育面临着新的挑战，时代要求我们把学生培养成具有创造性、开拓性的新一代，他们不但要有扎实的基础知识，还要在多方面具有较强的能力。2001年5月国务院颁布的《国务院关于基础教育改革与发展的决定》中要求："改进教学方法和模式，注重培养学生的创新精神和实践能力，为学生终身发展奠定基础。学校和教师要把激发和保持学生的学习兴趣和热情、获得学习的能力放在首位。要努力改进教育教学的方法，改变以往满堂灌、死记硬背、搞题海战术的方式，大力提倡启发式教育，推行研究性学习。"2001年6月教育部颁布《基础教育课程改革纲要（试行）》，其中也明确指出了："改革课程实施过于强调接受学习、死记硬背、机械训练的现状，倡导学生主动参与，乐于探究、勤于动手，培养学生搜集和处理信息的能力，获取新知识的能力，分析和解决问题的能力以及交流与合作的能力。"2003年3月教育部再次颁布《普通高中物理课程标准（实验）》，其中指出："高中物理课程应促进学生自主学习，让学生积极参与、乐于探究、勇于实验、勤于思考。""注意学生的个体差异，帮助学生认识自我、建立自信，促进学生在原有水平上发展。"这一系列文件的颁布实施，标志着我国基础教育新一轮课程改革的正式启动。

全球"可持续发展"战略明示我们：一个国家要增强综合国力，就必须提高国民素质，必须要求全体社会成员——无论是城市还是农村；是发达地区还是欠发达的少数民族地区的社会成员，都要具备"学会学习、学会做人、学会真诚、学会共同发展"四种基本素养。要求中小学教育特别是少数民族地区在全面推进素质教育过程中，注重培养学生的创新精神和能力，为造就大批创新型人才，为提高全民族的素质和创新能力奠定基础。

我校是一所少数民族地区普通高级中学，学生来源于普通的农村初级中学。由于教学资源短缺，优质生源严重流失，到我校就读的学生学习基础普遍较差。这些学生在学习物理上有以下表现：学生或对学习物理产生畏惧、缺乏信心；或者是开始想学好物理，但遇到太多的困难后学习信心屡次受挫，学习成绩不断下滑，有些干脆放弃学习物理。

为更好地在少数民族地区普通高中实施高中物理课程改革，结合我校实际，我校物理科组提出了"中学物理'三动一参与'的教学模式研究"的课题研究。该课题借鉴了乳源高级中学"目标体验课堂教学模式"省级课题研究的成功经验，以"充分发挥学生的主体性"推动"三动一参与"教学模式的实施，从而让学生"动脑""动手"和"动口"，通过学生的广泛参与，探寻适合我校、适合瑶族地区物理教学的方法和策略，为少数民族地区教育事业的发展做出有益的探索。

二、课题研究内容

在教学中坚持面向全体学生，承认学生个体差异，努力创造条件促使每位学生的个性特长都能够得到充分的发展。通过物理课堂教学改革，充分发挥学生的主体作用，发展学生个性，激活物理课堂，让物理课堂教学"动"起来。通过让学生"动脑""动手"和"动口"，促进学生的主体精神、创新意识和实践精神等各方面素质的整体发展，培养学生科学素养、科学态度和科学精神。

课题研究内容主要包括以下三个方面：

（1）中学物理学习中的常见障碍问题及障碍形成的原因分析；

（2）研究我校中学物理"三动一参与"教学策略的建立；

（3）制订适合我校物理课堂教学"三动一参与"策略的计划。

三、课题研究重点、难点

教师如何创设物理教学情景使学生有动脑、动手、动口的冲动是本课题研究的重点；让学生获得学习的成功感从而树立进一步学习的信心是本课题研究的难点。

四、国内外同类课题研究现状

我省新课程改革已历时五年多，物理新课程理念研究论文频频见诸各种物理报纸杂志，但大多是从物理教学的普遍规律或从教学案例这个层面来探讨物理教学方法，且这些领域的成功研究案例多数是出现在规模较大的汉区中学或重点中学，少数民族学校物理教改成功的案例尚不多见。我校是一所全市生源最差的民族高中，开展本课题研究进行课堂教学改革属于初步尝试。

五、课题研究的意义

广东省新课程改革已历时四年，关于高中物理新课程课堂教学的论文频频见诸各种物理报纸杂志，但已有的物理教学研究多数停留在对概念、意义、理论基础及宏观策略等方面的探讨。即便有策略等方面的探讨，但关于少数民族地区一般高中学校怎样制定课堂教学策略，全面贯彻落实新课标、完整系统地研究物理教育教学的策略研究尚处于起步阶段。在全省仅有的三个民族地区，受经济发展水平的制约、家长落后观念的影响，学生不想学、主动性差、积极性不高。正是基于这样的认识，我们选定"中学物理'三动一参与'教学模式研究"作为研究课题，研究探索适合连南民族高中物理教学，又能全面落实"高中物理新课标"的课堂教学模式，为省内外的少数民族学校提供有益的经验。

六、研究的基本思路和方法

根据本课题的特点，我们确定了研究的基本思路和途径：实施课内外相结合的途径；学生理论学习与教师课程辅导相结合的途径；个体疏导与整体指导相结合的途径；形成阶段性结论再整体推广的途径。同时，根据提高民族地区高中学生学习物理教学的策略，在学校建立物理学习兴趣小组；开展多种课内外物理兴趣活动；立足课堂，营造良好的物理学习氛围；创新物理实验活动，拓展物理学习的空间；注重激励，发挥榜样作用，拨动学生学习物理的琴弦。

七、对课题实施、完成条件的论证

（一）负责人的研究水平、组织能力和时间保证

课题负责人曾长兴：中学物理一级教师，毕业于北京师范大学物理教育专业。现任连南民族高级中学物理科组长、高三级副级长，从事高三物理教学工作，具有较强的教学组织能力和丰富的高中物理教学经验。2006年4月负责完成江西省中小学、幼儿园教育技术实验研究课题"现代信息技术与物理教学整合的研究"的立项，已申请结题验收；教学论文《高中物理解题四步法》发表

于《抚州日报》；《电磁感应现象中的导电滑轨问题》发表于《科技导报》；编著了《PK 高考》《学习的艺术》《重点、难点、热点》等高中物理教辅资料。

（二）课题参与者的研究水平和时间保证，资料设备，科研手段

甘继宁：中学物理一级教师，毕业于广东教育学院物理系教育专业，现担任高三物理教学工作，任教 17 年，具有丰富的教学管理经验，多篇论文曾获市、县级奖。

劳淼：中学物理二级教师，大学本科毕业，理学学士学位。现担任高二年级物理备课组长，担任高二年级班主任和物理教学工作。2007 年 6 月完成了"物理课堂教学中如何提高学习效率"校级课题立项；连续获 2007 年年度、2008 年年度连南县优秀教师和校优秀班主任称号，具有一定的物理教学经验和组织协调能力。

凌翔：中学物理二级教师，大学本科毕业，理学学士学位。现担任高一物理班主任和教学工作。2007 年 6 月完成了校级课题"电脑与物理教学初探"立项工作，具有丰富的教学经验和组织协调能力。

李世恩：中学物理二级教师，大学本科毕业，理学学士学位。现担任高二年级物理教学。2007 年 7 月参与完成学校课题"电脑与物理教学初探"研究，2007 年被评为校级优秀教师。

闫坤鹏：大学本科毕业，理学学士学位，年富力强，有充足的精力完成课题研究。

（三）课题组人员分工

曾长兴主持课题研究并担任管理工作。

骆玉鹏、甘继宁负责定期考察指导工作，落实高中物理教学日常工作及周工作安排。

劳淼、凌翔，负责年级集体备课管理及学生学习动员、学法指导工作；李世恩、闫坤鹏，负责数据分析与统计，做好学生的心理教育工作。

我校现有专职物理教师 10 人，物理实验员 2 人，计算机教师 2 人，有物理实验室 3 间，多媒体教室 9 间，计算机 300 台，每个科组办公室配备了电脑及宽带。学校专门订阅了《中学物理教学参与》《物理教师》等教学资料，电子阅览室及图书馆全天开放，可为顺利开展课题研究提供充分的保证。

第二节　案例2："错题本"在高中物理

反思性学习中的实践研究

◆·高中生物理"错题本"使用现状的调查与思考·◆

一、问题的提出

在与一些教师交流的过程中，我们会经常听到这样的声音："其实考试的题目，很多我都在课堂上讲过，但是学生还是常常犯错，还是不会做。"也经常听到学生在考完试后说："这道题（或这类型）的题我做过，但是在考试的时候我就是想不起来。"出现这种"题到手边仍做错"的现象，原因在于学生经常处于机械、盲目的练题之中，以至于不断重复过去的错误，这就造成了大量的时间和精力的浪费，学习效率低下。这些问题在很大程度上是因为学生缺少对错题进行的管理而产生的。

错题本身就是一种学习资源，而且是为学习者量身定做的资源。在国外各个领域的研究中，越来越重视错误的价值，如 Hcimbeck（2003）、KellyA. ehillarege（2003）、Lorenzel（2005）等研究表明，只要积极正视自身的错误，并且对其进行行之有效的管理，就能达到事半功倍的效果。近年来，我国的研究者也开始关注学生学习过程中的错题管理研究。国内从心理学角度研究错题的管理，并且提炼和使用"错题管理"一词的是北京师范大学的刘儒德教授，目前错题管理的研究在国内还处于起步阶段，具有局限性、单一性。比如，刘儒德教授（2004）的研究只考察了高一一个年级中不同学习水平学生的差异，没有对全校学生进行深入的研究，而且也没有对不同性别、不同学业水平、不同年级的学生之间的差异进行深入细致的分析。鉴于此，本文进行了进一步的调查分析，以期获得丰富错题管理的研究的成果。

我校物理科组提出的"'错题本'在高中物理反思性学习中的实践研究"立

足于我校学生实际，能够充分调动师生的积极性，促使教师在批阅错题时发现问题，学生在整理错题过程中改进方法，最终提高我校学生的物理核心素养。课题的立项通知如图 1-1 所示。

河源市教育局

河源市 2017 年中小学（幼儿园）教学研究课题
立项通知

曾长兴同志：

经评审，你申报的课题"'错题本'在高中物理反思性学习中的实践研究"被批准为河源市 2017 年中小学（幼儿园）教学研究课题。

根据《河源市中小学（幼儿园）教学研究课题管理办法（试行）》要求，接此通知后，请尽快在三个月内组织开题，制定具体的实施方案，并将开题报告和实施方案报市教育局课题管理办公室（教学研究院 403 室）。

课题名称："错题本"在高中物理反思性学习中的实践研究

课题编号：hy17062

成果形式：论文、研究报告、教学资源

完成时间：2019 年 1 月 31 日

2017 年 6 月 26 日

图 1-1　课题的立项通知

二、调查对象与方法

（一）被试

本研究选取河源高级中学高一（10）班、高二（8）班和高二（16）班三个班的 143 名学生进行测试，其中有 10 张问卷没有被回收，132 人为有效被试。在这三个班级中：高二（8）班学生整体成绩比较优异，属于优等生；高一（10）班学生刚接触高中物理，成绩中等，属于中等生；高二（16）班的学生学习成绩整体偏差，属于学困生。具体情况如表 1-1 所示。

表 1-1 调查对象分布情况

类型	性别		年级		学业水平		
项目	男	女	高一	高二	优等生	中等生	学困生
人数	64	68	51	81	41	51	40
比例（%）	48.48	51.52	38.64	61.36	31.1	38.6	30.3

（二）研究工具

本研究将刘儒德的《中学生错题管理策略调查问卷》改编为《高中生物理错题本使用现状调查问卷》并将其作为研究工具，该问卷共 20 道题，共涉及四个部分：

（1）学生的基本情况（2 道题）包括：性别、年级；

（2）错题管理的现状（3 道题）包括：错题出现的情况、错题出现时学生的情绪、学生是如何处理错题的；

（3）学生对待错题本的态度（5 道题）包括：对建立错题本的必要性的认识、建立错题本的原因以及是否有使用错题本的习惯；

（4）错题本的管理行为、策略（10 道题）包括：错题的收集、分析、整理、反思、再学习等。

本研究采用结构性问卷的形式进行调查，问卷的顺序按照学生的认识顺序进行编排，结构合理。

（三）调查过程

问卷调查是利用晚自习时间以班级为单位集中进行的。调查前告知被试，本调查不涉及对个人的评价，要如实作答，整个过程约 15 分钟。

（四）数据处理

本研究采用"问卷星"调查问卷软件处理和分析数据。

三、调查结果与分析

（一）调查总体情况

物理错题管理的三个方面：错题管理的现状；学生对待错题本的态度；错题本的管理行为、策略。调查的基本情况如表 1-2 所示。

表1-2　物理错题管理量表测量结果的描述性统计

被试	项目		比例（％）
错题现状	反复出错	偶尔	74.24
		经常	25.76
	错题态度	认真	56.06
		无所谓	2.27
	解决方式	独自解决	59.85
		放任不管	4.55
建错题本态度	必要性	很有必要	49.24
		没必要	6.82
	有用性	有用	95.45
		无用	4.55
错题本管理行为、策略	内容与注重点	分析与反思	62.88
		错题及答案	26.52
	整理的自觉性	自觉	26.52
		不自觉	21.21
	错题数量	多	4.55
		适量（典型）	78.03
	错题反思	够	13.64
		不够	86.36
	考试前使用	有用	93.18
		无用	4.55

从表1-2中可以看出，学生对待错题无所谓的态度比例为2.27%，放任不管的比例为4.55%，其占比都很小，说明同学们对待错题的态度很不错，大部分同学学习比较认真。从整体上来看，无论是对待错题的态度、对待建立错题本的态度，还是对待错题本的态度都可以看出，学生对错题整理很重视。具体来看：学生对待错题的态度以及对待建立错题本的态度表现稍好，而错题管理的行为、策略做得比较差；从学生整理错题的自觉性、反思、翻看错题本的情况可以看出：学生管理错题的自主性、自觉性还不够；在管理错题的策略方面，学生对物理错题的管理策略水平低，学生苦于没有好的管理方法。

（二）调查结果差异性分析

1. 性别比较

本研究运用题型交叉研究技术，对不同性别的学生进行比较，结果如表1-3所示。

表1-3　不同性别学生物理错题管理的差异

被试	项目		男生（%）	女生（%）
错题现状	反复出错	偶尔	79.69	69.12
		经常	20.31	30.88
	错题态度	认真	51.56	60.29
		无所谓	1.56	2.94
	解决方式	独自解决	64.06	55.88
		放任不管	6.25	2.94
建错题本态度	必要性	很有必要	37.5	60.29
		没必要	12.5	1.47
	有用性	有用	92.19	98.53
		无用	7.81	1.47
错题本管理行为、策略	内容与注重点	分析与反思	76.56	57.35
		错解及答案	92.19	30.88
	整理的自觉性	自觉	65.62	27.94
		不自觉	34.38	14.71
	错题数量	多	3.13	5.88
		适量（典型）	73.44	82.35
	错题反思	够	18.75	8.82
		不够	81.25	91.18
	考试前使用	有用	92.19	98.53
		无用	7.81	1.47

从性别方面来看，无论是男生还是女生，对于错题都有错题重犯的经历，而且还有三分之一左右的学生还经常重犯错题，从表格中可以看到无论是在对待错题的态度、还是在建立错题本的态度方面，女生都优于男生，女生比男生更能积极地面对错题，珍视错题的价值，更能够以积极的态度面对错题，说明女生整体的学习态度都要比男生好。但是在错题本的管理行为、策略方面，男

生优于女生，但差异没有达到显著水平。无论是学习态度还是在错题管理策略，男生的两极化现象都会比女生严重，但整体上看，男生、女生都还不错。

2. 年级比较

本研究涉及高一、高二两个年级的学生本，运用题型交叉研究技术，对有年级差异的学生进行比较，结果如表1-4所示。

表1-4　不同年级学生物理错题管理的差异

被试	项目		高一（%）	高二（%）
错题现状	反复出错	偶尔	78.43	71.6
		经常	21.57	28.4
	错题态度	认真	72.55	45.68
		无所谓	0	3.7
	解决方式	独自解决	64.71	56.79
		放任不管	1.96	6.17
建错题本态度	必要性	很有必要	52.94	46.91
		没必要	5.88	7.41
	有用性	有用	98.04	93.83
		无用	1.96	6.17
错题本管理行为、策略	内容与注重点	分析与反思	56.86	66.67
		错解及答案	29.41	24.69
	整理的自觉性	自觉	84.31	75.31
		不自觉	15.69	24.69
	错题数量	多	5.88	3.7
		适量（典型）	84.31	74.07
	错题反思	够	17.65	11.11
		不够	82.35	80.25
	考试前使用	有用	98.04	93.83
		无用	1.96	6.17

通过对高一、高二的基本数据进行分析后发现，高一学生无论是在对待错题现状、错题本的建立还是在错题本的管理行为、策略方面都优于高二学生，

这表明高一学生对错题管理整体水平远比高二学生好。至于其中原因，或许是高二学习科目的的内容与难度增加了，特别是作业量要比高一大得多。另外，教师也忙于教学任务，追赶教学进度，缺乏对学生进行错题管理的监控教育，这其中的原因在问卷中也得到了验证。在错题数量以及对错题本的重视程度方面，可以看到高二学生对错题的筛选能力优于高一，对错题的分析与反思的理解能力也要比高一学生好。

四、调查结论与教学建议

（一）调查结论

（1）高中生总体的物理错题管理情况处于一般水平，能够重视物理错题的价值。对物理错题本的建立，态度积极，但在物理错题本的管理行为、策路方面，处于较低水平。

（2）从学生性别比较来看，除物理错题本的管理行为、策略外，在其他方面。女生都优于男生，但差异不会太明显。

（3）对高一年级和高二年级学生物理错题管理进行比较后发现，高一学生在对待物理错题的态度，对错题本的重视程度，对错题本的管理行为方面都优于高二学生，但在错题的筛选方面能力稍弱于高二学生。

（二）教学建议

1. 重视错题、错题本的教育功能

当前，一线教师对错题的研究主要集中在错误的原因分析上。并逐渐涉及教育学和心理学，而把学生的错题、错题本作为教学资源来研究的较少。研究认为，利用错题、错题本不仅可以培养学生良好的思维品质和坚强的意志品质，更重要的是具有加深学生对知识的理解和端正教师对待学生错题的态度等优势。

2. 加强错题、错题本管理行为、策略的教学

这是提高学生错题管理能力、增强错题管理行为自觉性、有效性的关键。也是当前物理错题、错题本管理的薄弱环节。策略是可以习得的，教师在教学中应该进行错题管理策略的示范，尤其是错题的收集、分析、整理、利用等策略，鼓励学生与同伴交流、学习和评价，鼓励学生在学习过程中不断运用这些策略，以形成适合自己的错题管理策略。

3. 制定行之有效的错题、错题本管理训练计划

重视错误的目的是为了最终不犯错。国外最近的一项研究表明，学习者重新看待错误，将错误视为获得情绪和认知处理策略的一个机会，积极施行错误

管理以避免犯错误更能提高成绩和自我效能感。从调查结果来看，学生在错误管理的行为上缺乏自主性和持续性。更没有形成具有自我特色的错题、错题本管理方法，教师在实际教学过程中，口头要求居多，最多也只是将学生的错题本收集上来批改，没有形成一套错题管理训练机制。因此，师生双方均没有将错题、错题本管理作为日常教学的一部分，致使错题、错题本的管理工作浮于表面，很难取得实效，被学生误认为"额外强迫任务"。据此，为使错题、错题本管理制度化、规范化、科学化，制订一份切实可行、行之有效的错题管理训练计划显得格外重要，这也成为教学过程的重要组成部分。

◆·送审报告·◆

一、课题研究设计及论证

（一）课题提出的背景、意义与所要解决的主要问题

1. 课题提出的背景

反思性学习是近些年来教育界十分倡导的一种学习方式，它是提倡学生对自己的思维过程、思维结果进行重新认识，从而找出其中的偏差，进而提高思考效率和学习成绩的一种过程。

美国心理学家桑代克说过："学习的过程，是一种渐进地尝试错误的过程。"可以说，没有错误就没有真正意义上的学习。因此，利用错题本拓展师生共同成长的空间，使错题本成为一种重要的学习资源，正是新课程改革背景下教师促进学生学习，达成教学目标的必经之路。

在高中物理教学中，透视学生的作业和试卷，错误随处可见。学生对自己的错题不会管理，缺乏意识与方法，对反思缺少兴趣，也不知道如何反思。面对这种情况，如何准确地找到学习上的漏洞，培养物理学习的好习惯就成了当务之急，制作一个全面、个性化的高中物理"错题本"是一个非常好的办法。

2. 课题的意义

（1）有利于提高学生的学习策略和解题能力，促使每位学生都能独立完成各自的任务，发展个性、特长。

（2）能促进学生在错题积累过程中不断反思，积累经验，逐步形成反思的意识，培养学生学习物理的好习惯。

（3）有助于教师对自身教学行为进行自我检查、自我校正和自我强化，有

助于提升教师的专业知识功底、教学科研能力和课堂教学能力。

3. 课题所要解决的主要问题

（1）探究"错题本"在高中物理反思性学习中的重要性及作用，改进教师的教学方式，提升教师的专业水平。

（2）以学生的错题库为切入口，以教师跟踪指导为手段，培养学生对错题的分析、归纳能力，探索解决问题的有效策略。

（二）课题的核心概念及其界定

1. 错题

本课题研究的错题是指学生在作业、考试过程中因为审题不清，知识掌握不牢固而导致的答题错误。

2. 错题本

本课题研究的错题本是学生用来收集高中物理"易错题""难题""典型题""一题多变""一题多解"等题型的本子。

3. 反思性学习

本课题研究的反思性学习是指学生在收集错题的过程中，针对解题时"屡屡犯错"的原因对错题加以订正和分析，并寻找解决策略的研究活动。在本课题中，主要强调如何培养学生掌握错题的反思能力。因此，从概念上来说与一般的反思性学习有着本质区别。

（三）与本课题有关的国内外研究现状（包括本课题研究的主要理论依据及观点）

1. 国内外研究现状

百度搜索"反思性学习"的相关结果有 7 920 000 个，搜索"高中物理反思性学习"的相关结果有 1 830 000 个；搜索"'错题本'在高中物理反思性学习中的研究"的相关结果有 1 390 个；但这些内容基本上是作为某些主要内容的一小部分出现，没有作为一个专项课题对其进行研究。

一些经验丰富的名校名师联合衡水重点中学状元整理出了一种手写笔记——《错题笔记》，独创了一种加批注的方法，把状元的思考过程展示出来。但这些笔记不是自己的真实感受，那些错题也不一定是自己的错误。并且，这些笔记只是指导学生能通过发现自己的错误进行一定的反思，争取以后不犯类似的错误，或者由教师分析整理犯错的原因后选择一些针对性的练习使学生降低错误率。

2. 本课题研究的主要理论依据及观点

（1）建构主义学习理论：知识不光是通过教师传授得到的，也是学生在一定的情境（即社会文化背景）下，借助他人（包括教师和学习伙伴）的帮助，利用必要的学习资料，通过意义建构的方式不断地进行反思、概括和抽象获得的。

（2）"最近发展区"理论：根据这一理论，课堂应把问题设置在学生智力的"最近发展区"内，让学生跳一跳，然后摘到"桃子"，这样才能激发学生思考的积极性，才能有效地促进学生智力的发展。

（3）布鲁姆的掌握学习理论：几乎所有的学生（除智障者）都能掌握90%以上的学习内容，区别仅是所需时间的长短。

（四）研究的目标、内容（或子课题设计）与研究重点

1. 研究目标

通过研究使学生学会建立错题本，养成及时整理错题的习惯，并利用错题本改善教与学，使学生能够经常巩固复习，使教师及时发现学生的问题并及时解决教学中的问题。

2. 研究内容

（1）研究学生出现错题的原因及教师采取的对策。

（2）研究如何建立错题本，如何利用错题本改善教与学，发挥错题本的作用；

（3）研究如何利用错题本促进高中物理反思性学习。

3. 研究重点

研究主体学生能针对自己形成个性化的"错题本"，能通过对错题的反思性学习，使自己更准确地掌握基础知识，培养审题能力、反思能力，提高学习效益。

（五）研究的思路与方法

1. 研究思路

（1）课题研究的准备阶段（时间：2017年4月—2017年5月）

理论学习形成调查方案，集中课题组成员重点学习相关的教学论著，进一步提高理论水平。

（2）初步调查、探索阶段（时间：2017年6月—2017年7月）

以我校高一年级重点班和创新班的学生为研究对象，进行调查数据采集，做好对比、分析，完成《学生错题修改及教师对错题利用的状况调查研究》调查问卷。

（3）初步实践阶段（时间：2017年8月—2018年2月）

以实验班学生为实践的载体，运用不断完善的研究成果指导学生正确利用错题本提高学习反思能力，并构建研究论文写作的基本框架。

（4）完善实践阶段（时间：2018年3月—2018年5月）

将初步的研究成果在本校非实验班级进行推广，进一步提高学生利用错题本促进反思性学习的能力，完成阶段性论文写作。

（5）结题总结阶段（时间：2018年6月—2018年7月）

整理所有的课题资料，撰写最终成果论文，申请结题验收和研究成果的鉴定。

2. 研究方法

（1）文献法：通过查找资料，了解本课题研究的现状并加以筛选和借鉴有效经验，并将其运用于本课题的研究。

（2）行动研究法：以错题本为载体，把行动和研究紧密结合起来，并在教学实践中不断地探究、反思、提升。

（3）经验总结法：在课题研究的过程中，教师要对错误资源的生成、解决、反思三步进行总结，使之形成经验理论。

（4）个案研究法：对典型学生的错题本进行跟踪分析，寻找课题研究进展的突破口。

（5）问卷调查法：在实验过程中采用问卷、谈话、观察等方法进行调查，收集各类数据，并对数据进行分析，从学生"学"和教师"教"的角度了解"错题本"在高中物理解题反思中的作用。

二、完成项目的可行性

完成项目的可行性包括：课题组核心成员的学术或学科背景、研究经历、研究能力、研究成果；围绕本课题所开展的前期准备工作，包括文献收集工作、调研工作等；完成研究任务的保障条件，包括研究资料的获得、研究经费的筹措、研究时间的保障等。

（一）课题组核心成员的学术或学科背景、研究经历、研究能力、研究成果

课题组负责人：曾长兴，中学物理高级教师，广东省骨干教师培养对象，河源市首批"首席教师"之一，教育硕士，物理教研组长。曾主持国家级课题获全国一等奖，省级课题顺利结题，县级课题获广东教育学会第三届教育科研规划小课题研究成果三等奖。先后发表论文二十余篇，编写教辅资料十二本。《严谨·简约·朴实——我的教学风格》于2016年6月发表在《如何形成教学风格——名师典型案例的多维解读·综合卷之二》教学丛书中。

课题组成员：

叶友辉：中学一级教师，本科学历，东源县物理学科带头人，由其编写的《伏安法测电阻的改进电路双伏单安法研究》在市级中学论文评比中获二等奖。

吴兴宝：东源县物理学科带头人，东源县优秀教师，全国中学生物理竞赛优秀辅导员，其论文《善用"注意"规律，优化高中物理课堂教学》于 2015 年发表在《考试报综合信息版》（第 1051 期）。

张俊锋：自 2010 年以来一直担任重点班教学工作，有较多的命题、资料选编等工作经验，担任省级课题《山区高中物理模型的构建与实践研究》子课题《电学习题模型的构建》主持人。

刘淑婷：2015 年毕业于华南师范大学，获理学学士学位，2016 年 12 月在河源高级中学青年教师基本功大赛中获二等奖。

王秋映：韩山师范学院本科毕业，学士学位，2016 年 12 月在河源高级中学青年教师基本功大赛中获三等奖。

（二）围绕本课题开展的前期准备工作

2016 年 9 月 19 日—9 月 23 日，课题组负责人观摩了河北衡水中学教学开放日的课堂教学，收集并整理了该校的错题笔记；2017 年 3 月 30 日—3 月 31 日，课题组全体成员到深圳红岭中学参观学习，深入了解了红岭中学学生使用错题本的情况。课题组成员通过网络和图书积极查阅了相关资料，人手一本衡水重点中学状元手写笔记《错题笔记》（高中版物理）。

（三）完成研究任务的保障条件

我校是河源市重点高中学校，学校领导对教科研工作一贯给予大力支持，在教科研工作的组织管理、资金投入、考核奖励等各个方面，都建立了较为完善的制度，为课题研究工作的正常开展提供了硬件保障。

◆ · 开题报告 · ◆

一、开题活动简况

（一）时间

2017 年 11 月 17 日下午 15：00～17：00。

（二）地点

河源高级中学行政楼 3 楼行政会议室。

（三）评议专家（见表1-5）

表1-5　评议专家介绍

序号	姓名	工作单位	职务、职称
1	赖曼珍（组长）	河源市教育局	广东省新一轮百千万名教师培养对象，广东省特级教师，中学英语正高级教师，河源市教育教学研究院副院长、河源市中小学（含幼儿园）教学研究课题管理工作领导小组副组长。本课题开题论证专家组组长
2	陈瑰瑛	河源市教育局	市教育教学研究院物理学科教研员，中学物理高级教师
3	陈　炜	河源市教育局	市教育教学研究院化学学科教研员，中学化学高级教师

（四）参加人员

冯军发（河源高级中学教师发展处副主任）、曾长兴、叶友辉、张俊锋、吴兴宝、刘淑婷、王秋映。

（五）议程

（1）主持人介绍参加开题报告会的领导、专家。

（2）市教育局中小学教学研究课题管理工作领导小组副组长、市教育教学研究院副院长赖曼珍同志宣读课题立项证书。

（3）课题负责人作开题报告，陈述课题研究的方向、内容及目标。

（4）专家作课题论证指导。

（5）学校领导表态发言。

（6）课题组成员与领导、专家合影留念。

二、开题报告要点

（一）选题背景与研究意义（含学术价值与应用价值）

1. 选题背景

2015年10月教育部下发的《普通高中物理课程标准（修订稿）》指出："物理核心素养是学生在接受物理教育过程中逐步形成的适合个人终身发展和社会发展需要的必备品格和关键能力，是学生通过物理学习内化的带有物理学科特性的品质，是学生物理核心素养的关键成分，主要由'物理观念''科学思维''实验探究''科学态度与责任'四个要素构成。"物理核心素养的形成需要通过教育教学实践得以落实。随着新课程标准的实施,反思被提到了应有的高度,反思性学习有助于提高学生学习能力,是学生学习时不可或缺的关键环节。在中学物理教学中,巧妙地运用"错题本"能促使学生在错题积累中对自己的思维过程、思维结果进行重新认识,从而找出其中的偏差,进而提升思维、提高成绩。

著名科学家钱学森曾说:"正确的结果,是从大量错误中得出来的。没有大量错误做台阶,也就登不上最后正确结果的高座。"这句话意在强调错误在科学研究中的重要作用。纵观我们的物理教学,不少教师都有这样的烦恼:反复练习的习题,学生仍会犯错,栽倒在同一个错误上。不少学生都有这样的怨言:物理题目怎么这么多,这么难,我做来做去还是不会做。因此,建立一个符合学生学习能力的、系统的、可操作的高中物理"错题本"已成为广大教师和学生的共同需求。

基于认知心理学元认知理论,我校物理科组提出"'错题本'在高中物理反思性学习中的实践研究",拟借助我校的"智学网"在线阅卷、评测等功能,为学生提供考试报告、个性化学习;为教师提供成绩分析、学情追踪等功能,通过"互联网+错题本"大数据最终达成改进教师教学方式,培养学生反思能力的目标。

2. 研究意义

教师应多关照学生的情感体验,建立、应用错题本,并将其转化成较珍贵的教育资源,通过学生的自我探索、自我体验等方式,在"寻错""纠错""用错"的探究过程中,把错误转化为一次新的学习,引导学生议错赏错,从错误中获得成功。建立和应用错题本有利于培养他们在做过练习之后及时总结、反思的习惯,同时节约了复习时间,提高了自主学习能力和效率。

(1)学术价值:通过本课题的研究,一方面,为如何建立错题本、错题本上应记录什么、如何高效利用错题本提供有效指导性策略;另一方面,可以提高教师的教学、科研能力,丰富新课标理念的实践经验,为进一步提高学生的物理学科核心素养提供一定的理论参考。

(2)应用价值:一方面,有利于培养学生做过练习之后及时总结、反思的习惯,同时节约了复习时间,提高了自主学习能力和效率;另一方面,可以帮助老师把握重点、突破难点、找好着力点,提高科组的备考水平和教科研能力。

(二)课题的核心概念及其界定

1. 错题

本课题研究的错题是指学生在作业、考试过程中因为审题不清,知识掌握不牢固而形成的错误答题。

2. 错题本

本课题研究的错题本是学生用来收集高中物理"易错题""难题""典型题""一题多变""一题多解"等题型的本子。

3. 反思性学习

本课题研究的反思性学习是指学生在收集错题的过程中，针对解题时"屡屡犯错"的原因对错题加以订正和分析，并寻找解决策略的研究活动。在本课题中，主要强调如何建立错题库及培养学生掌握错题的反思能力。

4. 智学网（http://www.zhixue.com/）

智学网是科大讯飞股份有限公司面向学校日常考试及发展性教学与学习评价需求推出的基于知识点地图和优质题库资源的智能化教学辅导平台，为用户提供简单易用的系统操作和全面资源服务，通过大数据分析充分挖掘校园考试价值，基于云服务的 PC 及移动终端综合方案为每一名老师和学生提供"针对性教"和"个性化学"的信息化环境与服务。

（三）与本课题有关的国内外研究现状（即文献综述）、主要理论依据及观点

1. 国内外研究现状

百度搜索"反思性学习"的相关结果有 7,920,000 个；搜索"高中物理反思性学习"的相关结果有 1,830,000 个；搜索"智学网"的相关结果 50,000 个；搜索"'错题本'在高中物理反思性学习中的研究"的相关结果有 1,390 个，这些内容基本上是作为某些主要内容的一小部分出现，没有将其作为一个专项课题进行研究。

20 世纪 90 年代，西方一些心理学家及教师已经对有关学生反思能力的问题进行过调查研究，并提出了"加强学生的反思力，使学生学会自我调节式学习，实现自我学习效能的超越"的观点。但是我国关于"反思性学习"的研究较少，针对高中物理学科的反思性学习研究就更少了。随着新课程标准的实施，反思被提到了应有的高度，反思性学习有助于提高学生学习能力，是学生学习过程中不可缺少的关键环节。

一些经验丰富的名校名师联合衡水重点中学状元整理出了一种手写笔记——《错题笔记》，独创了一种加批注的方法，把状元的思考过程展示出来。但这些笔记不是自己的真实感受，那些错题也不一定是自己的错误。并且，这些笔记只是指导学生能通过发现自己的错误进行一定的反思，争取以后不犯类似的错误，或者由教师分析整理犯错的原因后选择一些具有针对性的练习使学生降低错误率。

2. 本课题研究的主要理论依据及观点

（1）建构主义学习理论：知识不光是通过教师传授得到的，也是学生在一定的情境（即社会文化背景）下，借助他人（包括教师和学习伙伴）的帮助，利用必要的学习资料，通过意义建构的方式不断地进行反思、概括和抽象获得的。

（2）"最近发展区"理论：根据这一理论，课堂应把问题设置在学生智力的"最近发展区"内，让学生跳一跳，然后摘到"桃子"，这样才能激发学生思考的积极性，才能有效地促进学生智力的发展。

（3）"反思"在当代认知心理学中属于元认知的概念范畴。用元认知的理论来描述，反思性学习就是学习者对自身学习活动的过程以及活动过程中所涉及的事物、材料、信息、思维、结果等学习特征的反向思考。反思性学习不是对学习一般性的回顾或重复，而是深究学习活动中所涉及的知识、方法、思路、策略等。

（四）研究目标（分年度目标及总体目标）与研究内容

1. 总体目标

通过研究使学生学会建立错题本，养成及时整理错题的习惯，并利用错题本改善教学关系，使学生能够经常巩固复习，使教师及时发现学生的问题并及时解决教学中的问题。

2. 年度目标

（1）2017年4月—2017年12月：落实课题研究组织制订的研究计划和实施方案，熟悉"智学网"平台的操作功能，探索"错题本"在高中物理重难点知识章节教学中的功能，定期做好资料的整理与收集工作，进行中期检查。

（2）2018年1月—2018年12月：利用"智学网"大数据标注错题库，通过个性化学习针对性查漏补缺，减轻学业压力，指导学生正确建立错题本、用好错题本，提高学生的学习反思能力。

（3）2019年1月—2019年7月：在实践中全面总结，完成课题研究的相关论文和教学反思，形成研究报告，申请结题验收和研究成果的鉴定。

3. 研究内容

（1）高中物理错题的收集与整理的指导性策略研究。

（2）高中物理错题的错因分析的指导性策略研究。

（3）高中物理错题的应用的指导性策略研究。

（五）拟突破的重点问题、拟解决的关键问题及主要创新之处

1. 拟突破的重点及拟解决的关键问题

研究主体学生能针对自己形成个性化的"错题本"，能通过对错题的反思性学习，使自己更准确地掌握基础知识，培养审题能力、反思能力，提高学习效益。

2. **主要创新之处**

（1）借助智学网的在线阅卷、评测等功能，在"互联网＋错题本"大数据时代，帮助学生挖掘错题根源，为学生针对性学习提供支撑。

（2）借助认知心理学元认知理论对学生高中物理反思性学习进行评价与诊断。

（3）为改善教学关系，培养学生的高中物理学习兴趣提供新途径。

（六）研究思路（即总体框架）与方法

1. **研究思路**

第一阶段：课题研究的准备阶段（时间：2017 年 4 月—2017 年 8 月）

（1）成立课题组，确定课题研究工作的分配。

（2）填写课题申报表，讨论、制订课题研究方案。

（3）组员学习与本课题相关的资料，为本次研究奠定理论基础。

第二阶段：初步调查、探索阶段（时间：2017 年 9 月—2018 年 2 月）

（1）调查问卷制作、发放、回收、整理、分析及撰写调查报告。

（2）参加课题开题报告会。

（3）针对专家提出的修改建议，重新修订开题报告书，完成课题实施方案。

第三阶段：初步实践阶段（时间：2018 年 3 月—2018 年 8 月）

（1）收集、整理平时的"错题""典型题"等，记录好相关数据。

（2）举行"优秀错题本"作品展。

（3）申请课题研究中期检查。

第四阶段：完善实践阶段（时间：2018 年 9 月—2018 年 12 月）

（1）开展"常见错题测试"比赛。

（2）组织课题组成员撰写教学反思。

（3）每学期开展一次研讨公开课，实现课题组集体备课、研讨交流、共同提高的目标。

第五阶段：结题总结阶段（时间：2019 年 1 月—2019 年 7 月）

（1）整理资料，并将其归类、总结，完成结题报告，进行交流。

（2）将研究成果在全校进行推广，形成经验总结性论文。

（3）申请结题验收和研究成果的鉴定。

2. **研究方法**

（1）文献法：通过查找资料，了解本课题研究的现状，并加以筛选，借鉴以往成功案例有效经验，将其运用于本课题的研究。

（2）行动研究法：以错题本为载体，把行动和研究紧密结合起来，并在教学实践中不断地探究、反思、提升。

（3）经验总结法：在课题研究的过程中，教师要对错误资源的生成、解决、反思三步进行总结，使之形成经验理论。

（4）个案研究法：对学生的错题本进行跟踪分析，寻找课题研究进展的突破口。

（5）问卷调查法：在实验过程中采用问卷、谈话、观察等方法，收集各类数据，对数据进行分析，从学生"学"和教师"教"的角度了解"错题本"在高中物理解题反思中的作用。

（七）研究步骤与分工

1. 研究步骤（见表1-6）

表1-6　研究步骤

	序号	研究阶段（起止时间）	研究内容	成果形式
主要阶段性成果	1	2017年4月—2017年8月	选题、讨论；制定、完善课题	图片教学案例
	2	2017年9月—2018年2月	对学生学习状况、教师教学情况进行调查；完善课题计划进行实践；完成中期检查	调查问卷教学反思
	3	2018年3月—2018年8月	总结、反思前一阶段的研究工作；完善课题研究工作	学生作品中期总结
	4	2018年9月—2018年12月	总结、收集整理课题研究的成果	错题集教学反思
	5	2019年1月—2019年7月	撰写课题研究论文和研究报告，请示成果鉴定	教学论文结题报告
	完成时间	最终成果名称	成果形式	预计字数
最终成果	2018年1月	巧待高中物理习题错误，促使学生养成反思能力	教学论文	3000字
	2019年7月	"错题本"在高中物理反思性学习中的实践研究	结题报告	5000字

2. 成员分工（见表1-7）

表1-7　成员分工

姓名	职称/职务	研究专长	在课题组中的分工或承担子课题	工作单位
曾长兴	中学高级教师	教育科研	制订课题研究方案，完成结题报告	河源高级中学
叶友辉	中学一级教师	学科教学	收集、整理错题、典型题；展示优秀错题本	河源高级中学
张俊锋	中学一级教师	学科教学	开展"常见错题测试比赛"；撰写中期报告	河源高级中学
吴兴宝	中学一级教师	学科教学	组织课题组成员撰写教学反思	河源高级中学
刘淑婷	中学二级教师	学科教学	课题研究过程记录；资料收集、整理归类	河源高级中学
王秋映	中学二级教师	学科教学	制作调查问卷；撰写调查报告，成果展示	河源高级中学

（八）预期研究成果

阶段性成果：论文、教学案例、教学反思、经验总结、中期总结报告。

终结性成果：研究报告《解答物理综合题"分组合作学习"策略研究》。

（九）研究条件保障（含负责人前期研究基础、时间、设备、人员、经费等）

1. 课题组核心成员的学术或学科背景、研究经历、研究能力、研究成果

课题组负责人曾长兴：中学物理高级教师，广东省骨干教师培养对象，河源市首批"首席教师"之一，教育硕士，物理教研组长。曾主持国家级课题获全国一等奖，省级课题顺利结题，县级课题获广东教育学会第三届教育科研规划小课题研究成果三等奖。先后发表论文二十余篇，编写教辅资料十二本。《严谨·简约·朴实——我的教学风格》于2016年6月发表在《如何形成教学风格——名师典型案例的多维解读·综合卷之二》教学丛书中。

叶友辉：核心成员，中学一级教师，本科学历，东源县物理学科带头人，由其编写的《伏安法测电阻的改进电路双伏单安法研究》在市级中学论文评比中获二等奖。

张俊锋：核心成员，创新班实验教师，自 2010 年以来一直担任重点班教学工作，有丰富的命题、资料选编等工作经验。

吴兴宝：河源市优秀班主任，东源县物理学科带头人，东源县优秀教师，全国中学生物理竞赛优秀辅导员。

刘淑婷：2015 年毕业于华南师范大学，获理学学士学位，2016 年 12 月在河源高级中学青年教师基本功大赛中获二等奖。

王秋映：韩山师范学院本科毕业，学士学位，2016 年 12 月在河源高级中学青年教师基本功大赛中获三等奖。

2. 围绕本课题开展的前期准备工作

2016 年 9 月 19 日—9 月 23 日，课题组负责人观摩了河北衡水中学教学开放日的课堂教学，收集并整理了该校的错题笔记；2017 年 3 月 30 日—3 月 31 日，课题组全体成员到深圳红岭中学参观学习，深入了解了红岭中学学生使用错题本的情况。课题组成员通过网络和图书积极查阅了相关资料，人手一本衡水重点中学状元手写笔记《错题笔记》（高中版物理）。

3. 完成研究任务的保障条件

我校是河源市重点高中学校，学校领导对教科研工作一贯给予大力支持，在教科研工作的组织管理、资金投入、考核奖励等各个方面，都建立了较为完善的制度。全校师生每人都拥有一个"智学网"终端账号，为课题研究工作的正常开展提供了硬件保障。学校有两个专职心理老师，能给课题研究提供理论指导。

（十）课题的组织管理

1. 课题领导小组

组　　长：刘荣华——分管教学副校长，中学一级教师。

副组长：冯军发——教师发展处副主任，中学一级教师。

2. 课题研究小组

组　　长：曾长兴——物理学科组长，中学高级教师。

副组长：叶友辉——课程教学处副主任，中学一级教师。

核心成员：张俊锋——高一物理备课组长、中学一级教师；吴兴宝——高二级长、中学一级教师；刘淑婷、王秋映——高二物理教师。

三、专家评议

1. 优点

（1）选题立足于高中物理教学实际，有利于提高教育教学质量，针对性强；

（2）开题报告总体框架翔实，课题研究方向明确，核心概念界定清晰，研究思路有条理，研究条件有保障。

2. 建议

（1）选题背景要从大背景（国家政策、课标等）到小背景（本校实际情况）逐条叙述清楚，更要指明课题研究的学术价值和应用价值。

（2）研究意义说得过于笼统，要明确通过课题的研究能够促使学生的思维有明显提升。

（3）核心概念中还应对"实践研究"进行解说，如何指导学生科学建立错题本；如何正确使用错题本；如何挖掘智学网与错题本的切合点，这些都值得深入研究。

（4）与本课题有关的国内外研究现状中，国内外教师、专家研究了什么，研究到什么程度，课题研究报告要把能够借鉴的依据及观点列出来，供本课题进一步研究。

（5）研究目标栏缺少总体目标，研究内容还要具体细化，如：如何选题；产生错题的原因（概念、规律、方法）；如何分类（题型、知识、方法）；研究如何科学建立错题本，合理发挥错题本的作用。

（6）研究对象要明确，课题组成员所带班级为实验对象。

（7）成果形式要与立项通知书一致，成员分工要细化到每一个人做什么事。

（8）课题的组织管理要补充完善。

（9）实施方案要分阶段进行，进度表要具体到每个月、每个人。

◆•实施方案•◆

一、课题提出的背景

1. 课程改革的要求

2015年10月教育部下发的《普通高中物理课程标准（修订稿）》指出："物理核心素养是学生在接受物理教育过程中逐步形成的适合个人终身发展和社会发展需要的必备品格和关键能力，是学生通过物理学习内化的带有物理学科特性的品质，是学生物理核心素养的关键成分，主要由'物理观念''科学思维''实验探究''科学态度与责任'四个要素构成。"物理核心素养的形成需要通过教育教学实践得以落实。应用错题本促进学生在高中物理中的反思性学习，是发展学生物理学科思维的有效途径。

2. 高中物理的教学现状

不少教师都有这样的烦恼：反复练习的习题学生仍会犯错，而且栽倒在同一个错误上。不少学生都有这样的怨言：物理题目怎么这么多，这么难，我做来做去还是不会做。如何在当前新课标背景下提高高中物理教学和教育水平、培养学生学习高中物理的兴趣、增强学生学习的自信心，这正是物理工作者所面临的一个亟待解决的问题。

3. 学校物理学科的教研现状

我校刚创建两年，学校招收了大量的应届毕业生，物理科组 12 位教师中，平均年龄 28 岁，工作时间达十年以上的老师只有 4 人，物理期末统考成绩离 A 校还有一定差距。加强教师的教科研能力，提升学生的物理成绩，是所有河源高中教师必须正视的问题。因此，我们必须制定有效的备考策略和方法。

二、课题研究现状

百度搜索"反思性学习"的相关结果有 7,920,000 个，搜索"高中物理反思性学习"的相关结果有 1,830,000 个，搜索"智学网"的相关结果 50,000 个，搜索"'错题本'在高中物理反思性学习中的研究"的相关结果有 1,390 个，这些内容基本上是作为某些主要内容的一小部分出现，没有将其作为一个专项课题进行研究。

20 世纪 90 年代，西方一些心理学家及教师已经对有关学生反思力的问题进行过调查研究，并提出了"加强学生的反思力，使学生学会自我调节式学习，实现自我学习效能的超越"的观点。但是我国关于"反思性学习"的研究较少，针对高中物理学科的反思性学习研究就更少了。随着新课程标准的实施，反思被提到了应有的高度，反思性学习有助于提高学生学习能力，是学生学习过程中不可缺少的关键环节。

一些经验丰富的名校名师联合衡水重点中学状元整理出了一种手写笔记——《错题笔记》，独创了一种加批注的方法，把状元的思考过程展示出来。但这些笔记不是自己的真实感受，那些错题也不一定是自己的错误。并且，这些笔记只是指导学生能通过发现自己的错误进行一定的反思，争取以后不再犯类似的错误，或者由教师分析并整理错因后选择一些有针对性的练习使学生降低错误率。

三、课题研究的目的和意义

1. 课题研究的目的

本课题旨在通过把新课程的理念与高中物理教学有机结合起来，指导学生科学建立错题本，有效整理错题，并利用错题本改善教学关系，使教师及时发现学生的问题并及时解决教学中的问题。

2. 课题研究的意义

（1）理论意义：通过对本课题的研究，一方面为如何建立错题本、错题本上应记录什么、如何高效利用错题本提供有效指导性策略；另一方面可以提高教师的教学、科研能力，丰富新课标理念的实践经验，为进一步提高学生的物理学科核心素养提供一定的理论参考。

（2）实践意义：一方面有利于培养学生养成做过练习之后及时总结、反思的习惯，同时节约了复习时间，提高了自主学习能力和效率；另一方面还可以帮助老师把握重点、突破难点、找好着力点，提高科组的备考水平和教科研能力。

四、理论依据和研究方法

1. 理论依据

（1）建构主义学习理论：知识不光是通过教师传授得到的，也是学生在一定的情境（即社会文化背景）下，借助他人（包括教师和学习伙伴）的帮助，利用必要的学习资料，通过意义建构的方式不断地进行反思、概括和抽象获得的。

（2）"最近发展区"理论：根据这一理论，课堂应把问题设置在学生智力的"最近发展区"内，让学生跳一跳，然后摘到"桃子"，这样才能激发学生思考的积极性，才能有效地促进学生智力的发展。

（3）"反思"在当代认知心理学中属于元认知的概念范畴。用元认知的理论来描述，反思性学习就是学习者对自身学习活动的过程以及在活动过程中所涉及的事物、材料、信息、思维、结果等学习特征的反向思考。反思性学习不对一般性的学习进行回顾或重复，而是深究学习活动中所涉及的知识、方法、思路、策略等。

2. 研究方法

（1）文献法：通过查找资料，了解本课题研究的现状，并加以筛选，借鉴有效经验，将其运用于本课题的研究。

（2）行动研究法：以错题本为载体，把行动和研究紧密结合起来，并在教学实践中不断地探究、反思和提升。

（3）经验总结法：在课题研究的过程中，教师要对错误资源的生成、解决和反思三步进行总结，使之形成经验理论。

（4）个案研究法：对学生的错题本进行跟踪分析，寻找课题研究进展的突破口。

（5）问卷调查法：在实验过程中采用问卷、谈话、观察等方法，收集各类数据，对数据进行分析，从学生"学"和教师"教"的角度了解"错题本"在高中物理解题反思中的作用。

五、研究步骤

第一阶段：课题研究的准备阶段（时间：2017年4月—2017年8月）

（1）成立课题组，确定课题研究工作的分配。

（2）填写课题申报表，讨论、制订课题研究方案。

（3）组员学习与本课题相关的资料，为本次研究奠定理论基础。

第二阶段：初步调查、探索阶段（时间：2017年9月—2018年2月）

（1）调查问卷制作、发放、回收、整理、分析及撰写调查报告。

（2）参加课题开题报告会。

（3）针对专家提出的修改建议，重新修订开题报告书，完成课题实施方案。

第三阶段：初步实践阶段（时间：2018年3月—2018年8月）

（1）收集、整理平时的"错题""典型题"等，记录好相关数据。

（2）举行"优秀错题本"作品展。

（3）申请课题研究中期检查。

第四阶段：完善实践阶段（时间：2018年9月—2018年12月）

（1）开展"常见错题测试"比赛。

（2）组织课题组成员撰写教学反思。

（3）每学期开展一次研讨公开课，实现课题组集体备课、研讨交流、共同提高的目标。

第五阶段：结题总结阶段（时间：2019年1月—2019年7月）

（1）整理资料，并将其归类、总结，完成结题报告，进行交流。

（2）将研究成果在全校进行推广，形成经验总结性论文。

（3）申请结题验收和研究成果的鉴定。

六、研究进度安排

研究进度安排如表 1-8 所示。

表 1-8　研究进度安排

序号	研究阶段（起止时间）	研究内容	负责人
1	2017 年 4 月—2017 年 8 月	选题、讨论；制定、完善课题	曾长兴
2	2017 年 9 月	对学生学习状况进行调查、完成调查报告	王秋映
3	2017 年 10 月	高一理科分班成绩与 2017 年高一期末全市统考分析	叶友辉
4	2017 年 11 月	课题开题；完成实施方案	曾长兴
5	2017 年 9 月—2018 年 2 月	进行实践，期末完成教学论文和反思	课题组全体成员
6	2018 年 2 月	教学论文、反思、案例、研究课例、课题组活动记录	刘淑婷
7	2018 年 3 月	总结、反思前一阶段的研究；新学期课题研究布置	曾长兴
8	2018 年 4 月	中期论证活动	课题组全体成员
9	2018 年 5 月	"优秀错题本"作品展	吴兴宝 张俊锋
10	2018 年 6 月	课例研讨公开课	叶友辉 王秋映
11	2018 年 7 月	资料汇总，分类归档	刘淑婷
12	2018 年 8 月	中期检查	曾长兴
13	2018 年 9 月	总结、反思前一阶段的研究；新学期课题研究布置	曾长兴
14	2018 年 10 月	与学生座谈，了解错题本使用效果问卷	王秋映
15	2018 年 11 月	向全校展示公开课	吴兴宝
16	2018 年 12 月	"常见错题测试"比赛	张俊锋
17	2019 年 1 月	课题小结	曾长兴

续 表

序号	研究阶段（起止时间）	研究内容	负责人
18	2019 年 2 月	资料汇总，分类归档	刘淑婷
19	2019 年 3 月	课题成果在全校推广	叶友辉
20	2019 年 4 月	资料汇总，分类归档	刘淑婷
21	2019 年 5 月	完成结题报告	曾长兴
22	2019 年 6 月—2019 年 7 月	成果鉴定与结题	课题组全体成员

七、预期研究成果

阶段性成果：论文、教学案例、教学反思、经验总结、中期总结报告。

终结性成果：研究报告《解答物理综合题"分组合作学习"策略研究》。

八、课题的组织管理

1. 课题领导小组

组　长：刘荣华——分管教学副校长，中学一级教师

副组长：冯军发——教师发展处副主任，中学一级教师

2. 课题研究小组

组　长：曾长兴——物理学科组长，中学高级教师

副组长：叶友辉——课程教学处副主任，中学一级教师

成　员：张俊锋——物理科骨干教师；吴兴宝——年级教学主任；刘淑婷——课程教学处干事；王秋映——课题组核心成员。

第三节　案例 3：解答物理综合题的 "分组合作学习" 策略研究

◆·研究报告·◆

一、课题的提出

近年来分组合作学习的策略受到教育理论工作者尤其是广大一线教师的青睐，分组合作学习是目前教改策略中的主流。国内外一些理论工作者都曾十分关注为什么小组互助合作学习会发挥知情一体化培育作用以及用什么样的理论观点来阐释或者从经验中概括小组互助合作学习的运作机理。

1. 概念浅析

分组合作学习是指按照学生素质（成绩、能力、个性等特征）在教学上运用分组使学生共同活动，从而最大限度上地促进自己与他人的互助性学习。分组合作有明确的责任分工，它鼓励学生为了集体的利益和个人的利益一起工作，在完成共同任务的过程中解决了学习中的问题。

2. 研究现状

分组合作学习（西方国家研究中一般称 Cooperative Learning 或 Collaborative Learning，苏联季亚琴科称 "集体教学"）是 20 世纪 70 年代初兴起于美国，并在 20 世纪 70 年代中期至 20 世纪 80 年代中期取得实质性进展的一种富有创意和实效的教学理论与策略。自 20 世纪 80 年代末、20 世纪 90 年代初开始，我国也出现了合作学习的研究与实验，并取得了一定成效，但主要集中在对合作学习的理论研究上，而实践应用中的研究近些年才得到重视。在高中教学中，特别是物理教学中进行分组合作学习的研究与实验还非常匮乏，总体来说，分组合作学习相关理论和实践的研究还需要进一步开展和完善。

3. 理论背景

合作学习围绕以人为本的教育理念，以建构主义学习理论为理论基础。建构主义者认为，学生应该是知识意义的主动建构者，而非外部刺激下的被动接受者；教师应该是学生主动建构知识意义的帮助者，而非知识的灌输者。根据建构主义理论，知识不仅是个体在与物理环境的交互中构建起来的，社会性的交互协作更加重要。《国务院关于基础教育改革与发展的决定》中专门提及合作学习，指出："鼓励合作学习，促进学生之间的相互交流、共同发展，促进师生教学相长。"

鉴于此，我校物理科组提出了适合重点班级的"解答物理综合题的'分组合作学习'策略研究"。该教学模式以"学案"为载体，"导学"为方法，教师的指导为主导，学生的自主学习为主体，生生、师生合作完成教学任务。这种教学模式充分调动各方面的积极因素参与课堂教学，教学任务在探究中完成，教学目标在探究中实现。

二、课题研究的目的、意义

1. 课题研究的目的

（1）通过开设分组合作解答综合题课，促进学生深入理解物理教材内容，帮助学生构建良好的物理知识结构，提高学生的物理思维能力。

（2）通过开设分组合作解答综合题课，提高学生的物理表达交流能力，实现物理教育的文化功能。如学会流畅、简洁、规范、严谨地表达自己的思想。

（3）通过开设分组合作解答综合题课，培养学生养成合作的学习习惯，培养信息社会所需要的具有合作意识、社交技能的全面发展的新型人才。

2. 课题研究的意义

通过课题研究，为合作学习方案在物理学科教学中的具体实施提供成功的范例，为检测与评价合作学习的实施效果提供一种借鉴。

三、理论依据和研究方法

1. 理论依据

（1）建构主义学习理论：知识不是通过教师传授得到的，而是学生在一定的情境即社会文化背景下，借助他人（包括教师和学习伙伴）的帮助，利用必要的学习资料，通过意义建构的方式获得的。

（2）交往教学理论：教学过程是师生、生生共同构建学习主体的过程，在充分尊重人的基础上，通过多样的、丰富的交流活动，为学生提供了一个自由和谐的教育环境，同时使教学认识成为一种社会文化活动，将主体间的社会交往纳入认识的过程，承认教学认识活动的社会性，并将其作为学生认识发展中的一个重要内容。

（3）合作学习理论：合作学习实际上是学习小组成员在交往的基础上，通过分工与协作完成共同的学习任务的过程。合作学习的十大特点：①组内异质，组间同质；②共同发展，善用差异；③价值重建，聚焦意愿；④利益一致，责任明确；⑤参与度大，沟通面广；⑥角色轮换，领导分享；⑦既有"帮助"，又有"协同"；⑧过程评价，注重实效；⑨交往对话，学生自主；⑩公平竞争，集体奖励。

（4）诱思探究教学论：所谓自主，就是要遵循"诱思教学思想论"，充分发挥教师的引导作用，以便真正实现学生的主体地位。教师要对学生启发性地循循善诱，"教学生学""把学生学习的基本自由还给学生"。所谓探究，就是全面实现"探究教学过程论"，在课堂教学中落实"探究性学习方式"，保证学生五官并用，全身心地投入到整个学习过程，亲身体验，主动探究，把观察与思维，即探索与研究两大学习层次贯穿始终。所谓合作，就是要在学习过程中，必须在行为子过程中落实于师生间，特别是在学生之间形成以"七动"为载体的讨论式学习行为，突出"动口议"，这就是合作交流。

2. 研究方法

（1）文献分析法：通过文献检索，从中提炼、总结出小组合作解答综合课题设计的理论依据。

（2）调查法：设计调查表，对我校理科班学生进行调查，了解分析物理课堂师生、生生合作交流的现状。

（3）测量法：设计小组合作解答综合题课的评价量表，对小组合作解答综合题课中学生的表现进行评价；设立实验班，在各类物理测试中，与对照班开展对比测量。

（4）案例分析法：把一些典型的小组合作解答综合题课作为案例，分析其在培养学生物理思维能力、表达能力、交流与合作能力、情感态度等方面的促进作用，分析其在提高学生物理成绩方面的作用。对实施小组合作解答综合题课中表现出来的现象、特征和过程作全面、深入、长时间的调查研究，在此基础上对个案材料进行分析诊断。

（5）"借鉴—创新"法：即考察学习国内外先进经验，借鉴他人的教学经验、模式、方法，将其移植、改造，为我所用。其基本程序是：学—仿—评—创，即了解各种基本的教学模式，"依样画葫芦"，模仿并应用到自己的教学中，总结、评价模仿过程中的成效得失，进行再设计，并在此基础上逐步形成自己的教学模式。

四、研究步骤与主要措施

（一）研究步骤

1. 学习模仿阶段（2013 年 3 月—2013 年 5 月）

（1）成立课题组，确定课题研究方向，制订课题研究方案，并切实予以实施。

（2）进行理论学习，转变观念，解放思想。

（3）定期或不定期进行理论学习与经验交流，研讨本学科分组合作学习的优秀课例，集体备课、说课，模仿作课，组织申报课题。

2. 深化研究阶段（2013 年 6 月—2014 年 8 月）

（1）设立"分组合作学习"课题实验班，为实验研究创造良好的物质环境和人文环境。对课题研究成员和实验班学生进行教学技能、学习技能培训，并在实验班尝试开展实验研究。

（2）加强理论的学习和运用（集体学习、分组学习和个人自学相结合），坚持集体备课、说课、听课、评课制度，组织课题组教师外出参观学习，按照《东源县教育科研课题管理办法》，做好过程及反馈记录，开展各种数据统计分析。

（3）课题组写出阶段性实验报告，选送优秀论文、优秀录像课、优秀案例参加评奖活动。

3. 创建特色阶段（2014 年 9 月—2015 年 7 月）

（1）组织进一步的理论学习，针对实践中出现的困难和困惑，展开更深入的研讨。

（2）课题组对实验过程中积累的资料进行整理、分析、提炼，写出结题报告，构建具有我校特色、切合我校实际的解答物理综合题的"分组合作学习"策略基本模式。

（3）选送一批优秀论文、优秀案例参加评比活动，并使物理科组的分组合作学习策略成为我校的课堂教学中的一大特色。

4. 结题汇报阶段（2015 年 12 月）

提炼课题研究经验，汇报课题的研究成果。

（二）主要措施

（1）认真学习相关理论，广泛参阅前人的研究成果，结合我校实际，不断创新，提高自己的研究能力。

（2）定期总结课题研究的阶段成果及不足之处，及时确定下一阶段的工作任务及方式方法。

（3）营造一个良好的研究环境，争取使学校、年级、班主任、班级任课教师及研究对象支持和配合课题研究。

（4）及时收集、整理课题研究过程中的原始资料。

五、课题研究取得的初步成果

本课题分学习模仿、深化研究、创建特色、总结评价等阶段进行，课题研究如期进行，课题组全体成员扎实、协调、有效地开展工作，经过两年多的努力探索，课题研究取得了如下初步的科研成果。

（一）教师方面

1. 课例研究激发了教师的工作热情

实验启动阶段的教学调研表明：绝大多数教师能以新课程理念为指引，尝试课堂教学方式的改革，组织学生开展小组合作学习、科学探究等学习活动。然而，不论从学生参与、师生互动还是从实际的教学效果来看，教师之间、学生之间都存在着很大的差异。为此，我们通过举办各类课改展示或研讨活动，以"优秀课例"来引领其他教师实施教改。例如，我们结合"两课一评"的方式，选拔教学经验丰富的教学骨干开设示范课。结合说课与讲座等活动，让教师感受教改方向，把握探究学习、合作学习等学习方式的基本课型。

2. 提高教师的教学水平

在近几年的新课程实验中，我们积累了一些优秀教学经验和一大批教学成果，为使这些经验和成果及时转化为教学生产力，我们积极参加上级组织的各项比赛活动。迄今为止，我们先后结集出版了《"分组合作学习"教案集》和《解答物理综合题"分组合作学习"论文集》。我们分别就合作式学习、讨论式教学、信息技术与学科教学整合等内容进行了专题介绍，有效地引导了课堂教学改革，也为广大教师实现教学方式的转变提供了大量的感性材料。

3. 提高了课堂教学的实效性

自课题开展以来，学校的物理教学在历次期末检测中都取得了优异的成绩，我的优质课《探究自由落体运动》获得市一等奖，《向心力》获省一等奖，录像课《探究自由落体运动》获"一师一课"市级优课，课例《共点力的平衡条件》获市一等奖；课题组成员吴兴宝课例《洛伦兹力与现代技术》获市一等奖；

罗双林课例《用图像解简单的传送带问题》获市二等奖。这些课题有力促进了物理学科在师生心中的分量的提升和学科理论的建设。

（二）学生方面

1. 学生的主体意识得到加强

在课堂上学生能够主动地参与课堂，自己上台讲题，主动汇报学习成果，同学之间分享知识点，小组之间消化知识，大家的解题思路也开阔了。

2. 小组合作学习方式的探索不断深入

小组间有了学习共同体，学生在教师的引导下有效地发挥了自己的最大优势，发掘自己最大的学习潜能，进而使优等生的才能得以施展、中等生得到锻炼、学困生得到帮助，大家普遍感觉和同学之间的交流多了，上课思考的机会也多了，学到的知识也更深刻了。

（三）教学管理方面

1. 研究出小组合作学习分组的原则和方法

合作学习小组一般不提倡学生自愿组合，学生个人意愿只能作为参考。合作小组的人员搭配一定要遵循"组内异质、组间同质"的原则，教师应按照学生的知识基础、学习能力、兴趣爱好、性格特征、性别等差异进行分组，让不同特质，不同层次的学生优化组合，使每个小组都有高、中、低三个层次的学生。

2. 探索并总结出小组合作学习内容选择的原则

（1）教学难点需要讨论的问题。根据学生已有的知识和能力，在学生对某个知识点难以理解时，由学生合作学习讨论解决。

（2）有争议的需要辩论的问题。学生对某个问题在认识上有争议时，需要辩论才能明确或寻求更好的解决办法。

（3）问题的答案是多元的、开放的。没有现成的答案，可以从多个角度分析解决。

（4）小结拓展。新课学完，小结时教师可以说"通过这节课的学习，我们学到了什么？"组内交流，相互检查、巩固，构建知识网络。

3. 建立了合理、全面的评价机制

（1）学习过程评价与学习效果评价相结合，侧重对过程的评价。

（2）组内自评、组间互评和教师导评相结合。特别注意的是对小组成员的评价，要体现"不求人人成功，但求人人进步"的理念，侧重于评价学生在小组合作中的参与度以及是否提出有建设性的意见，有利于发挥学生的主观能动性，激励学生积极参与到小组的合作中去。

4. 探讨出小组合作学习的步骤

（1）教师根据教学目标精心设计预习提纲，学生预习交流。

（2）小组内学生在组长的指导下合作探究，解决学习中存在的重点、难点和疑点。

（3）小组汇报，以小组为单位汇报学习中的收获、学习中未能解决的问题。

（4）教师针对学生的汇报采取集中讨论式教学，利用学生自主思考、教师点拨升华等形式解决学生的学习过程中存在的未能解决的问题，教师主要是为学生解惑。

5. 总结出教师在小组合作学习中的作用

教师是小组合作学习的参与者、引导者、组织者、调控者，是组间竞争的挑起者。

六、课题研究存在的主要问题及今后的设想

课题的实施取得了一定的成果，但是课题研究的本身是一个不断探索的过程。在解答物理综合题教学中，为了提高小组合作学习的有效性，发挥其积极作用，本课题还有许多方面尚待进一步深入地研究。今后，我们要继续探索，进一步完善所取得的成果，争取在全年级乃至全校推广。本课题研究有许多不足之处，请领导和同仁们给予指正。

◆·实施方案·◆

一、课题的提出

中学物理教学中，习题教学有相当重要的地位，特别是高三复习教学中习题课占有相当大的比重。"题海"式的教学越来越不符合新课程理念，不利于学生的终身发展，课堂新课程教学中实际采用何种教学模式有待改进。高三物理主要以复习课为主，很多老师只重视知识的梳理、能力的训练，而忽略情感的培养；只追求所谓的教学进度，而忽视学生的主动参与。结果，经常是老师讲得多，学生想得少，以至于学生对所学内容印象不深，迅速遗忘，灵活运用尚且无法做多，更不用谈有效提高学生的表达能力和思维能力。

《国务院关于基础教育改革与发展的决定》指出："鼓励合作学习，促进学

生之间的相互交流、共同发展，促进师生教育相长。"教育学家罗杰斯的"非指导教学模式"指出教学应以"学生为本""让学生自发的学习"。"发展理论"的杰出代表皮亚杰也曾指出："在适当任务中，学生间的相互作用可以提高他们对关键概念的掌握和理解。"苏联学者维果斯基的"最近发展区"理念也表明了，学生在遇到问题时，在成人指导下或与更有能力的同伴共同探讨、解决时，更能够提高自己已有的认识水平，更能迅速地掌握知识。因此，合作学习可以加速学生认知水平的提升，比个体学习更为优越。

有鉴于此，我校物理科组提出了适合重点班级的"解答物理综合题的'分组合作学习'策略研究"，该教学模式以问题为核心，探究为主线，自主探究与合作探究相结合，学生探究与老师引导探索相结合，充分调动各方面的积极因素参与课堂教学，教学任务在探究中完成，教学目标在探究中实现。

二、课题研究的目的、意义

1. 课题研究的目的

（1）通过开设分组合作解答综合题课，使学生深入理解物理教材内容，帮助学生构建良好的物理知识结构，提高学生的物理思维能力。

（2）通过开设分组合作解答综合题课，提高学生的物理表达交流能力，实现物理教育的文化功能。如学会流畅、简洁、规范、严谨地表达自己的思想。

（3）通过开设分组合作解答综合题课，使学生养成合作的学习习惯，培养信息社会所需要的具有合作意识、社交技能，全面发展的新型人才。

2. 课题研究的意义

通过课题研究，为合作学习方案在物理学科教学中的具体实施提供成功的范例，为检测与评价合作学习的实施效果提供一种借鉴。

三、理论依据和研究方法

1. 理论依据

（1）建构主义学习理论：知识不是通过教师传授得到的，而是学生在一定的情境即社会文化背景下，借助他人（包括教师和学习伙伴）的帮助，利用必要的学习资料，通过意义建构的方式获得的。

（2）交往教学理论：教学过程是师生、生生共同构建学习主体的过程，在充分尊重人的基础上，通过多样的、丰富的交流活动，为学生提供了一个自由和谐的教育环境，同时使教学认识成为一种社会文化活动，将主体间的社会交往纳入认识的过程，承认教学认识活动的社会性，并将其作为学生认识发展中的一个重要内容。

（3）合作学习理论：合作学习实际上是学习小组成员在交往的基础上，通过分工与协作完成共同的学习任务的过程。合作学习的十大特点：①组内异质，组间同质；②共同发展，善用差异；③价值重建，聚焦意愿；④利益一致，责任明确；⑤参与度大，沟通面广；⑥角色轮换，领导分享；⑦既有"帮助"，又有"协同"；⑧过程评价，注重实效；⑨交往对话，学生自主，⑩公平竞争，集体奖励。

（4）诱思探究教学论：所谓自主，就是要遵循"诱思教学思想论"，充分发挥教师的引导作用，以便真正实现学生的主体地位。教师要有启发性地对学生循循善诱，"教学生学""把学生学习的基本自由还给学生"。所谓探究，就是全面实现"探究教学过程论"，在课堂教学中落实"探究性学习方式"，保证学生五官并用，全身心地投入到整个学习过程，亲身体验，主动探究，把观察与思维，即探索与研究两大学习层次贯穿始终。所谓合作，就是要在学习过程中，必须在行为子过程中落实于师生间，特别是在学生之间形成以"七动"为载体的讨论式学习行为，突出"动口议"，这就是合作交流。

2. 研究方法

（1）文献分析法：通过文献检索，从中提炼、总结出小组合作解答综合课题设计的理论依据。

（2）调查法：设计调查表，对我校高三学生进行调查，了解分析物理课堂师生、生生合作交流的现状。

（3）测量法：设计小组合作解答综合题课的评价量表，对小组合作解答综合题课中学生的表现进行评价；设立实验班，在各类物理测试中，与普通班开展对比测量。

（4）案例分析法：把一些典型的小组合作解答综合题课作为案例，分析其在培养学生物理思维能力、表达能力、交流与合作能力、情感态度等方面的促进作用，分析其在提高学生物理成绩方面的作用。对实施小组合作解答综合题课中表现出来的现象、特征和过程做全面、深入、长时间的调查研究，在此基础上对个案材料进行分析诊断。

（5）"借鉴—创新"法：即考察学习国内外先进经验，借鉴他人的教学经验、模式、方法，并将其移植、改造，为我所用。其基本程序是：学—仿—评—创，即了解各种基本的教学模式，"依样画葫芦"，模仿、应用到自己的教学中，总结、评价模仿过程中的成效得失，进行再设计，并在此基础上逐步形成自己的教学模式。

四、研究步骤与主要措施

（一）研究步骤

1. **学习模仿阶段**（2013 年 3 月—2013 年 5 月）

（1）成立课题组，确定课题研究方向，制订课题研究方案，并切实予以实施。

（2）进行理论学习，转变观念，解放思想。

（3）定期或不定期进行理论学习与经验交流，研讨本学科分组合作学习的优秀课例，集体备课、说课，模仿作课，组织申报课题。

2. **深化研究阶段**（2013 年 6 月—2014 年 8 月）

（1）设立"分组合作学习"课题实验班，为实验研究创造良好的物质环境和人文环境。对课题研究成员和实验班学生进行教学技能、学习技能培训，并在实验班尝试开展实验研究。

（2）加强理论的学习和运用（集体学习、分组学习和个人自学相结合），坚持集体备课、说课、听课、评课制度，组织课题组教师外出参观学习，按照《东源县教育科研课题管理办法》，做好过程及反馈记录，开展各种数据统计分析。

（3）课题组写出阶段性实验报告，选送优秀论文、优秀录像课、优秀案例参加评奖活动。

3. **创建特色阶段**（2014 年 9 月—2014 年 12 月）

（1）组织进一步的理论学习，针对实践中出现的困难和困惑，展开更深入的研讨。

（2）课题组对实验过程中积累的资料进行整理、分析、提炼，写出结题报告，构建具有我校特色、切合我校实际的解答物理综合题的"分组合作学习"策略基本模式。

（3）选送一批优秀论文、优秀案例参加评比活动，并使物理科组的分组合作学习策略成为我校的课堂教学中的一大特色。

（二）主要措施

（1）认真学习相关理论，广泛参阅前人的研究成果，结合我校实际，不断创新，提高自己的研究能力。

（2）定期总结课题研究的阶段成果及不足之处，及时确定下一阶段的工作任务及方式方法。

（3）营造一个良好的研究环境，争取使学校、年级、班主任、班级任课教师及研究对象支持和配合课题研究。

（4）及时收集、整理课题研究过程中的原始资料。

五、研究内容框架

（1）研究方案的设计。

（2）东江中学物理教师教学方式和学生学习方式现状调查分析。

（3）学生分组合作学习的构建过程与方法。

（4）学生分组合作解答物理综合题课的设计案例。

（5）实施学生分组合作解答物理综合题课评价模式。

（6）学生分组学习表现评价和学生个体表现评价。

（7）物理课堂实施"分组合作解答综合题课"的效果评价。

（8）进一步提高物理课堂实施"分组合作学习"教学效果的建议。

（9）构建"分组合作学习"课堂教学模式的基本策略。

六、课题的组织管理

1. 课题领导小组

组　长：管如能——分管教学副校长，中学高级教师。

副组长：郑俊治——教研处主任，中学高级教师。

2. 课题研究小组

组　长：曾长兴——物理学科主任，中学高级教师。

副组长：罗双林、郭茶花——中学二级教师。

七、成果形式

阶段性成果：优质课、论文、教学案例、教学反思、经验总结、中期总结报告。

总结性成果：研究报告"解答物理综合题'分组合作学习'策略研究"。

◆·中期报告·◆

随着时代的变化和教育事业的发展，以新课程为标志的教育改革给中小学教师既带来了希望，又增加了压力，更提出了挑战。我校物理学科组高三备课组根据新课改的精神实质和要求，提出了"科研兴校"的口号，坚持以课题带动课改、以课题提升课改的工作思路。2013 年 2 月初，县级中小课题研究在我校轰轰烈烈地展开，高三备课组经过认真调研，申报了"解答物理综合题的'分组合作学习'策略研究"课题，于 2013 年 4 月被东源县教育局立项。课题立项后，课题组成员又经过多次讨论学习，确定了实施方案，并得到了县教研室张逸青主任和市物理教研室陈瑰英老师的指导。开题以来，我们从课题研究的目标切入，开展了扎实有效的研究工作，获得了丰硕成果，积累了丰富的经验。现简要谈谈课题开展情况。

一、课题研究情况介绍

"解答物理综合题的'分组合作学习'策略研究"课题立足本校实际，以"学案"为载体，"导学"为方法，教师的指导为主导，学生的自主学习为主体，生生、师生合作完成教学任务。学生在"课前准备""课堂互动"和"课后反思"中广泛参与课堂学习，在活动中发展学生的智力因素和非智力因素，使物理课堂教学从目的、内容、形式、方法、组织等方面发生根本性的变革。

由于该课题立足实践，对学校的发展既有深刻而长远的意义，又对教师提出了挑战，因此，学校对该课题的研究极为重视，多次组织课题组成员外出培训、参观学习，邀请市、县教研室领导指导工作。课题组成员，包括中层干部、骨干教师，都获得过县级以上荣誉。

二、课题进展情况汇报

课题研究以来，我们课题组主要做了以下工作。

1. 做好课题论证、明确研究内容

课题组在研究前期对课题方案进行了多次认真的分析和研讨。3 月份确定了课题实施方案；4 月份邀请县教研室张逸青主任和物理教研员向敏龙老师指导工作，对方案进行修改；5 月底通过调研，讨论方案实施的各项细则，确定本课题研究将从以下几个方面进行：一是了解我校物理教学现状及教学问题的解决策略；二是如何改变学生的学习方式，激发学生的学习兴趣；三是如何构建解答物理综合题的"分组合作学习"策略；四是如何优化物理课堂教学，促进学生全面、和谐地发展。

2. 注重学习培训，提高教师素质

为了能使课题研究顺利实施，提高课题研究质量，我们非常重视教师的学

习和培训。首先，进一步健全学习制度。利用每周四第 4 节和第 5 节课教研组活动时间，结合集体备课，每周集中进行一次业务学习；课题组每个成员做一个读书计划，做好读书笔记，做到学以致用；其次，加强课题研究业务培训。通过"走出去、请进来"的方式，有计划地组织课题组成员外出听课、培训，促进教师把自己的实践经验与教育教学理论结合起来，从而站在一定的高度来进行课题研究。课题组成员参加了广东省第三批骨干教师培训，到广州市番禺区象贤中学、广东省实验中学、东莞中学松山湖学校参观学习。通过学习，课题组成员的理论水平和教育科研能力都得到了极大的提高。最后，课题组全体成员参加学校的校本教研活动，组织信息技术培训，解决教师及课题组成员在课题研究中遇到的技术问题，提高教师运用信息技术的水平。

3. 围绕课题开展听课、评课教研活动

开展听课、评课活动是教育科研的一项重要形式。围绕课题研究进行的听课、评课活动，有着更深的意义和要求。我们课题组要求每个成员每学期至少开展一次研究课和公开课，具体操作如下：每个人根据课题研究的要求精心设计课堂教学，进行开课，课后课题组评课，大家提出意见，反馈给任课教师。过一段时间，再次对该教师听课、评课，直到课题组通过为止。4 月份邀请县物理教研员向敏龙老师指导公开课；5 月份邀请市物理教研员陈瑰英老师开展科组工作研讨，物理组作"高中物理综合题解题策略"专题讲座。通过一次次的活动和一次次的思想交流，思维火花的碰撞，教师们在交流中获益，教师更能感觉到自己上课水平的提高。课题开展半年多以来，课题组成员的教学水平都有较大幅度的提高。

在听课、评课的过程中，我们渐渐发现教师们的教学观念发生了转变，教师的角色和学生地位发生了转变，教学手段逐渐多样化。教师不再是绝对的"权威者"，而是学习的参与者、合作者，学生的朋友；学生不再是被动的"遵从者"，而处于学习的主体地位，"自主学习、合作学习、探究学习"成为学习的主要方式。教学手段更多地使用现代教育技术。课堂上出现了较多的师生互动、生生互动的良好局面。这样，提高了学生的信息素养和综合素质，提高了学生的学习兴趣，培养了学生的创新精神和实践能力。

在本课题研究的带动下，我校高三物理备课组课题研究的教学模式基本形成并推广到其他年级，物理课堂教学中学生通过"课前准备""课堂互动"和"课后反思"，积极参与课堂学习，课堂气氛生动活泼，课堂教学的有效性也大大提高了。

4. 开展课题相关论文和案例评比活动

在课题研究的过程中，为了积累经验、吸取教训，更好地总结研究成果，课题组鼓励教师多写论文和案例，参加县级以上评比，或者向刊物投稿。通过组织教师开展课题相关论文和案例评比活动，引领教师开展课题研究，促进了教师专业化发展。通过论文评奖和发表论文等方式进一步推广教科研成果，将会使部分教师的教科研成果逐步内化为广大教师的教育教学行为，将会激发教师从事教科研活动的热情和信心。课题组有 3 篇论文在省级正式刊物上发表，主编或参加编写了 3 本高中物理教学类参考书，均由省级以上出版社出版发行，4 节课例分获 3 个市一等奖，1 个市二等奖。证书如图 1-2、图 1-3 和图 1-4 所示。

图 1-2

图 1-3

图1-4

图1-5　课题组负责人曾长兴老师与评审组
专家合影

第二章

高中物理有效教学设计

第一节　知识内容课的教学设计

❖·火车弯道问题·❖

课例《火车弯道问题》获奖证书如图 2 - 1 所示。

图 2 - 1

一、教学设计方案

1. 教学目标

（1）知识与能力：理解火车转弯时弯道处铁轨路面向内侧倾斜的原因，会正确计算火车转弯的倾斜角度，能够说出火车与汽车、自行车过弯道的相同和不同之处。

（2）过程与方法：通过由浅入深、层层推进的演绎，让学生通过受力分析理解火车过弯道的运动规律。

（3）情感态度与价值观：让学生形成科学的世界观，理解自然规律，学习科学知识，利用科学知识为人类服务。

2. 教学重难点

（1）火车转弯时弯道处铁轨路面向内侧倾斜的原因；

（2）火车转弯时的受力分析。

3. 教学方法

演绎推理法。

4. 运用的信息技术工具

硬件：计算机、麦克风。

软件：PowerPoint 2007，CamtasiaStudio 7。

5. 教学设计思路

上课一开始便明确提出本节课将要研究的三个问题，教学过程中将视频与教学内容紧密结合，围绕三个问题层层递进，逐一突破难点。

二、教学过程

1. 新课引入（2分钟）

教师活动：

教师提出以下三个问题：

（1）为什么弯道处铁轨路面要向内侧倾斜？

（2）倾斜角度应如何设计？

（3）火车与汽车、自行车过弯道有哪些相同和不同之处？

学生活动：

观察、思考、讨论。

设计意图及资源准备。

让学生复习已学的知识，为学习新知识做准备。（视频、PPT）

2. 新课教学（25分钟）

教师活动：

引导学生分析物体做圆周运动的条件，得出结论：

（1）提供物体做圆周运动的"向心力"，若小于预期运动所需的向心力，物体将做"离心"运动；

（2）提供物体做圆周运动的"向心力"，若大于预期运动所需的向心力，物体将做"向心"运动。

引导学生观察火车车轮与铁轨的形状，得出结论：

（1）火车车轮上有凸起的轮缘；

（2）弯道处外轨高于内轨，轨道面向内侧倾斜。

学生活动：

思考、讨论。

设计意图及资源准备：

培养学生善于观察现象，并从现象中总结规律的能力。（PPT、动画）

3. 新课教学

教师活动：

假设弯道路面是水平的，分析火车的受力（图2-2），得出结论：

（1）铁轨和轮缘受到的压力大时，铁轨和轮缘的摩擦力也会很大。

（2）车厢的重心往往高于铁轨1m左右，车厢做圆周运动的向心力是作用在重心，速度大时，就算车轮不出轨，车厢也可能向外侧翻。

图2-2

分析火车的受力（图2-3）：

竖直方向 $F_N\cos\theta = mg$，水平方向 $F_N\sin\theta = m\dfrac{v^2}{r}$。解得 $v_0 = \sqrt{gr\tan\theta}$，$\tan\theta = \dfrac{v_0^2}{gr}$。

图2-3

讨论：

（1）当 $v > v_0$ 时，所需向心力 $F > mg\tan\theta$，轮缘会受到外轨向内的挤压力；

（2）当 $v < v_0$ 时，所需向心力 $F < mg\tan\theta$，轮缘会受到内轨向外的挤压力。

学生活动：

思考、讨论、分析、推导。

4. 课堂检测（10 分钟）

教师活动：

例题：若已知该铁路弯道半径是 400m，设计时速是 72km，我们可以推断出弯道铁轨上端面的倾斜角是多少吗？

解：经受力分析有 $F = mg\tan\theta = m\dfrac{v^2}{r}$，

解得 $\tan\theta = \dfrac{v^2}{gr} = 0.1$

即 $\theta \approx 5.7°$。

（1）汽车、自行车通过倾斜弯道时，有 $F = mg\tan\theta$。

（2）在水平路面转弯时，静摩擦力提供向心力，但为了使车身不侧翻，车身倾斜角需满足 $\tan\theta = \dfrac{v^2}{gr}$。

学生活动：

分析、推导。

设计意图及资源准备：

将物理知识与日常生活紧密联系在一起。让学到的知识真正掌握在学生自己手里。拓展思维，设计问题，让学生更深入地思考，为下一节课做准备。（PPT、视频）

5. 课堂小结（5 分钟）

学生活动：

讨论、小结。

设计意图及资源准备：

学生自己总结、反思，理清本节知识要点，总结规律和方法。（PPT）

三、板 书 设 计

（1）汽车、自行车通过倾斜弯道时，有 $F = mg\tan\theta$。

（2）在水平路面转弯时，静摩擦力提供向心力，但为了使车身不侧翻，车身倾斜角应满足 $\tan\theta = \dfrac{v^2}{gr}$。

◆·共点力的平衡条件·◆

课例《共点力的平衡条件》获奖证书如图2-4所示。

图2-4

一、教材教法分析

《共点力的平衡条件》是现行粤教版高中物理必修一中第三章《研究物体间的相互作用》的第五节内容。本节课的概念和规律是学生进一步学习的基础，是上一节内容《力的合成与分解》的应用。在本节课的学习中，学生将在学习共点力和物体的平衡概念的同时，初步经历对自然规律的探究过程，从中体会物理学的思想和科学探究方法。因此，本节内容的学习，不仅要使学生对共点力和物体的平衡概念有深入的了解，更要让学生经历一系列的体验、探究的学习活动，深刻体会到共点力的平衡条件。同时，培养学生团结协作和勇于探索的精神及创新意识。

二、教学目标

1. 知识与技能

（1）能正确叙述共点力和平衡状态的概念，能说出物体的平衡条件。

（2）能熟练应用合成法和分解法，分析和解决共点力的平衡问题。

（3）进一步学习受力分析、画受力图及正交分解法。

2. 过程与方法

（1）在对共点力平衡问题的探究中，感受等效、图示、归纳推理等科学方法。

（2）在共点力平衡条件的实验研究中，感受猜想、方案设计、实验探究、分析归纳结论的科学探究方法。

3. 情感态度与价值观

（1）观察生活中共点力平衡的有趣现象，感受自然界的奥秘，增强对科学的好奇心和求知欲。

（2）通过共点力平衡在生产和生活中的应用，体会物理与生产和生活息息相关。

三、教学重、难点

（1）重点：共点力作用下物体的平衡条件。

（2）难点：共点力平衡条件的探究过程。

四、教学过程

1. 导入新课

视频播放：举重运动员奥运会比赛夺冠、杂技演员走钢丝绳的表演视频。

学生活动：通过观看视频，感受走钢丝绳情景。

教师导入：我们在电视或网上见到的这些惊险的技巧表演，都涉及平衡问题。这些物体为什么能处于平衡状态？请同学们回顾一下共点力的特点。

设计意图：通过视频让学生感受情景，建立一定的感性认识，学生能惊奇地发现其中的物理现象，对情景产生强烈的好奇心，并带着求知的欲望进入课堂。

课件展示：讨论与交流，如图2-5和图2-6所示，汽车在刹车的过程中受到哪些力？被绳拉着悬挂在半空中的气球随水平吹来的风倾斜，此时气球受到哪些力？请同学们分别画出汽车和气球的受力示意图。

图2-5

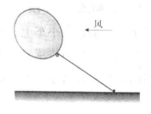

图2-6

学生活动：汽车在刹车的过程会受到重力、支持力和摩擦阻力的作用；气球受到重力、绳子的拉力、风的作用力和空气浮力的作用。

设计意图：以学生熟悉的生活图片设计问题情境，不仅能使学生积极思考，而且还丰富了学生的视觉思维；让学生动手画图，既培养了学生的动手能力，还有利于教师及时了解学生掌握知识的情况。

过渡：物体受到多个力作用时的平衡条件是什么。

2. 探索新知

问题1：重为25N的物体静止放在水平桌面上，当它受到一个竖直向上的5N的拉力作用，物体受到的合力多大？

演示实验1：如图2-7所示，放在台秤上的小车质量为2.5kg，竖直向上的细绳一端连接在小车上，另一端绕过定滑轮悬挂一质量为0.5kg的重物，观察台秤的示数并分析小车所受的合力。

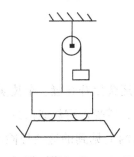

图2-7

学生活动：平衡的物体合力为零。

设计意图：让学生掌握同一直线上三力平衡问题可以利用等效替代法将其转化为二力平衡问题，也让学生初步感知同一直线上受力平衡的物体所受合力为零。

问题2：物体受相互垂直的两个方向上的力作用时的平衡，又将满足怎样的平衡条件呢？

演示实验2：如图2-8所示，质量为2.5kg的小车静止在水平直轨道上，竖直向上的细绳一端连在小车上，另一端绕过定滑悬挂一质量为0.5kg的重物，小车的左端连接一个拉力传感器，右端绕过定滑轮悬挂重力为5N的物块，观察拉力传感器的示数并分析小车所受的合力。

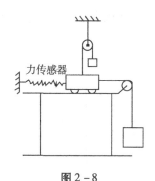

图 2 - 8

学生活动：竖直方向的各力大小不变，合力为 0；水平方向力传感器的示数是 5N，与物块的重力大小相等，因此，水平方向的合力仍为 0。

思考：若将小车改为表面粗糙的木块，观察力传感器的示数并分析小车水平方向的合力。

学生活动：力传感器的示数虽然不等于物块的重力，但小车在水平方向上受到静摩擦力，水平方向的合力仍为零。

设计意图：通过演示实验的对比分析，引导学生思考实验现象，让学生通过实验感知物体受正反交的两个方向的力作用而平衡时，有 $F_{x正} = F_{x负}$，$F_{y正} = F_{y负}$。同时也为下面采取"正交分解"的解题方法埋下伏笔。

问题 3：物体受到任意力的作用而处于平衡状态时，其合力满足什么条件呢？

分组实验：如图 2 - 9 所示，将一轻质小圆环与三根细绳相连接，在一细绳上挂重物，另外两根细绳上挂钩码，使轻质小圆环在三根细绳的拉力作用下处于平衡状态，分析小圆环受到的这三个力的关系。

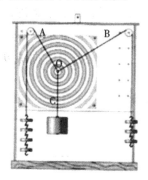

图 2 - 9

思考 1：能否将三力平衡问题转化为二力平衡问题？

思考2：能否将三力平衡问题转化为相互垂直的两个方向上力作用的平衡问题?

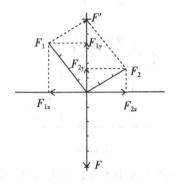

图 2-10

学生活动：通过画图 2-10 做出 F_1 和 F_2 的合力 F'，并与力 F 进行比较。

结论：若物体受到几个共点力的作用的处于平衡状态，则其中任意一个力是另外几个力的合力的平衡力。

学生活动：通过画图建立直角坐标系，分析 F_{1x}、F_{2x}，F_{1y}、F_{2y} 和 F 的关系。

结论：若物体受到几个共点力的作用的处于平衡状态，则正交分解后的各个方向合外力均为零，有 $F_{x正} = F_{x负}$，$F_{y正} = F_{y负}$。

归纳总结：物体在共点力作用下的平衡条件是所受的合外力为零。

设计意图：让学生通过合作探究，亲身经历探究过程，通过同桌交流，小组展示，学生在已有知识的基础上，在不断尝试中分析问题的本质，变难为易，变深为浅，构建了新知识，体现了学生在学习新知识的过程中的"感悟"和"发现"，培养了观察能力、动手能力和分析能力。学生亲自动手，兴趣高涨。

3. 拓展应用

课件展示：阅读例题并独立思考，然后小组进行交流。

例题：如图 2-11 所示，细线的一端固定于 A 点，线的中点挂一个质量为 m 的物体，另一端 B 用手拉住，当 AO 与竖直方向成 θ 角，OB 沿水平方向时，求 AO 及 BO 对 O 点的拉力。

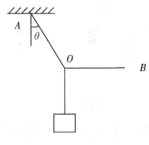

图 2-11

讨论：本题是运用"力的合成法"，还是"力的分解法"？如果运用"力的正交分解法"，应该怎样解？哪种方法更简单？

教师活动：学生用上述方法求解课本上的例题，并抽查部分同学的答案在投影仪上进行评析。

学生活动：结合例题总结求解共点力作用下平衡问题的解题思路。

（1）确定研究对象。

（2）对研究对象进行受力分析，并画受力图。

（3）根据物体的受力和已知条件，采用力的合成、分解、图解、正交分解法，确定解题方法。

（4）解方程，进行讨论和计算。

设计意图：通过一题多解，引导学生运用所学知识解决实际问题，很好地实现了"学以致用"的作用，通过投影仪进行评析，展示学生的作品，加强视觉冲击，学生的成就感陡然增强，对知识的应用得到巩固。

4. 总结反思

小组交流：本节课我们主要学习了什么内容？你会用多少种方法解决共点力的平衡问题？生活中还有哪些共点力平衡问题的应用？

设计意图：通过上述提问，不仅引导学生回顾了本节课内容，还整合了所学过的相近知识，提炼出了物理规律和方法。同时教育学生关注社会，了解科学、技术、社会之间存在的相互影响和相互作用。

5. 课外作业

如图 2 – 12 所示，重 $G = 10N$ 的小球在竖直挡板作用下静止在倾角为 30° 的光滑斜面上，已知挡板光滑，求：

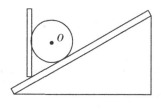

图 2 – 12

（1）挡板对小球弹力的大小；

（2）斜面对小球弹力的大小。

讨论：若挡板与斜面的倾角缓慢增大，直至挡板水平放置时，斜面和挡板对小球的作用力如何变化？

五、教学体会

本节课按照"感受—体验—探究—应用"的模式展开，具体做法是：首先，通过播放视频，从观察开始，让学生形成一种定性的认识，然后在实验探究中轻松自然地认识到物理规律，再通过典型例题让学生进一步熟悉、巩固共点力的平衡条件的应用，初步总结用共点力平衡条件解题的要点、步骤。

教学中，笔者改变了传统新授课中的纯理论推导和大量的习题训练的教学方法，也没有过多地用多媒体去演示实验现象，而是借助视频材料增加学生的感性认识。通过演示实验和分组实验让学生分别经历同一直线上共点力的平衡、互相垂直的两个方向上共点力的平衡及任意力的平衡条件。通过投影仪的展示，学生视觉受到冲击，并获得成就感。在看图、读图、绘图的过程中，学生实现了由定性观察到定量分析的提升。学生通过探究轻松自然地认识了物理规律，同时调动了自身的视觉活动，丰富了自身的视觉素养。

在整堂课的教学过程中，学生始终保持较高的参与度。学生看到"杂技演员走钢丝绳"时悬念顿生，观察台秤和力传感器的示数时思维碰撞，在实验探究中主动合作，在归纳规律时积极发言。课堂中学生充满了自信，师生关系和谐，教学的有效性得到极大提高。

◆·探究自由落体运动·◆

课例《探究自由落体运动》获奖证书如图 2-13 所示。

图 2-13

一、课时安排

1 课时。

二、教学内容安排

（1）本节内容是在粤教版物理必修一第一章《运动的描述》的基本概念的基础上，通过演示小实验的设计，注重让学生自己去观察、发现物理规律，培养学生观察问题的能力。通过介绍前人对自由落体运动的矛盾思考，激发学生学习、探究的热情，感受逻辑思维的力量，加强了物理学科思想与方法教育。通过学生分组实验探究，引导学生初步体会科学实验研究问题的基本方法。

（2）学生在上一章内容的学习中对运动的概念及打点计时器的使用有了初步了解，本节课将以实验探究为主线。经过一系列的推理论证和实验论证，得出自由落体运动的概念后，由学生进行自主实验探究，利用打点计时器记录物体的运动信息的方法记录自由落体运动的轨迹，并为下节课《自由落体运动的规律》的学习做好准备。

三、教学对象分析

1. 学生的兴趣

高一的学生已经积累了一定的生活经验，对自然和社会已有了一定的认识，但关于物理理论及实验知识还比较欠缺，教学中要从做好物理实验、形成良好学习习惯等方面去调动学生的好奇心、求知欲，从而使他们产生学习的积极性，增强学习毅力。

2. 学生的知识基础

学生已学过运动学的基本概念，会使用打点计时器记录物体运动的信息，并且具备了一定的实验探究能力。

四、教学目标

1. 知识与技能

（1）通过对树叶飘落、雨滴下落、跳伞等落体运动的观察，知道空气阻力是影响落体运动的重要因素。

（2）能说出一般的落体运动与自由落体运动的区别，理解自由落体运动是在理想条件下的运动。

（3）能用打点计时器记录物体做自由落体运动的轨迹，并能自主分析纸带上记录的位移与时间等运动信息。

2. 过程与方法

（1）运用科学的认识论、方法论渗透学科思想、学科思维，在研究规律中抽象出物理模型——自由落体运动；

（2）通过对落体运动的自主实验探究，明确科学探究的一般步骤，学会使用控制变量法。

3. 情感、态度与价值观

（1）通过探究活动，领悟突出主要因素、忽略次要因素的哲学思想；

（2）通过探究活动，增强创新意识，养成实事求是的科学态度。

五、教学重难点

1. 教学重点

自由落体运动的概念及探究自由落体运动的过程。

2. 教学难点

物体下落快慢与物体质量无关。

六、教学策略

1. 以问题解决为主的教学策略

通过直观演示，从生活中引出本节课题，激发学生的学习兴趣。引导学生发现直觉经验和逻辑推理的矛盾，激发好奇心与探究欲望，明确本节课的研究目标。通过用旧知识解决新问题的方法，体验学习成功的愉悦。

2. 以合作探究为主的教学策略

在探究自由落体的运动性质时采取了分组实验的形式，让学生经历实验的设计、操作和测量以及处理实验数据的过程。在做中学，让学生在师生和谐、互动的氛围中，愉快地、自然地、主动地探究新知识。通过学习，培养学生辩证思维的方法和能力以及严谨治学的精神。

3. 本节课流程

提出问题——直观演示——逻辑推导——把握实质——实验探究——课外延伸，并辅以现代教育教学手段等多种形式的综合启发式教学。

七、教学过程设计（见表2-1）

表2-1 教学过程

教学环节和教学内容	教师活动	学生活动	设计意图
提出问题，引入新课：生活经验：瀑布、高空坠物、跳伞等，引出落体运动的概念。问题：落体运动的快慢与什么因素有关	物体下落是一种很常见的现象，如树叶下落、庐山瀑布、雨滴下落、跳伞表演等，给出落体运动的概念。问：你们仔细观察过落体运动吗？物体下落的快慢与什么因素有关？引出本节的内容：探究自由落体运动	观察，思考，举例	创设情境，触境引疑，点燃思维火花，激发思考冲动
观察现象，得出结论：进行演示实验，提出问题：重的物体是否一定比轻的物体下落得快？学生分组进行简易实验，得出问题的正确解答。学生上台表演实验成果，分享实验结果，对所有结果共同分析、讨论得出结论：重的物体不一定下落得快，轻的物体不一定下落得慢	1. 石头和树叶两个轻重不同的物体、硬币和纸片两个轻重不同的物体，问：同时从同一高度下落，哪个先落地？教师演示：重的先着地。问题：是不是重的物体一定比轻的物体下落得快？ 2. 引导学生利用身边的器材，设计简易的小实验，到各小组观看学生实验，并进行适当的指导。 3. 鼓励学生上台展示自己的实验成果并引导学生分析各组成果，得出结论	观察，思考。分小组进行落体运动的简易实验（使不同质量或相同质量物体从同一高度同时落下，比较快慢）。上台演示，分享成果。讨论、分析结论	利用日常生活中的现象进行演示实验，得出一个结论，引导学生用身边的物体验证结论的正确性，激发了学生的兴趣，也提高了学生的课堂参与度。让他们上台分享实验成果，增强同学间的友谊，也让他们体会到了合作的好处，同时锻炼了学生的分析总结和口头表达能力

教学环节和教学内容	教师活动	学生活动	设计意图
逻辑推导，得出新知：介绍伽利略的逻辑推理方法，推导验证亚里士多德观点的不合理之处，从而得出新的结论	引导学生重按伽利略的思路，推出两个矛盾的结果，验证亚里士多德的观点错误。推导：大石头比小石头重，所以 $v_1 > v_2$，如果把两个石头绑在一起，$v_总$ 变大了还是变小了？ 结论1：如果把大石块和小石块绑在一起，其所受的重力一定比其中任一石块大，其下落速度比任一石块快。结论2：如果把大石块和小石块绑在一起，独自下落慢的小石块就会拖慢独自下落快的大石块，最终其下落速度比大石块慢。问题：这两个结论能不能同时成立？得出矛盾说明了什么？结论：物体下落的快慢与质量无关	分析观点，共同推导，得出结论。讨论分析，发现矛盾，得出结论	通过推导过程师生共同参与，调动学生积极参与的兴趣，培养学生的逻辑思维能力及表达能力。通过逻辑推理验证亚里士多德的观点的错误，得出新结论，层层递进，引导学生思考，培养学生的思维能力

教学环节和教学内容	教师活动	学生活动	设计意图
演示实验,得出概念:演示牛顿管实验,引导学生找出问题的关键。介绍阿波罗登月实验,观察羽毛和铁片同时下落实验。归纳并总结自由落体运动的概念	提出疑问:轻的物体和重的物体既然下落得一样快,但为什么有些物体下落得快一些,而有些物体下落得慢一些呢?引导学生猜想。介绍牛顿管实验,先让学生观察羽毛和铁片在真空中下落的情况,然后再让学生观察有空气的时候羽毛和铁片的运动情况。利用课件演示实验过程,请学生对实验现象进行描述分析,并寻找出影响物体下落快慢的因素——空气阻力。引出自由落体运动的概念,并进行板书	思考,猜想,观察,分析	利用问题引导学生思考,激发学生的好奇心,并让学生观察实验现象,进一步把握问题的实质。介绍阿波罗登月实验,了解人类的航天实力;介绍亚里士多德,培养学生以客观、辩证的观点看待历史事件的思想
实验探究,寻找规律:引导学生回顾打点计时器的使用方法,引导学生完成实验	1. 引导学生回顾电火花计时器的使用方法。2. PPT 播放实验内容:用电火花计时器记录自由落体运动的运动信息。3. PPT 播放实验步骤,强调注意事项。到学生小组去,观察学生实验,给予适当的指导,并将学生的操作拍成照片,实验结束时进行点评	回顾。设计实验,选择实验仪器。进行实验。对纸带进行分析。总结实验操作	让学生参与实验,体验获取物理知识的过程,提高学生的动手能力。将实验的操作照片投影出来,学生及时发现问题,对影响实验精确度的因素有了较多认识,也激发了学生的学习兴趣
布置作业,课外延伸:布置思考问题(下节课应用)	作业: 1. 自由落体运动的轨迹是怎样的? 2. 重物在做自由落体运动的过程中,其速度有没有发生变化? 3. 有的同学从实验得出 s 与 t^2 成正比,有的同学得出 s 与 t 与正比,你的结论又如何? 4. 影响实验精确度的因素有哪些?		让学生带着问题离开课堂,使课内合作学习在课外继续得到延伸,为下节课"自由落体运动的规律"做好铺垫

八、教学反思

本节课力图突出"探究性学习方式"的学习理论，以老师为引导，学生为主体的教学理念进行教学设计。老师大胆运用生活中的例子和学生切身相关的事物，精心创设问题、实验情景等，借助小组合作学习，增强学生的自主性、合作性和探究性。学生在宽松、民主、和谐的学习氛围中全身心地参与整个课堂学习环节。在实验探究中，鼓励学生提问题、找毛病、作评价，课堂中不断生成知识，学生在质疑、讨论、解疑中，提高设计实验、预测结果、分析现象、推理判断、评价表达的能力。课后作业进一步将课堂探究延伸到课外，强化了学生的成功体验，并提升了小组合作探究学习能力。

本节课学生从感性认识到理性认识再到实验探究，一气呵成。期间有许多想法及生成的许多问题，让教师欣喜若狂，特别是学生的实验操作照片也为日后的教学提供了丰富的课程资源。下课后，老师还没离开，就有很多学生跑到讲台上来，欣赏他们在实验过程中被老师拍下的照片，并请老师把照片留在电脑里。从学生的表情可以看出他们对自己的课堂表现是多么的在意，他们对老师的评价又是多么的在乎。

由于受一节课只有40分钟的限制，一部分小组的实验设计方案没有得到展示；受实验条件的限制，学生在教室的实验效果不如在实验室准备得充分，导致分析实验数据的时间减少。为了使学生保持学习积极性，课后老师把部分学生的纸带粘贴在教室的学习园地栏，供小组学习和组间互评，及时补救了课堂上的不足。

❖·向心力·❖

课例《向心力》获奖证书如图 2-14 所示。

图 2-14

《向心力》这节课是高中物理粤教版必修二第二章第二节的内容，它是本章圆周运动的重点。本节课的重点是如何帮助学生构建向心力的概念以及探究向心力的大小；难点是运用向心力知识解释有关现象，处理有关问题。为此，笔者将该部分内容分为两课时，第一课时着力于向心力概念的构建和探究向心力的大小；第二课时着力于运用向心力解释有关现象，处理有关问题。下面介绍第一课时的教学设计思路、教学目标、教学流程、教学过程等内容。

一、教学设计思路

建构主义学习理论认为，学习不是由教师把知识简单地传递给学生，而是由学生自己构建知识的过程。新课程理念下的物理教学，注重物理与科技、社会和日常生活的联系，强调让学生经历科学探究的过程，并能够将物理理论应用于实际生活之中。

基于高一学生的实际和向心力相关的学习任务，本节课采用"引导探究式"和"问题驱动式"学习方式，通过不断创设问题情境，推动学生积极体验、主动思维、相互交流。其主要程序是：首先通过教师演示实验和多媒体直观感觉提出问题，引发学生认知冲突；然后通过亲身体验，让学生在直观感知中对向心力形成基本认识，进而构建向心力的科学概念；再通过自制"向心力演示仪"，让学生在"玩"中感知向心力及影响其大小的因素；再次教师介绍实验仪器，通过微课让学生掌握向心力演示器的使用，让学生分组实验、讨论、总结结论；最后回到课前提出的问题，解疑"水流星"和"花样双人滑冰"，以巩固向心力的知识。

二、教学目标

1. 知识与技能

（1）知道什么是向心力，理解它是一种效果力。

（2）知道向心力大小与哪些因素有关，理解公式的确切含义。

2. 过程与方法

（1）通过实验，体验和感受做匀速圆周运动的物体需要向心力。

（2）通过自制"向心力演示仪"体会向心力的大小与哪些因素有关。

（3）通过实验，体会控制变量法在解决问题中的作用。

3. 情感态度与价值观

（1）通过亲身探究活动，感受成功的快乐，体会实验意义，增加学习物理的兴趣。

(2) 在实验中，养成严谨、细致、耐心的研究、学习习惯。

三、重点难点

1. 教学重点

理解向心力的概念和公式的建立。

2. 教学难点

向心力大小规律的得出、向心力方向的理解。

四、教学方法

问题导入、小组合作探究。

五、教学资源

向心力演示器（多台）、尼龙线（若干）、金属小球（若干）、盛水的透明小桶（1个）、带边缘的金属圆盘（1个）、乒乓球（两个）、饮料瓶（两个）、空圆球笔笔管（两根）、多媒体、投影仪、课件。

六、教学流程图（见图 2 – 15）

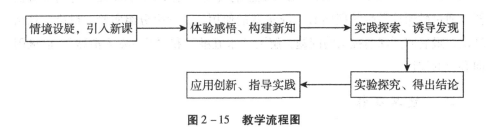

图 2 – 15　教学流程图

七、教学过程（见表2-2）

表2-2　教学过程

教学环节和教学内容	教师活动	学生活动	设计意图
情境设疑，引入新课： 设疑：演示"水流星"实验。 视频："双人花样滑冰"。 问题：物体做圆周运动的条件是什么？这节课我们就一起来探究这个问题	1. 教师手持开口水杯并设问，能否做到让水杯口朝下而水不流出呢？教师演示"水流星"实验，提问：为什么水流不出来？ 2. 教师播放一段"双人花样滑冰"片段，提问：女运动员为什么不沿直线飞出去而沿着一个圆周运动？	观察实验现象，对现象和老师提出的问题进行思考，产生悬念	从日常生活情景中构建物理情境，以培养学生把生活与物理联系在一起的习惯，特别是演示实验的现象，使学生产生悬念，激发他们的好奇心和探究欲望
体验感悟，构建新知： 思考1：要使小球在光滑的水平桌面上做匀速圆周运动，可以怎么做？ 思考2：前面两个实例中小球受到哪些力？是什么力使小球做匀速圆周运动？这个力有什么特点？ 引出向心力的概念：做匀速圆周运动的物体，必须受到一个指向圆心的合外力，这个力就叫作向心力。 方向：时刻指向圆心，与速度方向垂直。 效果：改变速度的方向，不改变速度的大小	引导学生利用身边的器材，设计简易的小实验，到各小组观看学生实验，并进行适当的指导。 提问：小球做匀速圆周运动受到哪些力的作用？合外力是哪个？这个力起到什么作用？ 强调：向心力只是合外力，并不是真正受到的力	学生分小组进行小球做匀速圆周运动的简易实验，然后小组交流，展示自己的实验成果。 学生归纳结论，回答老师的提问。 引导学生回答物体做匀速圆周运动的条件	利用身边的物体设计小实验，激发了学生的兴趣，也提高了学生的课堂参与度。 通过实验，让学生观察、感悟，构建起"匀速圆周运动受力指向圆心"这一重要认知，为更深入地开展思维和探究活动提供基础和动力

续表

教学环节和教学内容	教师活动	学生活动	设计意图
实践探索，诱导发现： 思考1：如何用1个乒乓球提起一个盛有水的矿泉水瓶？ 思考2：向心力的大小与哪些因素有关？ 结论：向心力的大小 F 与物质的质量 m、转动的角速度 ω、转动半径 r 有关	教师展示自制"向心力演示仪"，引导学生让小球在水平面内做圆周运动，则能将矿泉水瓶成功提起。 1. 保持小球质量 m、角速度 ω 不变，增大转动半径 r，发现矿泉水瓶能提起来； 2. 保持小球质量 m、转动半径 r 不变，增大转动的角速度 ω，发现矿泉水瓶向上加速； 3. 保持转动半径 r、角速度 ω 不变，将重球换成轻球，小球质量 m 变小，发现矿泉水瓶提不起来； 提问：向心力的大小与哪些因素有关	学生思考、回答； 引导学生观察实验现象，让学生亲身体验，发现矛盾，产生困惑，进而在探索中完善认知；讨论分析，得出结论	利用问题引导学生思考，激发学生的好奇心； 器材来源于生活，实验简单，操作方便，现象明显，趣味性强。学生通过亲身感受获得成功的乐趣，进一步把握问题的实质
实验探究，得出结论： 教师介绍实验仪器，播放微课，让学生知道怎样使用器材探究。 引导学生进行实验探究，观察现象，记录数据，归纳结论。 投影实验数据。得出实验 结论：向心力大小 $F = m\omega^2 r$ 或 $F = m\dfrac{v^2}{r}$	教师展示"向心力演示器"，介绍其结构，通过视频让学生掌握仪器是如何工作的； 到学生小组去，观察学生实验，给予适当的指导； 将学生数据用投影仪投影，并得出结论	观察、思考、分析。 选择实验仪器，进行实验； 小组交流感受，进行分析、讨论、总结结论	让学生自己参与实验，亲自体验获取物理知识的过程，提高了学生的动手能力，激发了学生的学习兴趣； 让学生亲自感受到实验探究问题的过程，培养学生养成严谨、细致、耐心的实验素养； 学生通过投影看到自己的实验成果，体验到了成功的乐趣

续　表

教学环节和教学内容	教师活动	学生活动	设计意图
应用创新，指导实践：通过解疑"水流星"和"双人花样滑冰"，让学生理解、应用、巩固向心力的知识	解疑"水流星"和"双人花样滑冰"	学生讨论交流得出，前者是水的重力提供向心力，后者是男运动员对女运动员拉力的水平分力提供向心力	巩固所学知识，构建物理模型，解决实际问题

八、教学反思

本节课力图突出"引导探究式"和"问题驱动式"学习方式，以实验探究为主线，以问题和小组交流贯穿课堂的始终。老师大胆用生活中的例子和学生切身相关的事物，精心创设问题、实验等情境，借助小组合作学习，实现学生的自主性、合作性和探究性。在实验探究中，鼓励学生提问题、找毛病、作评价，课堂中不断生成知识，学生在质疑、讨论、解疑中，提高设计实验，预测结果，分析现象，推理判断，评价表达的能力。

纵观整个教学过程，笔者觉得本节课的成功之处在以下几个方面。首先，教师注重问题引导，让学生在已有经验的基础上构建知识，教学过程符合学生的认知规律。在上课过程中，笔者每提出一个问题，都会给学生引导、讲解并给学生留出一定的思考时间，这体现了学生的主体作用；其次，学习过程注重创设物理情境、充分挖掘生活物品进行实验，使学生感到科学就在身边，视频、微课、投影仪等仪器的使用更让学生对科学产生亲近感。绳拉小球转动、乒乓球提矿泉水瓶、向心力演示器都让学生感到极大的兴趣。再次，注重师生交流、生生互动。在课堂中，学生实验探究活动多，探究时间长，充分实现了学生的主动学习、合作学习和探究学习。

不足之处：向心力的概念的建立是一个重点，如果能给每个小组提供一组自制的"向心力演示仪"，让学生亲身感受向心力，效果会更好。"向心力演示器"结构不直观，学生分组实验只能半定量地探究向心力 F 与物体的质量 m、转动的角速度 ω 和转动半径 r 的关系，实验结论不能让学生完全信服。部分实验小组得不到"向心力演示器"变速塔轮的角速度之比，在今后的教学中应在实验前对学生进行简单的推导。

附：

表 2 - 3　探究影响向心力大小的因素

条件	变量之比	向心力之比	结论	
m、ω 相同	$r_1 : r_2$	$F_1 : F_2$		
m、r 相同	$\omega_1 : \omega_2$	$F_1 : F_2$		
r、ω 相同	$m_1 : m_2$	$F_1 : F_2$		

第二节　实验课的教学设计

◆·《平抛运动实验》研究性学习方案·◆

一、课题背景、意义及介绍

1. 背景说明

自新课改以来，研究性学习提到了教学日程上；研究性学习是指学生在教师的指导下，从学习生活和社会生活中选择并确定研究的专题，主动获取知识，应用知识解决实际生活中遇到的问题的学习活动。

2. 课题的意义

在研究性学习中，教师不再是信息的传播者、传授者，而应该是学生学习的促进者、组织者。课程改革目的在于进一步贯彻素质教育的思想，突出主动探究式的学习方法，全面培养学生综合运用能力、收集和处理信息的能力、分析和解决问题的能力、语言文字表达的能力以及团结协作的能力等。在实践研究中，紧紧地把物理教学与学生的自主学习、学生的实践研究紧密结合，把研究性学习融于物理新授课、实验课、复习课当中。

3. 课题介绍

就一节实验课浅谈如何把研究性学习融于物理实验探究课当中。对于高一教材中的学生实验：《平抛物体的运动》教学，采取"提出问题——大胆猜想——设计实验（包括选择器材，设计方案）——实验探索——分析验证——交流评价的过程。

二、研究性学习的教学目的和方法（见图2-16）

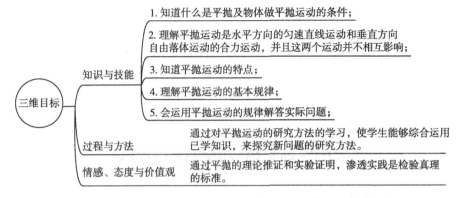

图2-16

1. 知识与技能

（1）知道什么是平抛及物体做平抛运动的条件。

（2）理解平抛运动是水平方向的匀速直线运动和垂直方向自由落体运动的合力运动，并且这两个运动并不相互影响。

（3）知道平抛运动的特点。

（4）理解平抛运动的基本规律。

（5）会运用平抛运动的规律解答实际问题。

2. 过程与方法

通过对平抛运动的研究方法的学习，使学生能够综合运用已学知识，来探究新问题的研究方法。

3. 情感、态度与价值观

通过平抛的理论推证和实验证明，渗透实践是检验真理的标准。

三、参与者特征分析

高中学生处于体力和智力迅速成长的时期，精力旺盛，聪敏好学，易于接受新鲜事物，好奇、好学、好动，对一切未知事物都感到惊奇，总想弄个水落石出，并且有把物理学好的满腔热情，老师在教学时要充分利用这些资源，引发他们学习物理的兴趣和热情，同时培养他们自主学习的能力。高中学生求知若渴，他们有一定的基础知识和基本技能，又具有收集和处理信息的能力，分析和解决问题的能力，教师可以通过指导学生翻阅科普书籍和有关物理杂志，做好阅读笔记，甚至在互联网上查找有关物理资料等形式，让学生理解物理知识的含义，了解物理发展的历史以及物理学在促进社会发展过程中表现出来的魅力。

四、研究的目标与内容

水平抛出的物体，在空中的运动轨迹是曲线，如何确定平抛运动物体的初速度？能否用一个实验或一个实例说明你的猜想？

五、研究的预期成果及其表现形式

研究的最终成果可以以多媒体、实验报告的形式展现出来。

六、资源准备

磁画板、带磁性的小球、玩具水枪、相机。

七、研究性学习的阶段设计（见表2-4）

表2-4　研究性学习的阶段设计

研究性学习的阶段		学生活动	教师活动	教学时长
第一阶段：动员和培训（初步认识研究性学习、理解研究性学习的研究方法）		先弄懂课本、实验报告册中的实验原理、过程和操作方法，然后考虑对此实验有无可改进的地方	通过引导、讨论，教师向学生呈现待探究的学习课题，同时提供解决问题所需的信息资料、实验仪器	1课时
第二阶段课题准备阶段	提出和选择课题	全班讨论，评选出最具创造性、最符合实验原理、最易操作的实验方案	指导学生选择合理课题	2课时
	成立课题组	学生写好实验方案后，组织学生进行讨论。先让各组选派代表阐述自己组设计的实验方案的优劣所在	合理分配小组成员，指导小组合理分工	
	形成小组实施方案	方案确定，接下来就是实验操作过程。我让学生根据自己的实验方案，通过讨论分析，找出它们的优缺点。利用课外活动时间自找器材，实施自己的实验方案	教师引导学生做实验，实事求是地处理数据，不能拼凑实验数据和编造实验结果，在实践中培养学生严格求实的科学态度	

续 表

研究性学习的阶段	学生活动	教师活动	教学时长
第三阶段：课题实施阶段	①根据已有的知识、经验或收集的信息做出比较合理的猜想、假设和探究方案设计；②由学生通过各种途径搜集有关资料（可以借助图书馆、网络、实验、访问、相互讨论等）。学生带着问题或实验方案通过网络的必要帮助独立进入教师设置的学习环境进行探究；③对收集到的信息进行分析、鉴别、处理，得出结论；④对得出的结论进行实验验证；⑤对得出的结论做出科学解释	指导学生翻阅科普书籍和有关物理杂志，做好阅读笔记，甚至在互联网上查找有关物理资料等形式	3课时

八、总结与反思

评价体验，其主要目的在于通过学生的自主探究活动，促进学生主体性的发展，学生主体发展的主要因素有主动发展的动力和主动发展的能力。评价体验的主要任务在于增强学生主动发展的动力，提高主动发展的能力。为此，在课堂教学中要重视：

（1）对学生进行独立探究、合作发现、实践运用等学习活动中表现出的自主性、主动性、独创性等主体精神和品质进行评价，使学生获得主动探究获取知识的情感体验，增强学生学习的信心和动力。

（2）要引导学生对探究学习的活动过程进行反思，重点是提炼解决问题、获取新知识的思维方法和有效策略，使学生对思维方法和学习策略有所领悟，以提高主动获取新知、解决问题的能力。

把研究性学习融于物理实验教学的过程，实质上也是物理教法、学法改革的过程，在"教"与"学"的过程中，学生不仅能理解物理知识，掌握基本技能，而且还能学会学习，可以适应社会的发展需要；教师在参与指导学生的过程中，也会受到创新启发，吸纳新知识，更新教学观念，适应新的课程变革，适应改革新形势的要求。

实验：探究功与速度变化的关系

课例《实验：探究功与速度变化的关系》获奖证书如图 2 – 17 所示。

图 2 – 17

《探究功与速度变化的关系》实验是高中物理人教版必修二（2010 年 4 月第三版）第七章第 6 节内容。课程意图是要通过实验探究的方法，让学生探究功与速度变化的关系，为后续学习动能定理做好铺垫、搭好台阶，降低了学生认知上的难度，符合学生的认知特点。

一、教学设计思路

实验素养是高中物理课程的核心素养之一，我们在实验教学过程中，不应该仅限于告知学生如何进行实验操作和获得实验结论，而应该借助于实验教学培养和发展学生的实验素养。学生分组实验过程是培养学生独立工作能力和创造性思维的过程，引导学生逐步掌握实验的研究方法，形成对物理实验的创新认识，善于发现和解决实验中出现的问题，是提升学生实验素养的方向和目标。

基于以上认识，本节实验课从学生已掌握的"重力做功、弹力做功与重力势能、弹性势能变化之间的关系"的实验知识出发，侧重于引导学生设计实验方案。其主要程序是：从最常见的橡皮筋入手，引入"愤怒的小鸟"视频、创设"弹弓"情景，提出问题，然后让学生设计实验方案探讨功与速度变化的关系，再运用数表软件得出实验结论，最后引导学生讨论初速度不为零时情形下的实验结论，为以后阶段动能定理的教学打下基础。

二、教学目标

1. 知识与技能

（1）通过实验探究，认识功与物体速度变化的关系。

（2）掌握利用数表软件处理实验数据，并寻找物理规律的技能。

2. 过程与方法

（1）经历实验探究过程，体会"倍增法"的巧妙，领悟复杂问题简单化的科学方法。

（2）通过对实验数据的分析处理，学会用图像法发现物理规律的方法。

3. 情感态度与价值观

（1）通过设计实验方案并亲身实践，培养"科学思维""实验探究"等学科素养。

（2）培养学生与他人交流分享的积极性，落实"科学态度与责任"等核心素养。

三、重点难点

1. 教学重点

让学生体验探究功与速度变化关系的研究方法，并学会运用数表软件处理数据。

2. 教学难点

（1）实验探究方案的设计。

（2）数表软件处理实验数据的方法。

四、教学方法

问题引导、合作探究。

五、教学资源

多媒体课件、投影仪、计算机、橡皮筋（每组 5 根）、金属导轨、小车、铁架台、重锤、电火花计时器（带纸带、复写纸等）、电源插座、刻度尺、气垫导轨、滑块、数字计时器等。

六、教学流程图（见图 2－18）

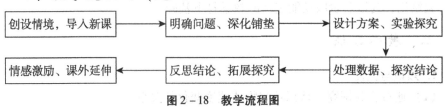

图 2－18　教学流程图

七、教学过程（如表 2 - 5）

表 2 - 5　教学过程

教学环节和教学内容	教师活动	学生活动	设计意图
创设情境、导入新课： 视频：愤怒的小鸟； 比一比：哪位同学能够顺利闯关； 实验：弹弓弹射弹丸； 想一想：怎样把弹丸发射出去？能使弹丸速度更快一些吗	1. 教师播放视频"愤怒的小鸟"，通过比一比，让学生来游戏闯关； 2. 教师出示自制教具弹丸，演示弹弓弹射弹丸，提问：力对物体做的功与物体的速度变化成正比吗	1. 学生参与游戏闯关，体验弹力做功与速度变化的关系； 2. 学生观察演示实验，对现象和老师提出的问题进行思考，产生疑问	通过游戏激发学生的学习兴趣，调动学生学习氛围； 利用生活中的器械进行实验，培养学生把生活与物理联系在一起的习惯
明确问题、深化铺垫： 问题 1：如何测力对物体做的功； 结论：相同形变量的橡皮筋根数成倍数增加。 问题 2：如何测量速度的变化量？ 结论：用打点计时器、数字计时器和气垫导轨或其他运动学规律测静止的物体被弹射出去后的速度，就能发现速度的变化； 问题 3：用什么方法分析对物体做的功与物体速度变化的关系？ 结论：列表法或图像法 $W-v$ 图像、$W-v^2$ 图像等	1. 教师创设实验情景：橡皮筋弹射弹丸时，测出橡皮筋所做的功，再测出弹丸速度的变化，多测几组，利用科学方法分析功与速度变化之间的关系； 2. 直接测量功比较麻烦，可以采用特殊方法，让功成倍数地增加。怎样让功对物体做功成倍数地增加呢？力可以是恒力也可以是变力？如果是恒力如何成倍数地增加； 3. 生活中的力大多是变力，变力做功如何成倍数地增加	1. 学生回答：增大橡皮筋的弹力，恢复原状时橡皮筋的弹力对纸团做的功就会越多，纸团的速度就会变大； 2. 学生分组讨论交流，回答老师的提问； 3. 学生猜想：W 可能正比于 v、v^2、$\sqrt{v}$	"倍增法"巧妙地解决了变力做功问题，速度的测量巩固了学生所学知识，图像法是处理实验数据的重要方法； 以上 3 个问题的设计和师生交流的过程，为后面实验方案的设计做好铺垫，对培养学生的科学思维很有帮助

教学环节和教学内容	教师活动	学生活动	设计意图
设计方案、实验探究： 问题1：如何利用桌面上提供的实验器材探究功与速度变化的关系； 问题2：你设计的实验方案是什么力做功？如何测量速度？ 方案1：气垫导轨实验； 方案2：小车金属导轨实验； 方案3：自由落体实验	教师用多媒体投影实验器材，引导学生确定实验方案； 组织学生讨论、分析各实验方案及操作要领； 教师巡查、指导，及时表扬表现很好的小组	组内讨论、分析； 学生思考回答； 分组实验，记录数据	利用"实验问题+操作活动"促进学生在亲自动手实验操作的身体性体验基础上，主动动脑思考，加深体验； 让学生亲自感受到实验探究问题的过程，培养学生养成严谨、细致、耐心的实验素养
处理数据、探究结论： 问题1：根据测出的实验数据，用什么方法分析物体做功与速度的关系？ 问题2：方案3与方案1和方案2有什么区别？ 结论：外力对物体做的功与物体速度的平方成正比，即 $W \propto v^2$	用投影仪投影学生在坐标纸上画出的图像，强调用图像法处理实验数据的重要性； 不论恒力做功还是变力做功，W 与 v^2 均成正比； 在3个方案中各找一组学生数据，用电脑处理	组内讨论、分析； 小组交流感受，进行分析、讨论； 学生总结结论	通过投影让学生看到自己的实验成果，体验到成功的乐趣； 在实验的基础上，让学生展示交流，培养了学生的科学态度； 利用 Excel 软件处理实验数据，提升学生的实验技能
反思结论、拓展探究： 问题1：外力做功使物体速度发生变化的例子在生产科技中有哪些？ 问题2：如果初速度不为零，外力做功还与速度变化量的平方成正比吗？ 结论：$W \propto (v_2^2 - v_1^2)$	列举生产、生活和科技中外力做功使物体速度发生变化的例子； 引导学生分析图像，得到 $W \propto (v_2^2 - v_1^2)$ 的规律	学生联系实际，将结论应用于实践； $W - v^2$ 图像直观呈现物理规律，利用图像得到结论	应用所学知识，解决实际问题； 通过进一步分析，为以后阶段动能定理的教学埋下伏笔

续　表

教学环节和教学内容	教师活动	学生活动	设计意图
情感激励、课外延伸： 1. 学生继续完成实验探究，并思考如何改进； 2. 利用如下装置，想一想如何探究功与质量、速度的定量关系。 小车　打点计时器 　　　　　　　纸带 砝码	课堂总结，提出课后思考问题	学生归纳、总结科学探究的一般方法：提出问题→猜想假设→设计方案→进行实验与收集数据→分析论证→得出结论	借助课外作业能够不断拓展探究的层次和深度，培养和发展学生的实验素养

八、教学反思

本节课的整个教学设计力图突出物理教学的两个重要原则"以实验为基础，以思维为中心"。为了突破本节课的难点，笔者多次通过"愤怒的小鸟"游戏闯关和演示用弹弓发射弹丸的情景，引导学生一步步地对变力做功进行探究。在设计方案和实验操作过程中，教师在关键时刻适时点拨，有效地突破了变力做功测量的难点。从学生的反馈来看，学生设计的实验方案能够顺利地沿着教师预设的探究方向进行。

学生能在教师的引导下，积极思考、讨论和设计多种不同的探究方案，虽然交流展示环节所用时间较长，但学生的创新能力和实验操作能力得到了锻炼和提高。此外，学生在反思实验过程和实验总结中，敢于坚持自己的正确观点，勇于改正自己的错误，这无疑会为学生的终身学习、可持续发展奠定更坚实的基础。

◆·对电阻的进一步研究·◆

一、教学内容与内容解析

1. 教学内容

（1）串联电路和并联电路。

（2）导体的伏安特性。

（3）限流电路和分压电路。

2. 内容解析

串联与并联电路的知识是电路的主干知识，教学中要启发学生多思考，充分运用对比的方法，将串联电路与并联电路的特性进行对比、串联分压与并联分流进行对比、限流电路与分压电路进行对比等。伏安特性曲线是一种用来研究导体导电性能的方法，它具有直观，且便于对比电炉丝、小灯泡、二极管等元件的导电性能等特点。学好本节内容，既可以复习串联和并联电路知识，又可以让学生体验对比法在物理学研究中的重要作用，并培养学生分析、综合的思维能力。

二、教学目标与目标解析

1. 教学目标

（1）掌握电阻串联和并联的基本特性

（2）能画出线性元件的 $I—U$ 图像，能利用 $I—U$ 图像求导体的电阻

（3）区别限流电路和分压电路中滑动变阻器连接法的不同、工作电压变化范围的不同，并能根据具体情况选择性使用。

2. 目标解析

本节课是在复习学生已经掌握的串联电路、并联电路基本性质的基础上，进一步研究串联、并联知识的应用。经过高一年级的学习，学生能用图像分析导体电压与电流间的正比关系。因此，不做演示实验而直接通过对欧姆定律的理论分析，得出导体的 $U—I$ 图像是可行的。本班学生具有扎实的物理基础知识和良好的物理素养，对初中所学的欧姆定律及串、并联电路的知识掌握得较好，会用串联电路的分压原理解答相关的问题。滑动变阻器的限流式接法学生在初中学习中经常见到，但分压式接法还是第一次接触，而且在后续的章节中教材并没有对分压电路的原理进行讨论。因此，在综合考虑上述诸多因素的前提下，决定将探究分压电路的原理作用教学重点。

三、教学问题诊断分析

（1）掌握电阻串联和并联的基本特性是本节课的第一个教学问题。通过小组讨论让学生自己总结，引导学生自己去推导电路的等效电阻的关系。

（2）导体的伏安特性曲线是本节课的第二个教学问题。初中阶段学生已经通过实验探究电流、电压和电阻的关系；理解欧姆定律，并能运用欧姆定律进行简单的计算。因此，直接通过对欧姆定律的理论分析得出导体的 $U—I$ 图像。

（3）限流电路与分压电路是本节课的第三个教学问题。教学中可通过讨论与交流等形式，让学生就这两种电路从接线方式、作用等方面进行对比。

四、教学过程设计

（一）问题引入，激趣设疑

教师活动：播放神舟九号视频。

问题：什么是电阻的串联和并联？电阻串联、并联各有哪些特点？

设计意图：以神舟九号为事例激发学生的爱国热情，复习串联、并联的规律，引入课题。

（二）问题探究，体验过程方法

1. 电阻的串联与并联

问题1：电阻串联有哪些特点？为什么串联的电阻越多，总电阻越大？串联电阻有什么作用？两个电阻串联的分压规律是什么？

师生活动：电流处处相等，总电压等于各处电压之和，总电阻等于各电阻之和，各电阻电压与电流的比值相等。串联电阻相当于增加了导体的长度。串联分压 $\dfrac{U_1}{U_2} = \dfrac{R_1}{R_2}$。

设计意图：让学生讨论、交流、完善、拓展，发挥学生的主体性，并借此复习电阻定律的知识。

问题2：电阻并联又有哪些特点？为什么并联的电阻越多，总电阻越小？并联电阻有什么作用？两个电阻并联的分流规律是什么？

师生活动：干路电流等于各支路电流之和，电压处处相等，总电阻的倒数等于各电阻倒数之和，各电阻与电流的乘积相等。并联电阻相当于增加了导体的横截面积。并联分流 $\dfrac{I_1}{I_2} = \dfrac{R_2}{R_1}$。

问题3：三个电阻除了串联和并联，还有其他的连接方式吗？

师生活动：先串后并，先并后串。

设计意图：渗透串联、并联是电路最基本的连接形式，让学生能够理解和掌握混联电路的知识。

2. 导体的伏安特性曲线

过渡：在初中我们学过电阻的测量，请同学们回想一下并画出测量电路图（见图2-19）。谁能简述一下实验过程及如何处理实验数据？关于实验数据的处理还有其他方法吗？

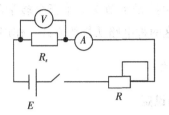

图 2 – 19

问题4：$U—I$ 图像（见图 2 – 20）应是什么样的形状呢？你对该图线是如何理解的？实验中除了画出 $U—I$ 图像外，还可以画什么图像？$I—U$ 图像与 $U—I$ 图像有何不同？

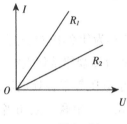

图 2 – 20

师生活动：用纵轴表示电流 I，横轴表示电压 U，这样画出的 $I—U$ 图像我们叫导体的伏安特性曲线。

设计意图：通过复习初中所学的欧姆定律及伏安法测电阻，回顾测量电阻的一般电路，思考实验数据的处理方法。

3. 滑动变阻器的两种接法

过渡：刚才我们画出的无论是 $U—I$ 图像还是 $I—U$ 图像，电压都是从 0 开始变化的。若用图 2 – 19 所示的电路进行实验，待测电阻两端的电压能从 0 开始变化吗？如何才能使待测电阻两端的电压从 0 开始逐渐增大呢？

问题5：图 2 – 21 与图 2 – 19 相比有何不同？闭合开关后，在将滑动变阻器的滑动头从左向右滑动时，电压表的读数将如何变化？电压为什么会从 0 逐渐增大到最大呢？滑动变阻器的分压式和限流式相比，有何优点？

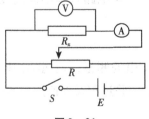

图 2 – 21

师生活动：限流式中待测电阻与滑动变阻器的一部分电阻是串联的，分压式中待测电阻与滑动变阻器的一部分电阻并联后再与变阻器的另一部分电阻串联。分压式中待测电阻上电压的变化范围较大。

（三）问题解决，提升思维能力

1. 如图 2 – 22 所示

（1）求 AB 间总电阻。

（2）若在 AB 间加 42V 的电压，则通过每个电阻的电流是多少？

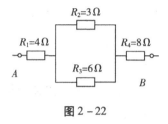

图 2 – 22

2. 如图 2 – 23 所示

电阻 R_1、R_2、R_3 的伏安特性曲线如图 2 – 23 所示，可知他们的电阻之比 $R_1 : R_2 : R_3 = $ _____ ；若将它们串联后接入电路，则它们的电压之比 $U_1 : U_2 : U_3 = $ _____ 。

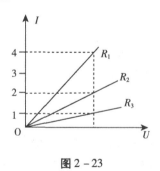

图 2 – 23

3. 如图 2 – 24 所示

图 2 – 24 为分压器电路图，已知输入电压为 U，滑动变阻器总阻值为 R，试写出分出的电压 $U_分$ 的表达式。

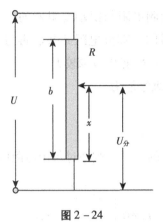

图 2 − 24

（四）问题反思，整合与升华

问题6：本节课你学到了哪些知识？最感兴趣的是什么？感觉最难理解的是什么？看看老师有哪些地方需要改进？

设计意图：小结本节课的学习内容，在差异中总结规律，寻找解题方法。

◆·实验：描绘小灯泡的伏安特性曲线·◆

一、实验目的

（1）描绘小电珠的伏安特性曲线。
（2）分析伏安特性曲线的变化规律。

二、实验原理

（1）如图 2 − 25 所示，用电流表测出流过小电珠的电流，用电压表测出小电珠两端的电压，测出多组（U，I）值，在 $U-I$ 坐标系中描出各对应点，用一条平滑的曲线将这些点连起来。

（2）电流表外接：小电珠的电阻很小，如果电流表内接，误差明显较大；滑动变阻器采用分压式：使电压能从 0 开始连续变化。

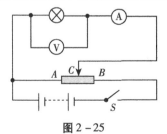

图 2 − 25

三、实验器材

电压和电流为（3.8V，0.3A）或（2.5V，0.6A）小电珠一个，电压表（0～3V～15V）与电流表（0～0.6A～3A）各一个，滑动变阻器（最大阻值20Ω）一个，学生低压直流电源（或电池组），开关一个，导线若干，坐标纸、铅笔。

四、实验步骤

1. 确定电流表、电压表的量程，照图2-26连好电路。（注意开关应断开，滑动变阻器与灯泡并联部分电阻为零）

2. 闭合开关S，调节滑动变阻器R，使电流表A、电压表V有较小的明显示数，记录一组电压U和电流I值。

3. 用同样的方法测量并记录12组U值和I值。

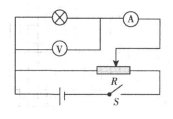

图2-26

4. 断开开关S，整理好器材。

5. 在坐标纸（见图2-27）上，以U为横坐标、I为纵坐标建立直角坐标系，并根据表中数据描点，连接各点得到$I-U$图线，（注意：连接各点时，不要出现折线）

【数据处理】

次数	1	2	3	4	5	6	7	8	9	10	11	12
电压 U/V												
电流 I/A												

【结论】

描绘出的图线是一条_____线。它的斜率随电压的增大而_____，这表明小灯泡的电阻随电压（温度）升高而_____。

五、误差分析

（1）由于电压表、电流表不是理想电表，内阻对电路的影响会导致误差。

（2）测量时电表读数会带来误差。

（3）在坐标纸上描点、作图会带来操作误差。

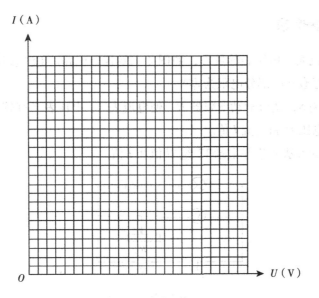

图 2 - 27

第三章

高中物理有效教学思考

第一节 培养学生核心素养的物理教学

◆·"验证性实验的探究性"教学案例一则·◆

当前，世界物理教学改革越来越强调科学探究，有的国家甚至把科学探究作为科学教育标准的核心。实验是科学探究的基础，物理实验可以分为两类：一类是验证性实验；另一类是探究性实验。对于高三物理实验复习而言，将验证性实验改为探究性实验，对学生经历实验探究过程，完善实验方案的自我设计产生了显著的效果。本文通过一个教学片断，主要从教学理论的更新，探究性实验改变了学生的学习方式、提高了学生的科学素养等方面，浅谈在实验教学中进行探究性教学的优越性。

一、教学理念的更新

《物理课程标准》中指出："让学生积极参与，乐于探究，勇于实验，勤于思考。通过多样化的教学方式，帮助学生学习物理知识与技能，培养其科学探究能力，使其逐步形成科学态度与科学精神。"由此看出，科学探究既是物理课程的标准，又是物理教学中一种重要的教学方式。在这种教学方式中，教师不仅要正确对待学生奇思妙想的发问，还要鼓励、指导学生积极、大胆地提出和探究问题，经历和体验获取知识的过程，促使其在掌握基础知识，提高学习能力的同时，逐步学会科学的方法和技能，进一步提高科学研究的能力。因此，高三实验复习教学不是简单地重复实验目的、实验原理、实验步骤，而是要让学生在主动、积极地探究活动的过程中实现创新、突破，展示自己的才华和智慧，提高学生的科学素养和悟性。作为教学活动的组织者，教师的任务是要引导学生质疑、调查、探究，让他们在实践中学习，促进学生在教师指导下主动地、富有个性地学习。只有以学生为中心，才能充分调动学生的积极性，让他们的思维之花绽放；才能产生良好的复习效果，提高复习效率。

二、教学片断呈现

这是笔者在复习实验"验证动量守恒定律"的教学片断。

播放视频:"台球的碰撞""两个小球的碰撞"。

师:这是生活中常见的一种运动形式——碰撞。发生碰撞的物体的运动状态发生了变化,我们可以通过什么物理量来描述物体的运动状态?

生:……

师:物体碰撞前后速度发生了变化,不同质量的物体碰撞前后速度的变化情况也是不同的。那么,碰撞前后会不会有什么物理量保持不变?(提出问题,引导学生思考,猜测可能的情况)

生:……

师:以上几种情况,可能存在什么样的数学关系?

生:$m_1v_1 + m_2v_2 = m_1v'_1 + m_2v'_2$;$m_1v_1^2 + m_2v_2^2 = m_1v'^2_1 + m_2v'^2_2$;$\dfrac{v_1}{m_1} + \dfrac{v_2}{m_2} = \dfrac{v'_1}{m_1} + \dfrac{v'_2}{m_2}$;……

师:事实是怎样的呢?我们可以通过物理实验来证实。

师:我们应该采用什么实验方案进行探究呢?请同学们先设计一个合适的实验方案。

说明:(少顷)让学生交流所设计的实验方案(学生在草稿纸上画,教师选择在巡回指导中注意到的若干典型设计方案在投影仪上进行展示)。

师:同学们提出了许多实验方案,我们应选用什么方案比较好呢?请同学们认真考虑一下,利用实验探究碰撞中的不变量时需要测量哪些物理量?

生:测量质量与速度。

师:从刚才视频播放中,我们看到台球与被碰台球是在同一直线上运动,考虑到速度是矢量,这为碰撞前后不变量的探究增加了难度,我们从最简单的碰撞形式开始研究。

一维碰撞:两个物体碰撞前沿同一条直线运动,碰撞后仍沿这条直线运动。这种碰撞叫作一维碰撞。

引导学生思考:能否设计一个实验来探究一维碰撞?

师:那么如何保证碰撞是一维的?如何测物体碰撞前后的速度?

生1:用气垫导轨和光电计时器探究碰撞中的不变量。

实验装置如图 3-1 所示。

用细线将弹簧片拉成弓形，置于质量不等的滑块间，使它们保持静止。烧断细线，弹簧片弹开后落下，两滑片向相反方向运动。气垫导轨能够轻易地保证两个滑块的碰撞是一维的，光电计时装置可以迅速测量两个滑块碰撞前后的速度。

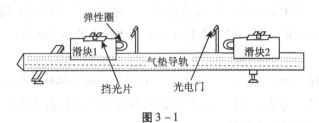

图 3 - 1

生 2：用打点计时器及两个小车的碰撞实验，探究不变量。

实验装置如图 3 - 2 所示。

长木板右端下面垫放用以平衡摩擦力的小木片，在小车 A 的前端粘上橡皮泥，推动小车 A 使之做匀速运动，然后与原来静止在前方的小车 B 相碰并黏合成一体，继续做匀速运动，在小车 A 后连着纸带，通过打点计时器测出它们碰撞前后的速度。

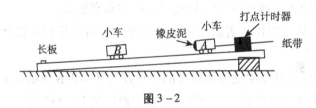

图 3 - 2

生 3：用两个摆球进行碰撞来探究不变量。

实验装置如图 3 - 3 所示。

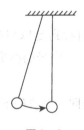

图 3 - 3

一个小球静止，拉起另一个小球使它摆动到最低点时与静止的小球相碰。由小球拉起摆动的角度来算出小球碰前或碰后的速度，可在两个小球上贴胶布以增大两球碰撞时的能量损失，两球质量可相等，也可不相等。

三、教学片断反思

1. 探究性实验改变了学生的学习方式

本实验的三种设计方案，通过探究性教学将"验证动量守恒定律"的验证性实验变为探究性实验。学生从一个实例出发思考碰撞中的不变量，结合实例认真考虑，不做被动的"受教育者"，而做一个主动的"探索者"。在知识的形成过程中注重学生主动学习，探究学习、合作学习，这样不仅促进了学生主动学习，而且有利于学生养成勤于思考、勇于质疑的习惯。

2. 探究性实验提高了学生的科学素养

本节实验课，如采用老师示范，告之实验步骤及实验结果，再由学生模仿的教学模式，从表面上看的确节省了时间，统一了标准答案，但实际上存在很大弊病。具体表现为：探究成为空话，学生因被动学习，学习兴趣被扼制，思维活动被限制，而产生学习效率低下、能力得不到提升的后果，学生学习主体性缺失，成了书呆子，更不能培养实际的可持续发展的能力。究其原因，主要是教师教学理念滞后，认为实验操作考核只要记住实验步骤和实验结果，学生知道如何操作就行。另外理论考试中有关书本的实验题，只要背一背，记住知识点就行。重知识的灌输，轻能力的培养。通过探究性教学设计不同的实验方法，使师生更注重实验中的科学思想，而不是背诵实验的器材、步骤等条文，有利于学生知识技能的掌握、能力的形成和态度的培养。

总之，开展探究性实验十分有利于改变学生的学习方式，全面提升学生的科学素养。在高中教学中，探究性实验模式虽有许多优点，但也存在着某些制约：探究性实验耗时多，教学进度较慢；学校实验设备的限制；学生之间能力的差异；不同学生在学习过程的前期，会产生不同的探究性问题，教师怎样合理调控等。因此，在教学实践中，笔者还需要进行大胆尝试，不断分析、总结经验。相信随着高中课程改革的不断迫近，随着社会的迅速发展，人们的教学观、质量观和人才观终将发生根本性改变。所以探究性实验的价值一定会愈加凸显出来，成为高中物理教学中不可或缺的教学手段。

◆◇浅析"学案导学"中学生质疑能力的培养◇◆

"学案导学"是指由教师精心设计一份导学学案，以"学案"为载体，以"导学"为方法，教师的指导为主导，学生的自主学习为主体，师生共同合作完成教学任务的一种教学模式。笔者在实践物理课堂教学中尝试运用"学案导学法"培养学生的质疑能力，改变以往上课讲解知识点"满、透、细、实"的方法，以学生为中心开展教学，倡导学生独立思考，提出问题，然后小组合作交流，通过多种形式解决问题，变学生被动"学习"为学生主动"学习"，达到了较好的课堂教学效果，这种教学方法也深受学生的欢迎。

一、巧设悬念，激发学生的质疑兴趣

在课堂教学中，要激发学生的质疑兴趣，就要善于设置悬念。如果教师用巧妙的语言或实验巧设悬念，把学生的好奇心诱导出来，就很容易激发学生对新知识的强烈兴趣。新课的导入，是教学过程中的一个重要环节。教师在新课导入中应注意从"疑"入手，巧设悬念，使师生更容易地进入"角色"，教学的导学过程和导学效应就能得到充分体现，从而使课堂取得较好的效果。

例如，在"楞次定律"教学中，将一个有趣味的"落磁"实验作为新课堂导入：如图 3-4 所示，将塑料制成的 A 管和用铜制成的 B 管（大小、形状均相同且内壁光滑），竖直固定在相同高度。两个相同的磁性小球，同时从 A、B 管上端的管口无初速释放，穿过 A 管的小球很快就从管道下端出来，穿过 B 管的小球过了许久才从管道下端出来。学生觉得很奇怪，磁性小球下落的快慢为什么不一样？是什么阻碍了磁性小球的下落呢？学生产生了强烈的学习欲望，教师适时引出本节内容，使学生变被动为主动，从而在愉快而热烈的情绪中投入到了学习活动中。

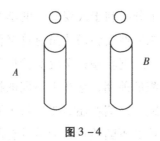

图 3-4

二、创设情境，培养学生的质疑习惯

学生质疑能力的发展及培养不仅依赖于知识和能力基础，还要依赖于教学情境的设置。因此，在设计课堂教学时，教师应该根据教学资源和教材处理情况，灵活创设教学情境，让学生在情境中学习，在情境中质疑与提问。

例如，在"通电自感"教学中，教师设计了实验电路图 3-5（甲），请同学们分析是否合理？如不合理，如何改进实验方案？图 3-5（乙）中灯泡的明暗程度及明暗快慢变化能够显示线圈中电流的变化情况，但是 1 个灯泡能否说明问题？如何设计对比实验呢？图 3-5（丙）中 R 的作用是什么？应调节到什么程度？这样，通过独立思考，有计划地组织学生讨论，再通过师生共同对各种实验方案进行比较、反思，为学生提供思维摩擦与碰撞的环境，为学生的学习搭建了更为开放的舞台。学生在独立思考的基础上集体合作，找出答案，并提出新的问题，在教师归纳总结时进一步讨论，产生互动，使学生的思维处于主动、积极的状态。

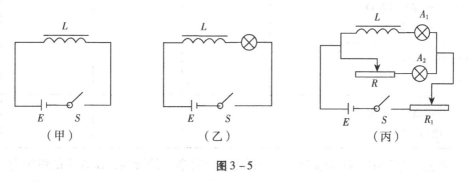

图 3-5

三、问题探究，增强学生的质疑意识

培养学生的质疑能力，提高学生的科学素养是新一轮课程改变的主要目标。要增强学生的质疑意识，就应该使质疑成为学生自身的需要，对学生质疑意识的培养最好是通过学生的主动探究来实现。教学中，我们根据教学内容和目标，设障立疑，促使学生主动探究，让学生处于"心求通而不能，口欲言而未得"的最佳心理状态。

例如，在"探究感应电流的磁场方向与原磁场的方向"教学中，我们选用如下实验装置：如图 3-6 所示，A 和 B 都是很轻的铝环，环 A 是闭合的，环 B 是断开的，用磁铁的任一极移近 A 环，远离 A 环；移近 B 环，远离 B 环，分别会产生什么现象？根据 A 环的运动状态，记录实验现象，完成表 3-1。

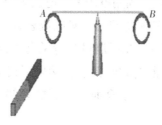

图 3-6

表 3-1 实验记录

磁铁的运动	N 极靠近 A 环	N 极远离 A 环	S 极靠近 A 环	S 极远离 A 环
A 环的运动 （相斥/相吸）				
A 环与磁铁相互作用力（斥力/引力）				
标出 A 环磁场的 N 极和 S 极				
原磁场和感应磁场的方向（相同/相反）				
A 环内磁通量的变化（增加/减少）				

在这一过程中，教师参与学生的讨论，解答学生的疑问，做教学的组织者、学习的合作者、情感的交流者。学生在主动探究学习的活动中，提高了思维的深刻性、灵活性、批判性，他们不仅体验到了学习的乐趣、成功的乐趣，也获得了科学的知识，增强了质疑意识和探究的能力。

四、综合创新，提升学生的质疑能力

培养学生的创新意识和综合能力是物理教学的核心目标，教学中教师应精心设计一些开放性的问题，引导学生全方位、多角度地进行思考，鼓励学生创新求异，使质疑问难度向更深层次发展，以此促进学生质疑能力的提高。

例如，"验证机械能守恒的实验"可以启发学生思考：你能否利用现有装置测定当地的重力加速度？你还能设计几种测定当地重力加速度的方法？在讲授"伏安法测电阻"的实验课时，利用电压表和电流表分别测出电压和电流后可以测出待测电阻的阻值。那么能不能只用一只电流表或一只电压表来测量电阻呢？如果能，还需要哪些辅助器材？怎样测量？请说出你设计的方案并画出电路图。这样通过变换问题，进行发散的教学活动，学生不仅知道为什么要选用不同的方案，而且对用伏安法测电阻有了全面而深刻的理解，培养了学生探索科学知识的兴趣和创造性思维。

总之，培养学生的质疑能力是一个循序渐进的过程，需要教师悉心引导。

在物理课堂教学中，教师要把质疑作为改进教学，让学生积极参与到教学中的一种举措，使学生养成爱思考、善于质疑的良好习惯；同时，教师要树立教学相长的观念，放下高高在上的架子，虚心向学生学习，不断丰富和完善自己的知识结构。对学生提出的疑难问题，也要抱着"知之为知之，不知为不知"的坦诚、虚心的态度，并且热情、耐心和讲究方法地去帮助和引导学生解决疑问。自己一时不懂的问题，要与学生共同研究切磋，直到把问题解决，这样，才能真正培养学生的质疑能力。

◆·诱思探究教学在高中物理课堂中的运用·◆

《诱思探究教学在高中物理课堂中的运用》论文获奖证书如图 3 - 7 所示。

图 3 - 7

近几年，随着新课程的不断推进与实施，"自主、合作、探究"的高效课堂教学模式成为教学改革的主要目标，教师在教学理念上发生了重大变化，不少学校取得了令人瞩目的成绩。然而，在更多的学校，特别是偏远的山区学校，部分物理教师对有效教学的认识还存在偏差，教学内容单一、教学方法老套、理论联系实际的例子与生活脱离，使学生感觉物理课索然无味，甚至对此学科产生厌学情绪。中学物理实践表明，教学的有效性依赖于学生的科学经历与以往的体验；依赖于学生已有的知识基础和能力基础；依赖于学生作为学生主体的主动性。

"诱思探究"学科教学论强调教学职能观首先要着力于处理好教与学的辩证关系，其核心是"变教为诱，变学为思，以诱达思，促进发展"。因此，高中物理课堂提倡"诱思探究"教学方法，在探究过程中激发学生的学习兴趣、培养学生的学习习惯，提升学生的探究能力，最终达到学生自主学习的目的。那么，在物理课堂上如何实施"诱思探究"教学才能达到预期效果？我在教学实践中进行了以下尝试：

一、激趣诱思，引发探究的意识

"诱思探究"教学强调要营造一个平等、和谐的课堂氛围，从而激发学生探究的意识，这样学生才会主动参与、积极探求，才会有真正的师生互动教学。在课堂教学中，从悬念入手，将学生带到与问题有关的学习情境中去，往往能提高学生的兴趣，引导他们积极思考问题，并认真投入到学习活动中去。这里的学习情境，指的是学生学习时所接触到的完整、具体且真实的背景，这一情景依据教学目标，将教科书上抽象的物理知识内容进行具体化的设计，还原知识的现实性、生动性、丰富性，并减少知识与解决问题之间的差距，以此启动和支撑课堂学习。

在教学中，我经常用一些有趣的事例引发学生的好奇心和探究的欲望，创设良好的学习情境。如在设计《牛顿第三定律》这一节课时，开课伊始我在课堂上举行了一项有趣的娱乐活动——拔河比赛，先有意叫一个高大强壮的男生与一个瘦小柔弱的女生上台表演，结果可想而知的。然后我让男生穿溜冰鞋站在水泥地上，女生穿运动鞋与刚才那位同学比赛，结果与第一次的比赛截然相反，同时也引起了同学们哄然大笑。此时，我马上提问同学："为什么会有这种现象？"学生们的笑声戛然而止。通过这样一项有趣的娱乐活动，既调动了学生的参与意识，同时也刺激了学生的思维。为什么会这样？是两人的拉力变了吗？就这样很自然地便把学生思路引导到要学知识的轨道上来。

实践证明，教师在授课时，利用学生熟悉的生产、生活情景以及他们所关心的热门科技话题激趣诱思，充分利用教材中的"观察与思考""讨论与交流"栏目，诱导学生带着问题观察，引导学生对现象、过程或结果进行探究，可以使学生认识到物理学的现实意义，使学生感觉到学有所得、学有所用，触发学生的情感和求知欲，更能引发学生对探究学习的兴趣，培养学生"我要学"的学习意识。

二、实验诱思，培养探究的习惯

物理学科是一门以实验为基础的科学，实验教学不仅是一种教学手段，同时也是教学内容的重要组成部分，每个物理概念的形成、定律的发现，无不依赖于其坚实的实验基础。因此，我们要充分发挥实验在物理教学中的重要作用。教师可以设计那些结果出人意料之外的、与学生学习前概念或常识相违背的科学实验，引发学生强烈的认知冲突，引导学生探索和研究，调动学生的思维和学习兴趣，培养学生从已知领域向未知领域探究的习惯。

例如，对学生来说，由于缺少感性认识，超重和失重现象，是学习中的一个难点。为此，我设计了这样的实验：一个装满水的开口可乐瓶底部穿孔，提着瓶子不动，让学生看到水从瓶子的小孔中喷出。接着提出问题："提着瓶子向上加速运动或向下加速运动，情况会怎么样？"通过演示，学生感受到两种情况情形不同的现象。然后让学生进一步猜想并实验：让瓶子自由下落时，又会发生什么现象呢？由学生思考回答后，用实验得出结论。在此，我再次引导学生猜想："如果将瓶子竖直向上抛，水会从孔中喷出吗？"大部分学生认为水会喷得更厉害，但实验结果的强烈反差引起学生极大兴趣，大家都在紧张地思索着。在这种情况下，请两位同学上讲台演示，他们分别将盛有水的瓶子竖直向上抛、斜向下抛、对抛，出乎意料的情景连续出现了，无论向哪个角度抛出瓶子，水均不会从孔中喷出。实验结果又一次引发了学生更紧张的思考和更激烈的讨论。

学生在课堂上动手动脑做实验，亲自经历"实验与探究"过程而得出的结论，他们对知识的理解更加深刻。由学生自己通过思考、合作，动手完成实验探究过程的活动，不仅提高了学生学习兴趣，同时也活跃了学生思维，提高了其动手能力及解决问题的能力，培养了学生"我能学"的学习信心和精神。

三、拓展诱思，提高探究的能力

要使学生形成对知识的真正理解，构建起融会贯通的知识体系，实际广泛的知识迁移，就必须经过一个不断巩固和深化的过程。因此，学生学完一个知识点后，教师可适当安排一些拓展练习和实际应用，让学生在课堂上自主完成，也可以让学生讨论、交流，发表个人观点，包括对问题的分析方法，解题思路等，这对于提高他们的探究能力将起到一个很好的推动作用。

例如，在学习了匀变速直线运动的位移公式和速度公式后，我设计了这样一个问题：一辆汽车正以 30m/s 的速度在平直路面上行驶，驾驶员突然发现正前方约 50m 处有一个障碍物，便立即以 8m/s² 的加速度刹车。为了研究汽车 2s 后是否会撞上障碍物，甲、乙两位同学根据已知条件做出以下判断：

甲同学认为汽车已撞上障碍物，理由是：

在 2s 内汽车通过的位移 $s = v_0 t + \dfrac{1}{2} a t^2 = 30 \times 2 + \dfrac{1}{2} \times 8 \times 4 = 76$（m） > 50（m）

乙同学认为汽车已撞上障碍物，理由是：

在 2s 内汽车通过的位移 $s = \dfrac{v^2 - v_0^2}{2a} = \dfrac{0 - 30^2}{2 \times (-8)} = 56.25$（m） > 50（m）

引导学生分析以上两位同学的判断是否正确？以此来引发学生对结论的质

疑和再思考。学生自主思考、小组讨论，解决问题，加深对知识点的理解，提高学生应用知识的能力及利用物理方法表达的严谨性、严密性，提升学生"我会学"的能力。通过这一过程，学生获得的知识不是教师硬塞给他们的，而是理解了的知识，对知识的掌握也就牢固了。

面对日新月异的社会变化，我们每个人每时每刻都处于学习的状态中，学习能力的培养比什么都重要。所以教师不应该把过多的精力放在教会学生多少知识上，而要放在教会学生学习知识、获取知识的方法上，使学生终身受益，形成一种可持续发展的学习能力。"诱思探究"教学理论和实践，改变了我们传统、保守的教育观念与落后的教育行为。一些先行者已经取得了初步的教学成果和经验，但经验是不能照搬的，它需要我们一线教师的积极参与和尝试，需要教师们不怕暴露教学中的问题，不断探讨和积累经验。

◆·优化物理实验设计，培养学生核心素养·◆

——以《探究功与速度变化的关系》教学设计为例

《优化物理实验设计，培养学生核心素养》获奖证书如图 3－8 所示。

图 3－8

物理实验既是物理课程与物理教学的重要组成部分，又是物理教学重要的内容、方法和手段，在培养学生核心素养的教学中有独特的地位和全方位的功能。"探究功与速度变化的关系"顺应物理核心素养的培养要求，符合学生的认知规律和新课改理念，是一节难得的训练学生动手能力、培养学生核心素养的好教材。本文以《探究功与速度变化的关系》的教学为例，就物理实验教学中如何落实学习的物理学科核心素养的培养，谈一些自己的观点和想法。

本节课的《探究功与速度变化的关系》整体教学设计流程图如图 3 - 9 所示。

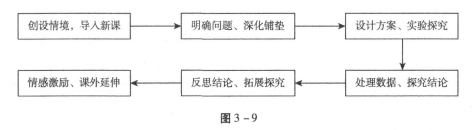

图 3 - 9

一、创设实验情境，形成物理观念

实验情境是以直观方式再现书本知识所表征的实际事物或与实际事物相关的背景，是学生感受物理与生活的密切联系、体验物理学的价值、形成物理观念的重要资源。在新课导入中，笔者积极探索，大胆创新，积极创设实验情境，激发学生想学和乐学的动机。

情境一：游戏"愤怒的小鸟"

教师提问：哪位同学能够完成闯关游戏？

设计意图：以游戏导入作为一堂课的开端，对于新课的展开以及整堂课的结构完整性具有重要的意义和价值。游戏"愤怒的小鸟"通过弹力做功，使小鸟的动能发生变化，从而击中目标，完成闯关。游戏视频具有良好的操作性、观察性和趣味性，能够充分调动学生的探究热情，帮助学生形成从物理学视角观察、分析、解释现象以及实验操作的思维观念。

情境二：实验"弹弓"弹射纸团

教师演示：拉动橡皮筋，纸团被"弹弓"弹射出去；橡皮筋形变越明显，纸团弹射出去的速度也越大。

教师提问：是什么原因使纸团的速度发生了变化？

学生讨论：

生 1：橡皮筋对纸团有力的作用，使纸团获得了速度。

生 2：橡皮筋对纸团做功，使纸团获得了速度。

教师提问：力对物体做的功与物体速度的变化成正比吗？

学生猜想：W 可能和 v 成正比。

设计意图：利用生活中的器械橡皮筋，动手制作直观、形象和简易的结构模型教具"弹弓"，让学生在观察中思考并提出自己的猜想，丰富感性知识，形成从物理学视角研究生活中问题的思维观念。

二、巧设物理问题，培养科学思维

实验的目的不仅仅是动手实验，更是通过不断地动脑和解决问题的过程提高学生分析问题和解决问题的能力。本节课的教学难点是变力做功的测量，如何引导学生从恒力做功过渡到变力做功，从而实现对变力做功的测量。这里笔者采用了开放式的问题探究，在实验设计前设置指向学习目标的系列问题，启发学生从多个角度去思考，而不是直奔功与速度变化的关系，具体环节设计如下。

环节一：功的测量

问题1：怎样对物体做功？

问题2：怎样让恒力对物体做功成倍数地增加？

问题3：如果是变力，能否让变力对物体做功成倍数地增加？

设计意图：通过定性分析和教师点拨，使学生对研究的问题有初步的感性认识，降低了思维台阶，尤其是"增加橡皮筋根数"的方法为后面对变力功的测定打下感性基础。

环节二：速度的测量

问题1：怎样测出力对物体做功后物体速度的变化？

问题2：如何设计初速度为0的运动情形？

问题3：如何测量某时刻物体的速度？

设计意图：让学生进一步理解用打点计时器、数字计时器和气垫导轨或其他运动学规律测静止的物体被弹射出去后的速度，就等于速度的变化。三个问题既复习了前面所学内容，又进一步激发了学生的思维，提高学生遇到困难时灵活、机动、巧妙地解决难点的能力。

环节三：数据处理

问题：用什么方法分析对物体做的功与物体速度变化的关系？

设计意图：启发学生从多个角度去思考和讨论，充分理解实验目的与设计原理，为接下来实验方案的设计、实验数据的记录和处理提供了一定的指导，保证了接下来进行的实验探究过程具有有效性，无形中也让学生领悟到科学探究过程中的物理思想和方法，从而形成科学思维方式。

三、创新实验方案，体验科学探究

探究是贯穿"学科知识""学科能力""关键能力""文化关怀"的学习方式。用创新物理实验开展探究活动，是培养学生创新思维的重要途径。在本节课内容中，教材提供的方案尽管装置简单、原理易懂，但很难取得令人满意的结果。笔者对教材内容做了进一步处理，具体步骤如下。

第一步：实验器材的选择

展示器材：橡皮筋、金属导轨、小车、钩码、铁架台、重锤、电火花计时器（带纸带、复写纸等）、电源插座、刻度尺、气垫导轨、滑块、数字计时器等。

教师提问：回顾游戏"愤怒的小鸟"和实验"弹弓"，请设计出一个实验方案，能够探究力对物体做功大小的变化与物体速度变化的关系，先说出需要什么器材，再说明怎样安装器材。

学生小组讨论、归纳、整理出实验方案。利用投影仪展示学生的设计方案，如图3-10、图3-11、图3-12所示。

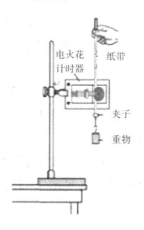

图3-10　自由落体法

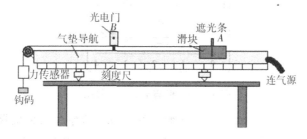

图3-11　重物牵引法

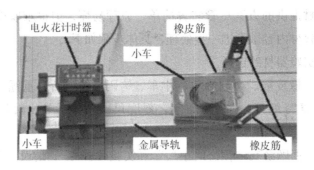

图 3 - 12　橡皮筋弹射法

设计意图：实验器材的选择过程就是一个实验设计的过程，学生在器材的选择过程中，不断地讨论和修正方案。教师作为学生探究活动的参与者，随时与学生交流，为学生提供必要的帮助。这样处理教材，既充分体现了"教师为主导，学生为主体"的新课改理念，又改进了教材中实验的不足，更重要的是让学生在实验探究的过程中，提升实验探究素养。

第二步：实验数据的分析

学生探究 1：自由落体法（或重物牵引法）实验，先画出 $W - v$ 图像，该图像是一条曲线，不太清楚两者之间的关系；然后画出 $W - v^2$ 图像，是一条直线，得出恒力做功时 W 与 v^2 成正比关系。

学生探究 2：橡皮筋弹射法实验，用计算机图像分析 W 和 v、W 和 v^2 的关系，发现 W 和 v^2 在图像中呈线性关系（见图 3 - 13），得出变力做功时 W 与 v^2 呈正比关系。

教师总结：不论恒力做功还是变力做功，W 与 v^2 均成正比关系。

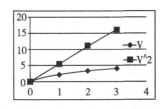

图 3 - 13　W 与 v^2、v 的关系

设计意图：教师为学生创设真实的学习环境，给学生提供发散思维的空间，训练学生应用所学数学知识和计算机方法解决问题，引导学生体验透过现象发现本质的科学思维过程，并从中学到科学方法，发展科学素养。

四、联系生活实际，提升科学素养

一个良好的教学设计既要注重结合学生的生活实际和年龄特点，选择合适的教学方法，构建有效的教学过程，又要注重给学生创建"实践体验"和"合作交流"的学习环节。为了进一步落实对学生科学态度与责任的培养，本节课的最后环节分为如下两个层次。

1. 联系实际，培养科学态度与责任

教师提问：外力做功使物体速度发生变化的例子在科技生产中有哪些应用？

设计意图：通过古代的抛石机、飞船着陆时的喷气反冲、歼击机的弹射系统等，让学生意识到物理知识在科技、生活中的重要意义。

2. 反思实验，提升学生的实验素养

教师提问：如果初速度不为0，外力做功还与速度变化量的平方成正比吗？

设计意图：通过反思，让学生进一步优化实验设计方案，拓展学生探究的层次和深度，有效促进学生实验素养的提升。

五、结束语

实验既能提升学生的思维能力，也能提高学生的动手操作能力，更能在实际的情景中培养学生的创新意识。本节课以实验为基础，以教学活动为依托，以学生核心素养的发展为指导思想展开。在整个教学过程中，物理核心素养的四个方面均有体现，但这种体现不是刻意为之，而是逻辑必然、过程使然。值得一提的是，物理核心素养的四个方面并不局限于某个环节，它们彼此交融、彼此促进、相互影响。教师在课堂教学实践中要积极探索、创新实验设计，使学生在体验科学研究的过程与方法中提升自己的物理核心素养。

◆·巧待高中物理习题错误，促进学生反思能力养成·◆

引导学生自主学习，提倡教学方式多样化是《普通高中物理课程标准(2017 年版)》中的基本理念之一。这表明学生的高中物理学习活动不应只限于接受、记忆、模仿和练习，高中物理课程还应培养和发展学生的自主学习能力。高中生正确认识自己在物理学习中的不足，有利于及时调整自己的物理学习方式、心态和方法。高中物理学习的不足之处最直接的反映就是解题出错，学生独立自主地更正高中物理错误习题，有助于学生独立思考学习习惯的形成，也

是培养学生反思能力的有效途径。可见，错误是教学的巨大财富。

一、巧用"错误"，激发兴趣

进入高中后，学生感觉物理越来越难学，教师教得辛苦，学生学得也辛苦。在高中物理日常学习中，解题出错或不会运用已学的物理知识解题是一种时常有之的现象。如果这种现象得不到有效解决，那么学生成功的物理体验肯定无法实现。如果巧妙地利用这些"错误"，因势利导，多给学生思考的空间和时间，不仅能使不同层次的学生发现错误，还能够激发他们对物理的学习兴趣。

例如，在复习带电粒子在匀强电场中的运动时，笔者设计了如下习题。

如图 3-14 所示，两极板与电源相连接，电子从负极板边缘垂直电场方向射入匀强电场，且恰好从正极板边缘飞出，使电子入射速度变为原来的 2 倍，而电子仍从原位置射入，且仍从正极板边缘飞出，则两极板的间距应变为原来的（　　）。

A. 2 倍　　　　　　B. 4 倍　　　　　　C. 0.5 倍　　　　　　D. 0.25 倍

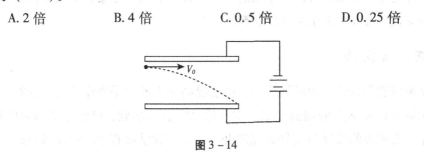

图 3-14

一位学生回答："根据公式 $L = v_0 t$ 和 $y = \frac{1}{2}at^2$，电子入射速度变为原来的 2 倍时，时间变为原来的 $\frac{1}{2}$，则两极板的间距应变为原来的 0.25 倍。"我并没有立即对该题进行评价，而是问同学："这位同学的回答正确吗？""对。"同学们异口同声地说。

看来学生们都被这道题蒙骗了，笔者真希望有学生提出不同的想法。于是笔者问学生："你们认为电子运动时的加速度会变吗？"很多学生开始思考，终于有一个学生举起手来回答："距离变了，加速度肯定会变，距离不一定是原来的 0.25 倍。""距离在变，加速度和时间也都在变，两极板间的距离应该怎样计算呢？"同学们又重新拿出纸和笔，在下面认真地计算，最终根据公式 $L = v_0 t$、$y = \frac{1}{2}at^2$ 和 $q \dfrac{U}{y} = ma$ 得出结论，入射速度变为原来的 2 倍时，两极板的间距应变为原来的 0.5 倍。

一道类平抛运动的问题，打开了学生的思维，激发了学生的学习欲望。巧用错误资源，让学生独立思考，引导学生理解物理学的本质，形成科学思维，这不正是落实核心素养的有效途径吗？

二、善待"错误"，突破难点

高中物理难教、难学是一个普遍现象，对待难点知识，学生很容易犯错。教师要善于利用这些"错误"资源，进一步突破教学上的难点。竖直平面内圆周运动的最高点临界模型是高中阶段最常考的一个知识点，物块恰好到最高点的临界速度、轨道压力问题又是其中的难点，考试中学生常常在这些问题上出现错误。为了帮助学生突破复合场的临界问题这一难点，笔者布置了如下习题。

如图 3-15 所示，在竖直平面内存在竖直方向的匀强电场。长度为 l 的轻质绝缘细绳一端固定在 O 点，另一端连接一质量为 m 的小球（可视为质点），初始时小球静止在电场中的 a 点，此时细绳拉力为 $2mg$，g 为重力加速度。现在 a 点给小球一水平初速度 v_0，使小球在竖直平面内做圆周运动，求初速度 v_0 必须满足什么条件。解答本题需要知道等效重力，进而确定复合场中的最高点和最低点。为此，笔者先让学生思考，要想让一根轻绳拉着一个小球在竖直平面内做圆周运动，在最低点应给小球多大的初速度？

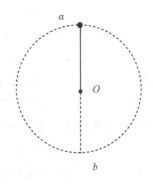

图 3-15

很多学生都能根据最高点的临界条件，列出方程 $mg = m\dfrac{v^2}{l}$，同时从最低点到最高点，利用动能定理 $-mg \cdot 2l = \dfrac{1}{22}mv^2 - \dfrac{1}{2}mv_0^2$，两式联立可求得最小初速度 $v_0 = \sqrt{5gl}$。

笔者再引导学生类比重力场，得出复合场的等效重力 $mg' = 3mg$，在 b 点，有 $mg' = m\dfrac{v^2}{l}$，从 a 点到 b 点，有 $-mg' \cdot 2l = \dfrac{1}{2}mv^2 - \dfrac{1}{2}mv_0{}^2$，解得 $\sqrt{15gl}$.

为了让学生进一步掌握竖直平面内圆周运动的临界问题，笔者进一步对本题加以拓展：若小球在 a 点获得一水平初速度 c，使其在竖直面内做圆周运动，求小球运动到 b 点时细绳拉力 F 的大小。很多学生能够得出正确答案 $F = 6mg$。

面对学生的易错点和疑难点，教师应帮助学生认真分析错误的原因，并通过述类比和拓展，深度挖掘、广泛联系。之后再做一些针对性的练习，通过分析和练习，培养学生举一反三的高中物理解题能力。

三、借用"错误"，激活思维

在高中物理课堂教学中，学生的"错误"是非常有用的资源。如果教师充分利用学生的错误资源，则可以激发学生的创新思维，促使学生积极探究，真正将高中物理课堂实效提高起来。

例如，在复习《测定电源的电动势和内阻》实验时，老师让几位学生在黑板上画出教材上该实验的电路图，学生们熟练地画出了图3－16（甲），但有一个学生却画出了图3－16（乙）。点评时，有学生指出："由于干电源的内阻一般很小，为减小测量误差，常采用图3－16（甲）所示电路，而不用3－16（乙）所示电路。"做错了的学生很不好意思地低下了头。对于这一错误，老师并不急于评价，而是问那位学生："能说说你的想法吗？"学生小声地说："水果电池的内阻很大，由于电压表的分流作用，图3－16（甲）会使电动势 E 和内电阻 r 的测量值都比真实值偏小，所以我画出了图3－16（乙）。""你的分析非常正确，"他稍稍抬起起，眼睛透出一丝光亮，我接着说："番茄电池的电动势约 0.9233V，内阻约 524.43Ω；苹果电池的电动势约 0.7052V，内阻约 440.41Ω；土豆电池的电动势约 0.7145V，内阻约 286.57Ω。老师讲台上有两个番茄，请大家想想如何测量它的电动势和内阻？"同学们纷纷讨论，在讨论中学生对图3－16（甲）和图3－16（乙）有了更深的理解，还有同学想到了另外的两种方法。（见图3－16（丙）和图3－16（乙））。

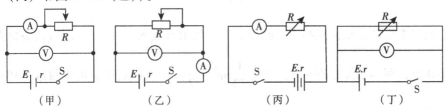

图 3 – 16

老师最后总结："这位同学虽然没有按教材画出实验电路图（甲），但他却给我们测量内阻较大的电池提供了一种新方法，大家通过讨论还想到了另外两种方案，真要谢谢他。"

这样一来，本节课不仅复习了测量电源的电动势和内阻的实验原理，延伸出"伏安法""安阻法""伏阻法"等，激活了学生思维，还为学生营造出一个出错的安全心理环境，使学生在辨错、改错中积极参与、勤于思考，培养和发展了学生的自主学习能力。

四、利用"错误"，促进反思

对待错误，郑毓信老师曾指出："学生的错误不可能单纯依靠正面的示范和反复的练习得到纠正，而必须是一个自我否定的过程，为了帮助学生纠正错误，老师应十分注意如何为学生提供适当外部环境来促进学生的自我反思。"我们应该为学生提供反思的机会，真正善待学生的错误，引领学生在错误中进行反思，在反思中自我成长。

例如，在复习电磁场临界问题时，笔者设计了如下试题。

如图 3 – 17 所示，静止于 A 处的离子，经加速电场加速后沿图中圆弧虚线通过静电分析器，从 P 点垂直于 CF 进入矩形区域的有界匀强电场，电场方向水平向左。静电分析器通道内有均匀辐射分布的电场，已知圆弧虚线的半径为 R，其所处范围电场强为 E，电场方向如图 3 – 17 所示。离子质量为 m、电荷量为 q，$QF = 2d$、$PE = 3d$，离子重力不计。

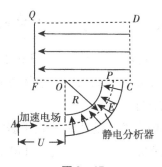

图 3 – 17

（1）求加速电场的电压 U。

（2）若离子恰好能打在 Q 点上，求矩形区域 $QFCD$ 内匀强电场场强 E_0 的值。

（3）若撤去矩形区域 $QFCD$ 内的匀强电场，换为垂直纸面向里的匀强磁场，要求离子能最终打在 QF 上，求磁场磁感应强度 B 的取值范围。

本题前两问的答案分别为 $U = \frac{1}{2}ER$，$E_0 = \frac{3ER}{2d}$。但在做第三问题的时候，部分同学解答如下：

离子能打在 QF 上，既没有从 DQ 边出去也没有从 PF 边出去，若离子恰好打在 F 点，有 $r = \frac{3d}{2}$，解得 $B = \sqrt{\frac{4EmR}{9qd^2}}$；若离子恰好打在 Q 点，有 $(2d)^2 + (3d-r)\,2 = r^2$，解得 $r = \frac{13d}{6}$，$B = \sqrt{\frac{36EmR}{169qd^2}}$。

讲解题目时，我把这个错误的方程作为促进学生反思的好资源，组织学生辨别错误，思考错在哪里、如何改错，引导他们展开讨论。

有学生提出，当半径 $r = \frac{13d}{6}$，离子已从 QD 边飞出去了，不能打在 Q 点。

经他这样一提，很多同学都想到了如何解答该题，离子能打在 QF 上，既没有从 DQ 边出去也没有从 PF 边出去，则离子运动轨迹的边界如图 3–18 中所示。

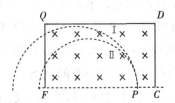

图 3–18

由几何关系得知：$\frac{3}{2}d \leqslant r \leqslant 2d$，则有 $B = \sqrt{\frac{EmR}{4qd^2}} \leqslant B = \sqrt{\frac{4EmR}{9qd^2}}$。

作为教师，我们要理性对待学生的错误。只有了解了错误、理解了错误，才会真正读懂错误，引领学生不断进行反思，在不断的成长中汲取力量，在不断地反思错误过程中智慧地前行。

[本文为河源市 2017 年中小学（幼儿园）教学研究课题《"错题本"在高中物理反思性学习中的实践研究》（课题编号：hy17062）中的阶段性成果]

第二节　教学模式和方法的思考

◆··如何增强学生物理学习的内驱力·◆

每个人都有无限的潜能，但只有善于开发潜能的人，才可以获得成功！子曰："知之者不如好之者，好之者不如乐之者。"开发潜能的途径就是不断学习，如果能让一个人把学习当作玩乐，那么，教育的效果必然会好。这就是本文所探讨的问题的出发点。

俗语说："火车跑得快全靠车头带！"又说："亲其师，信其道！"所以，首先，作为车头的教师要修炼好内功和外功，千方百计树立物理教师的"美好形象"；其次，要"踏踏实实"关心学生；最后，要深入浅出，化"抽象"知识为"形象"知识。下面笔者结合我校课题《中学物理"三动一参与"教学模式研究》的实践经验，谈几点看法。

一、千方百计树立物理教师的"美好形象"

1. 外表修饰

中国有句俗话："人靠衣装马靠鞍。"说的就是着装对人的重要性。尽管说不应以貌取人，不应仅仅凭衣着来评判一个人，但关于人的形象调查的结果表明，76%的人依然容易从衣着来评价一个人，并由此决定对其所采取的相应的交往态度。美国形象大师乔恩·莫利经过26年对服装与人的行为和态度的相关度的研究也发现，一个人的着装影响着外界对待他的态度。可见，穿着对于每个人的重要性。教师为人师表，穿着打扮更是含糊不得，教师的衣着、饰品和发型都会影响到教师在学生心目中的地位。

2. 修炼言谈举止

教师富有哲理的幽默，能深深地感染和吸引学生，使教师自己教得轻松，学生学得愉快，大量事实表明，教师风趣的语言艺术，能使学生富有生气，引起他们的注意，并能充分调动学生兴趣。

教学生动、风趣、形象，不但能活跃课堂气氛，而且能加深学生对知识的理解记忆。例如，笔者在讲授认识多用电表的原理一课时，表头就像是一张聪明的会说话的嘴，他会根据不同的情况说不同的话。图中电流表 G 测量的是电流表两端的电压，那么此时他说的是'真话'；但是实际上，电流表 G 能够测量的电压不超过毫伏级，测量更大的电压可以采用什么方法？给电流表串联一个电阻，使串联电阻分担一部分电压，就可以用来测量较大电压了，但是此时电流表 G 说的是'假话'，因为电压表 V 刻度盘上的电压值不再表示加在电流表 G 上的电压，而是表示加在电压表上的电压！

3. 提高业务水平

作为一名物理教师，应当十分注重提高自己专业素养和教学水平。因为，只有自己有光才能照亮学生；自己有热才能传递给学生；自己有高超的授课艺术才能够吸引和感染学生，培养学生学习物理的兴趣，从而提高学生的物理知识水平。

二、转变观念，真心实意关爱和欣赏学生

老师要不断更新自己的教学观念，不断进行教学反馈，保持学生长久的学习兴趣。

首先，因为社会在变化，教育也在变化，学生也在变化，因此，老师也要相应地做出改变，老师的一言一行，会使学生产生很多想法，既而影响到学生。所以在教学中，要相信所有的学生都是能够学习好的，教师应公平地面对每个学生，发现每个学生的闪光点并加以引导和挖掘。要尊重学生的主体性，注重对学生学习兴趣的培养和激发学生学习的愿望。要承认学生是有差别的，采用个别化、探究性的教学方法，因材施教，引导学生在自身经验的基础上去学习。因为学生喜欢新鲜事物，也容易接受新事物，所以采用更新的教学理念，能够吸引学生学习物理的兴趣。

其次，我们在教学中还要不断总结，了解学生的特点和心理，及时地进行教学反馈，布置作业、测试讲评，要因材施教，有的放矢，趁热打铁，让学生及时掌握知识，享受到学习带来的快乐，这样就能进一步提高学生学习物理的兴趣。

最后，多让学生参加一些课外活动。比如，可以经常举行水火箭比赛、孔明灯制作等活动，既让学生体验到自己动手带来的快乐，又能使学生通过实践

学到物理知识，一箭双雕，让同学们感受到知识的海洋是无穷的，激发学生求知的欲望；又如，播放"神五""神六"的发射与回收的短片，让同学们感受到物理就在我们身边以及科技带来的伟大力量，进一步激发学生学习物理的兴趣。

三、想方设法化"抽象"知识为"形象"知识

绝大多数学生学习物理遇到困难主要是因为物理概念和规律大多数是抽象的，导致难以理解，对于这个问题，笔者认为可通过以下两种方法解决。

1. 大量做实验

书本上的理论都不是凭空而来的，要靠实验来支撑。物理学本身就是一门以实验为基础的自然科学。物理的定义、定理、规律、定律都建立在大量的实验和实践活动基础上，是大量科学先辈通过不断做实验得出的结论。因此，学生要真正掌握比较抽象的物理理论，光靠老师口述讲评还不行，这样很抽象，学生想象不到具体的物理情景，理解起来就非常困难。如果我们把理论回归到现实，用实验来展示给同学们看，这样把抽象转化为具体，理解起来就很容易了。除此之外，物理教师还应自己动手，制造一些简单的物理教具，特别是学生难以理解或容易产生错误概念的地方，应反复琢磨，想方设法制造简单的教具帮助学生理解。例如：用黑板擦做摩擦力实验；讲解自由落体运动这节课时，由于同学在日常生活中，有一种习惯，总是认为重的物体比轻的物体下落得快，我就拿一团纸和一铁块让他们同时下落，让同学们仔细观察，得出演示实验的结果，把错觉给纠正过来，同学们感受很深，提高了同学们学习物理的兴趣；又如，用雪碧瓶装满水，然后在瓶身打个洞做超重与失重的实验等。特别是给同学们自己动手实验，自己参与实验，提高自己的动手能力，让同学们感受到学习的快乐，相较于老师纯粹讲解，学生容易理解得多，自己得出的结论，非常深刻，知识不容易被遗忘，达到事半功倍的效果。这样，不但掌握了知识，还培养了同学们的观察能力、思维能力。

在这方面，世界著名的物理学家、科学家爱因斯坦说过："实验的教学价值时常与仪器的复杂性成反比，那个用自己做的，常出现错误的学生，比那个仔细调整过，因而他易于相信它而不敢弄坏他的仪器的学生，学到的东西要多得多。"这对物理教师和学生都是很好的启发。慢慢地，学生对物理学科产生了浓厚的兴趣，形成对物理学习的强大动力，想要进一步学好它。

2. 适当利用多媒体课件教学

利用多媒体技术，使教学内容多样化、趣味化、直观化，培养学生的发散

思维和创新意识。多次反复的感性认识起到强化识记和理解的作用，以直观的图像假设理论，学习理论再用实验验证，符合人们认识事物的规律。这打破了教师只靠一张嘴、一支粉笔、一块黑板的简单的讲授模式，易于引起学生注意，给学生以最直接的感观，能激发学生学习兴趣和参与教学活动的热情。例如：在讲物理"引言"课时，通过播放视频，给同学们展示一幅幅生动的画面，这样一定会引起学生浓厚的兴趣，使学生全神贯注地观看录像，将自己沉浸在物理情境之中，认识到物理与大自然和社会生活的紧密联系，激发其强烈的探索欲望。

总之，物理是一门非常重要的自然科学，很多物理理论很抽象，学生对那些抽象的理论很难直接感觉和理解掌握，更谈不上什么创新。而在教学中大量的理论又是用实验无法直接向学生提供的。例如：原子核式结构、电流、机械波、天体运动等，这些学生很难见到的抽象教学内容，可利用多媒体课件，把抽象的内容化为具体的，复杂的化为简单的，看不见的东西化为能够看见的东西，把无形的化为有形的，使学生很容易理解。这样，刺激了学生的各种感官，拓宽了学生对知识的认识面，加深学生认识。许多科学研究表明：在教学中，同学们从视觉获得记忆比较多，从听觉获得记忆比较少，我们同时采用这两种手段，可以使同学们获得的记忆比两种手段总和还多。因此，运用多媒体可以综合利用多种感官进行学习，能取得较佳的教学效果，提高学习效率。

◆·如何提高课堂教学的有效性·◆

随着课程改革和素质教育的不断推广、深入，如何优化教学过程，进一步提高课堂教学的有效性成为十分迫切的课题。作为课改实验的尝试者，我深深地体会到：要使学生在课堂上拥有一个全新的世界，就要将新课程理念与自己的课堂教学实践紧密结合起来，最大限度地提高课堂教学的有效性。

一、让课堂充满活力

什么是活力？活力就是有生命力，富有生气。那么活力的课堂就是有生命力、富有生气的课堂。传统的教学观念一直认为教师是知识的传授者，是学生智慧的开启者，师道尊严的光环使教师认为自己高高在上，这种观念造成了师生间的隔阂，阻断了师生间心灵的交流，这样的课堂必定是死气沉沉的。一个有活力的课堂，应该通过解放学生的手、解放学生的嘴、解放学生的大脑，调动学生的多种感官。在课堂教学中学生或独立思考，或热烈讨论，或连连发问；教师或精辟讲解，或巧妙点拨，或参与学生讨论，或给学生作解答。整个课堂形成一种民主和谐、师生互动、宽松活泼的教学氛围。在教学过程中激发学生的学习兴趣，培养学生的学习能力和良好的学习习惯，使学生思想开放活跃，学得主动灵活、轻松愉快。

课堂教学不是简单的通过教师讲演向学生呈现信息的过程，衡量一堂课效果的好坏，不是看教师讲演的是否精彩，而是要关心它的实际效果，学生通过这堂课学到了什么，解决了什么问题。"活"不是为了教师的教学需要而活，而是为了学生的成长而活。有活力的课堂不仅仅要在形式上活起来，还要通过课堂教学设计活动，使学生获得发展。"活"意味着师生双方潜能的开发、精神的唤醒、内心的敞亮、个性的彰显和主体的弘扬，意味着师生双方经验的共享、视界的融合与灵魂的感召。尽管有些课堂没有轰轰烈烈的活动场面，但学习者能够自主选择和确定学习目标，能够自我调节和补救，能够在教学的个性化中培养自主学习的能力，此时的课堂活力存在于学生的心田之中。

二、让课堂充满激情

新课程理论指导下的课堂教学要求教师在组织课堂教学时，不仅要有效、灵活地传授知识，同时还要激活课堂气氛，调动学生的学习兴趣。师生之间要进行必要的情感交流，让学生在课堂中产生美妙的生命体验。提高课堂质量，正是新课程理念中对每位教师提出的基本要求，而课堂效率的提高来源于一个充满激情的课堂。

一个充满激情的课堂能给学生带来很大的感染力，学生在这种课堂上情绪饱满，回答问题时信心十足。因此，要让学生对所教内容产生浓厚的兴趣，除了学生自身的因素外，在很大程度上取决于教师上课时的激情，教师的激情能感染每位学生，点燃学生求知的欲望，从而推动整个课堂教学的进展。老师面带微笑，充满激情地走进课堂，就会给学生很大的感染力，老师的激情就是火种，能一下子点燃学生求知的欲望，课堂气氛也会随之活跃起来，为一节成功的课打好了基础。如果一个老师不好的情绪带进课堂，学生就会惴惴不安，不知课堂上要发生什么，由于紧张、害怕而产生消极情绪，对课堂效果十分不利。充满激情的教师还要有一颗宽容的心，他对待学生不会吝惜鼓励性的语言，他会以细微的举动，在不经意间点燃学生心中热情的火焰，帮助他们找回自信，甚至能改变他们的一生。

三、让学生学会思考

古人云："学而不思则罔。"我们知道，只懂得传授知识，不懂得发展学生思维的教师是不完全的教师。因此，在课堂教学中，教师重视让学生学会思考，加强对学生思维能力的培养，对提高课堂教学质量有着重要的意义。学生的思维活动是在他们迫切需要解决新问题时开始的，问题是思维的先导，是引发学习兴趣和学习积极性的关键，会学习的人才会有问题，不会学习的人没有问题，或是提不出明确的问题。所以，要促成学生的有效学习，要提升课堂教学的有效性，就应该着力于培养学生提出问题并思考研究问题的能力与习惯。

学生带着问题去学习，思维将会处于活跃、积极的状态，对事物的观察，将会更加敏感，想象力更加丰富，有益于排除盲目、被动的学习因素的干扰。因此，教师在备课和课堂教学时都要处处站在学生的角度去钻研教材，设计教案，组织教学，指导练习。要尽量创造条件，让每个学生都有充分表现自己的机会，要引导学生积极主动地动手、动脑、动口，让全体学生都能自始至终地主动积极参与到学习的全过程中。教师没有必要占用全部的教学时间，也没有必要把什么道理都讲得十分清楚，学生能自己解决的问题，老师就不要讲；学生虽然不能自己解决，但通过同伴互助或小组合作、讨论探究能解决的问题，老师就让他们独立完成；学生经过合作交流也无法解决的问题，才需要由教师的适时去加以点拨、讲评，从而解决问题。

四、让学生学会生活

温家宝总理在《百年大计教学为本》中指出：学生不仅要学会知识，还要学会动手，学会动脑，学会做事，学会生存，学会与别人共同生活，这是整个教育和教学改革的内容。我们通过课堂教学培养了学生的学习能力和习惯，但学生的学习不仅仅局限于学科教学，而应该让学生在走出课堂后也能利用这种学习方式，从多方面进行学习，让学习具体化、生活化，让书本知识与学生的学习、生活联系起来。学生已有的知识和经验是课堂教学的一种宝贵财富和资源，将课堂教学与相关的现实世界背景联系到一起，学生获得的知识才会更生动具体、美丽鲜活。他们会真正体会到生活就是课堂知识的不竭之源，体会到课堂来源于生活，最终回归生活。

课堂教学的最终目的是使学生走向社会、服务社会，同时也是使学生适应社会。新课改要求让学生从身边熟悉的生活现象中去探究并认识规律，同时还应将学到的知识及科学研究方法与社会实践及其应用结合起来，让他们体会到课堂在生活与生产中的实际应用。学生利用课堂所学的知识，解决简单的问题，这样既巩固了已学的知识，也体验到自身的价值，激发了学习新知识、解决新问题的强烈欲望。这不仅可以增加学生学习的乐趣，培养学生良好的思维习惯和科学探究的能力，促进学生的个性和特长的发展，而且可以培养学生热爱科学、关心社会的意识，利用正确的价值观处理社会问题的能力，有利于学生的终身学习和终身发展。

新的课程标准改革对我们教师的教育教学提出了新的要求。我们只要按照科学发展观的要求，进一步更新教育观念，在实际教学工作中勤思考，肯探索，不断改进教学方式，让学生成为课堂的主人，课堂教学就一定会更生动、更高效。

◆·让物理课堂教学"动"起来·◆

课堂教学是实施素质教育的重要阵地，学生是素质教育的主要群体。一个成功的物理教师要在课堂教学中有意识地培养学生的持久兴趣，使学生处于较佳的学习状态之中，使他们对物理乐学、善学、会学，应从根本上改变课堂教学，应该突出强调让学生生动、活泼、主动地发展，使学生在亲身参与学习的活动中发挥创新思维、创造学习条件、提升学习能力。因此，在物理课堂上，充分发挥学生的主体作用，发展学生个性，激活物理课堂，培养学生的创新精神和创新能力，让物理课堂教学"动"起来，既是物理课堂教学改革的突破口，也是物理教学中实施创新教育的有效途径。

课堂有趣的电学实验如图 3-19 所示。

图 3-19

一、变式训练——在动脑中为学生参与课堂活跃思维

变式训练就是通过运用引申、变化条件、改变结论、背景复杂化、配置实际应用环境等方法配置变式训练题目或题组，多角度运用知识，多途径对技能方法进行练习。在立足教材、面向学生、发展创新思维的物理课堂教学中，通过变式训练，启发学生积极参与，有目的地从多方面、多层次、多角度去思考和分析问题，帮助学生学习物理知识与技能，培养学生理解物理概念，提高解题应变能力，从而有效地避免题海战术，巩固物理知识，培养学生独立思考，举一反三的学习态度，激发学生参与学习的欲望。

在复习带电粒子在复合场中的运动中有这样一道例题：如图 3 - 20 所示，水平放置的 A、B 两平行板相距 h，上板 A 带负电。现有质量为 m、电量为 $+q$ 的小球在 B 板上方距离为 H 的 O 处，以初速度 v_0 竖直向下从 A 板小孔进入板间电场，欲使小球刚好打到 B 板，A、B 间电势差 U_{AB} 应为多大？

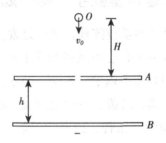

图 3 - 20

有的学生先 OA 后 AB 分段处理，有的学生选取全过程 OAB 来计算，有的学生还用到牛顿定律和运动学公式求解。在充分肯定学生的解法后，教师通过如下变化：将题中图翻转 180°，变为如图 3 - 21 所示，结果又如何呢？学生一下子愣住了，不知如何动手，这时老师再做适当的"导"转化为学生的"思"，课堂气氛又调动起来，学生积极思考。这样，就把带电粒子在复合场中的运动，通过图形的变换改变原题的物理情景，引申出相似性的新问题，促使学生积极思考，使学生思维向多层次、多方向发展，从而有效地遏制了"题海战术"。这样既能开拓学生解题思路，又能培养学生的探索意识，真正实现"以少胜多"，调动学生的思维积极性。

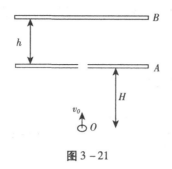

图 3 – 21

二、探究尝试——在动手中为学生参与课堂创造条件

新课程改革的重点之一就是要改变学生的学习方式，倡导学习应该"主动参与、乐于探究、交流合作"，强调学生是学习的主体，让学生去探索、发现、创新。教师可根据情况就方向性问题加以引导，一般不对具体题目进行提示。学生在教师的指点下自己完成去伪存真，去粗取精的工作，找准问题的本质，设计或选择正确的解题方法，通过动脑想、动手做、动笔写等尝试性活动，逐步提高他们的探究能力。

例如：在讲完力的合成与分解后，引入"正交分解法"，笔者给出如图 3 – 22 所示的两个力及夹角，让学生求这两个力合力的大小。

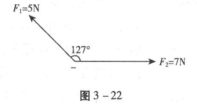

图 3 – 22

学生首先想到的是直接将两个力合成，画出平行四边形，但在计算合力的大小时遇到了困难，少数学生利用刻度尺测量合力大小，极少数学生运用余弦定理来计算，更多的学生则想不出好的方法来精确求解。

在学生思考并试探求解之后，笔者便提示学生要精确求解合力，可采用"以退为进"的解题策略：如图 3 – 23 所示，先将 F_1 在 x、y 两个相互垂直的方向上分解，再在 x、y 轴方向上分别求出其合力，然后再将两个方向上的力进行合成，即可得出 F_1、F_2 的合力的大小。

学生在教师的带领下不断地认识、探索、发现、体验物理解题过程，完成尝试性的情境建构，顺利实现认识的飞跃。在学生尝试体验的过程中，教师应该指导学生保持良好的心态，始终用高强度、高质量的思维进行探究活动，如果思维出现明显的偏差，应坦然以对，并逐步学会及时调整思路，避免过分焦虑。

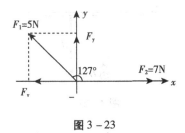

图 3 – 23

三、归纳交流——在动口中提升学生参与课堂的能力

《普通高中物理课程标准（实验）》特别强调："有主动与他人合作的精神，有将自己的见解与他人交流的愿望，敢于坚持观点，勇于修正错误，具有团队精神。"如果说探究尝试是学生个体的一种行为，那么归纳交流则是发生在学生集体中的个体与个体之间的一种合作与交往。在教师的指导下，学生主体可以进行一些局部的或全方位的交流活动。在交流中，学生可以互相借鉴参与过程的思路，共同分享参与活动的成果，互相分享彼此的智慧。

例如：在讲授高中物理《万有引力定律及其应用》第三节《飞向太空》时，笔者事先把全班学生分成四组，让学生在课前预习课文、查找相关资料，让学生了解人类飞向太空的壮举是怎样实现的，在航天技术领域取得了哪些成就，在第二天上课时尝试让学生讲，老师听，收到了意想不到的效果。四个小组学生经过认真备课，集体讨论，最后选出代表站在讲台上发言，同学们各自根据自己掌握的资料对自己感兴趣的问题发表见解、相互讨论，教师也参与其中。这样让学生的内在能量释放出来，让他们在课堂上"活"起来，从原有的静听模式中走出来，使课堂教学充满活力。整个活动中学生通过动脑、动手、动口，充分发挥学生的主体作用、发展学生的个性，培养学生自主学习的能力，培养学生的责任感和自信心。实践证明，这样做很受学生欢迎，有效促进了学生能力的发展，变"要我学"为"我要学"，又给学生创设了成功的机会，增强学生的成功意识，大幅度提高了学生的学习能力。

总之，高效率的物理课堂教学模式应该是生机盎然的、趣味生动的，而不是死气沉沉的。在物理课堂中要让学生"动"起来，教师既要尊重学生的独特体验，又要注意引导，充分体现以学生为主体，让学生在动脑、动手、动口中积极参与学习，培养自己的创新意识，创新思维和创新能力，激发自身的学习欲望。我们要用新的教法带动学生学法的改变，在课堂教学中积极探索，大胆尝试，努力提高学生的综合素质和能力，把学生培养成有知识、能创新的新一代。

◆·以学定教，提高课堂教学的有效性·◆

有效教学这一话题是目前教学领域的热门话题，教学的流行语是：最好的教学就是有效教学。本文依据教学实践，就如何解决目前教学中存在的问题，打造"教之有效，学之轻松，得之满意，心之愉悦"的有效课堂介绍具体的做法，谈实践体会。以学定教，是提高课堂教学的有效性的基础。

最好的教学就是有效教学，有效教学是指教师依据学生的认知规律对课堂教学做出一系列经仔细策划的学与教的活动，教师以学生实际水平、教学环境、学生终身发展等实际情况来确定教学三维目标，围绕三维目标设计教学内容和学与教的活动，根据教学内容和学与教的活动选择有效的教学方法。有效课堂是"教之有效，学之轻松，得之满意，心之愉悦"的课堂。中国教育科学研究所所长朱小蔓教授说："没有最好的教育，只有适切的教育、丰满的教育。"要提高课堂教学的有效性，必须转变教师的教学观念，做到"以生为本，以学定教"。"以学定教"是有效改进课堂教学的基础。

目前，课堂教学存在的主要问题有：①教师一讲到底的课多；②教学目标设计不合理；③过多关注教师教的行为，不太关注学生学的行为；④教学活动为设计而设计，实效性差；⑤注重教书，忽视育人；⑥教学内容选取不当或运用不当等，导致教学效率低下。

课堂教学的有效性问题是教学中的重要问题，具体来说，教学的有效性主要体现在以下几个方面：①课堂教学目标的有效性。教学立意要高且三维目标必须以学习者的取向为基础；②教学内容的有效性。以三维目标为基础确定教学内容和设计学与教的活动，目标不同，内容与方法也不同，教学效果也就不同。如课文内容的选择是否符合课程标准的要求和学生发展的需要，能否培养学生健康的情感等；③问题设计的有效性（包括提问和课堂训练）；④课堂活动的有效性（如：课堂讨论是只有形式还是形式为内容服务？是为了满足形式的需要还是为了帮助学生理解所学知识、培养某种能力？）⑤教学交往的有效性。（师生之间的互动、交流是否有效？课堂气氛是否融洽、和谐，师生关系是否平等？）⑥教学手段的有效性。（如：现在普遍使用多媒体，是多媒体为教学服务还是教学为多媒体服务？）⑦课后作业的有效性。（是布置一道有价值的问题还是布置大量的重复性作业？是让学生简单地抄写，进行书本知识搬家还是让学生思考问题、解决问题？）

更好地提高课堂教学的有效性必须实现从教师的如何"教"向学生如何"学"的转变。在以往的教学工作中，教师更注重的是自己如何进行教学，在教学中我们总是以考纲为要求，或以前常说的"考什么，学什么；考多难，教多难。"正如郭思乐教授在一篇文章中所提到的："对于自觉的教育来说，所谓的高考指挥棒并不一定能起作用，合乎规律的教育可以使学习者的学习超越高考、中考，既取得素质的提高，又在相关社会性的终端考试中获得更优成绩。相反，如果把从小学到中学的漫长的教育教学过程变成考试模拟，就会极大地破坏人的素质发展，并且不断消磨人的学习热情和创造能力，从长远周期来看反而会降低或难以提高人的考试适应能力。"所以，要提高课堂教学的有效性，必须要转变教学观念，做到"以生为本，以学定教"。

一、处理好教与学的关系

郭思乐教授在生本教育理论中提到的在教学中应高度重视学生，高度依赖学生，做到以学定教，先学后教。我们在教学实践中注重教与学并重，做到既关注教材也关注学生。这点，在高中教学中尤为重要。很多教师只注重考纲要求，总是强调向高考看齐，而不循序渐进，忽略学生的具体情况，往往适得其反。所以，我们要求备课小组每星期利用两节课的时间进行集体备课。

集体备课主要包含以下几个环节：①认真钻研教材，了解教学内容、教学目标；②了解所教学生的基本情况，做到既关注教学目标也关注全体学生；③参考本备课组教师以往的教学经验，如以往学生在学习本节课内容时会碰到哪些常见的问题；怎样组织学生进行讨论交流会使学生对所学的知识理解得更全面；怎样进行问题的设置能引起学生的兴趣、符合学生的认知能力等。

二、处理好内容与形式的关系

教学的目的是使学生学习到知识，教学方法、教学媒体和教学形式的应用最终目的是使学生更容易掌握所学的知识。但在教学方式的转变中，部分教师只求形似不求神似，只重形式不重实质，不能正确处理传统教学方式与现代教学方式的继承发展关系，常常是一提倡新的，就彻底否定旧的，走绝对化、极端化和形式化的道路。在一些课堂上，有些教师把"自主、合作、探究"作为一种固定的教学程序,对于有些明显无须探究的问题也每节课照着去做,导致探究性学习的浅层化、庸俗化和形式化。教师无论采用怎样的多媒体或何种教学方法都应考虑是否有利于学生的学习。如现代信息化技术的发展给我们平时的教学带来了极大的方便,计算机多媒体技术已被广大教师采用,如果应用恰当的话可以极大地提高教学效率,但如果只是滥用的话则起不到应有的效果。有些教师在课堂教学中僵化呆板地运用信息技术,以多媒体代替教师的作用,将要讲的、要写的都用多媒体呈现,结果,教师成了"电影放映员",学生则仍处于被动接受的地位。为提高课堂效率,我们的课堂教学采用何种教学形式更加值得关注。课堂教学形式尽可能地与内容相适应,从而采取灵活多变的教学形式。如探究——讨论式教学法、启发——讨论式教学法、自学辅导法、实验探究法等。

三、处理好知识与能力的关系

教学的目的是使学生在获得知识的同时也让能力得到相应的提高,应从只偏重获得结论到结论与方法并重。在新课标中所确定的"知识与能力""过程与方法""情感、态度与价值观"三维目标,其实就反映了国家和社会对课程的价值追求,体现了以学生发展为本的教育理念。从三维目标中可看出:"过程与方法"是与"知识与能力"并列的目标之一。在教学实践活动中对学生的能力培养,我们也应将其放在重要的地位。在以往的教学中,教师为了提高学生成绩,往往只注重知识的传授,而不注重知识的获得过程或方法,课堂教学不仅存在明显过多的"讲解—接受"倾向。很多教师片面地认为只要把更多的知识告诉学生,学生就会掌握更多的知识,学生掌握了更多的知识,其能力自然就会得到提高。所以很多教师喜欢"搞大量训练",认为用"题海战术"就能使学生获得高分数。

这其实是以教师的教代替了学生的学,以为教了多少,学生就能学到多少。教学有无效益,并不是指教师有没有教完内容或教了多少,而是指学生有没有学到什么或学得好不好。如果学生不想学或者学了却没有收获,即使教师教得再辛苦,也是无效教学。同样,如果学生学得很辛苦,但没有得到应有的发展,也是无效或低效教学。如我们在平时的教学中注重知识与能力并重,学生的成绩自然就会上去。反之,如果教学不注重知识的获得过程或方法,常会出现"一教就会,一做就错"的现象,学生的学习效果一定也好不到哪里去。

四、处理好共性与个性的关系

生本教育理论中提到了要高度尊重学生,我觉得我们所说的尊重学生应是尊重全体学生。我们在教学中应从偏重全班统一性学习到注重全班个人独立性学习，让所有学生都在课堂教学活动中有所收获。为达到这个目的，要让所有学生都有事做，让学生感觉到他们自己才是学习的主人。由此，应注重以下几个问题。

（1）从偏重终结性评价到注重形成性评价。应对学生在学习过程中的一些具体表现做出较为全面的评价，从而避免简单地用分数来评价一位学生。

（2）从偏重统一性作业到注重选择性作业。在以往的教学工作中，我们布置作业总是不考虑学生的具体情况，全班同学都做同样的题，按同样的标准评分，这样的结果是成绩好的同学觉得作业太简单不愿去做，基础较差的同学又完成不了，从而失去学习的兴趣。因此，教师布置作业时应布置一些选择性的作业，让学生选择，自主完成。

（3）从单一的书本作业到形式多样的课外作业。比如，生物是一门以实验为基础的学科，很多知识并不是通过纸上谈兵就可以获得，所以可以通过开展一些相关的专题研究，课外小制作等活动来提高学生学习生物的能力，并从中得到学习的乐趣。又如布置学生就某节课的内容命测试题并提供参考答案等。

进行有效教学需要教师的教学智慧，明确课堂教学的育人功能，重视教学过程中的学与教的活动设计，要激扬生命，保护好学生在课堂上的积极性，要对教学内容整合，要精心设计校本练习题。"以学定教，有效改进课堂教学"对老师提出了更高的要求。教育的智慧源于爱，我们应该带着真诚与爱心走近学生，带着敏锐与智慧走进课堂，给学生以心灵和智慧的启迪，打造"教之有效，学之轻松，得之满意，心之愉悦"的有效课堂。

◆◆ "问题驱动法"在物理教学中的有效应用 ◆◆

《"问题驱动法"在物理教学中的有效应用》获奖证书如图 3 - 24 所示。

图 3 - 24

自从新课改开始以来，教师运用以学生为主体、以促进学生的发展为本的新理念大胆地对高中物理课堂教学进行改革，树立起新的高中物理教学观。"问题驱动法"体现了"以生为本"的教学新理念，它根据教学内容的需要，将问题驱动贯穿整个教学过程之中，以问题为载体，利用问题驱动使学生萌生自主学习的动机和欲望，并在实践中不断优化自主学习方法，从而为实施有效教学打下坚实的基础。

几年的教学实践，使我认识到"以问题驱动教学"的探究性学习效果是不错的。下文将以《示波器的奥秘》为例，探讨"问题驱动法"在物理课堂教学中的有效应用。

一、问题导入，激趣诱思

问题是思维的起点和出发点，是学习的动因。问题能引发学生学习新知的兴趣，引领学生踏进探索新知的大门，为学生牢固掌握该课的内容打下基础。因此，在新课导入中设置问题情境、制造悬念等是诱发学生的学习动机和学习意向的一种良好方法，可取得有效的教学效果。

本节课首先让学生回忆匀变速直线运动规律和平抛运动规律，为学习新课内容做好铺垫，然后向学生展示示波器，并演示了示波器的用途，提出如下问题。

问题：示波器是用来测量交流电或脉冲电流波的形状的仪器，它可以观测电流的波形外，还可以测定频率、电压强度等。那么，它是如何设计制作的？它运用了哪些原理呢？

教师利用贴近生活的电子设备引入课题，提出要解决的问题，这样就把学生的注意力吸引过来，活跃了学生的思维，激发了学生的兴趣，为这一节课的成功打下了良好的基础。

二、问题探究，理解掌握

皮亚杰的认知发展理论认为，人类发展的本质，是对环境的适应，这种适应是一个主动的过程。学生是学习的主人，课堂教学应把时间和空间还给学生，教师应通过问题的指引，引导学生在已有知识的基础上，自主思考、探究和发现事物，亲自去发现问题的结论和规律。

这节课为了让学生理解示波器的原理，我设置了如下两个问题，让学生在具体的情景中自主探究、合作交流，归纳总结出物理规律。

问题1：要想使带电粒子在电场中加速，该怎么办？

情境 1：如图 3 - 25 所示，在真空中有一对平行金属板，极板间的距离为 d，两板间加以电压 U。两板间有一个质量为 m 带正电荷 q 的带电粒子，它在电场力的作用下，由静止开始从正极板向负极板运动，求到达负极板时的速度。

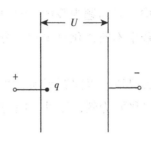

图 3 - 25

探究 1：能不能用牛顿运动定律分析该问题，如何分析该问题？

探究 2：能不能用动能定理分析该问题，如何分析该问题？

探究 3：这一过程中发生了哪些能量的转化，是如何实现的？

探究 4：若加速电场是非匀强电场，应如何分析？

教师鼓励引导学生对加速运动的动力学特征和运动学特征进行分析归纳，组织学生讨论交流，让学生发现问题，并积极思考。

问题 2：如何利用电场使带电粒子偏转呢？

情境 2：如图 3 - 26 所示，在真空中水平放置一对金属板 Y 和 Y'，板间距离为 d，在两板间加以电压 U。现有一质量为 m、电荷量为 q 的带电粒子以水平速度 v_0 射入电场中。

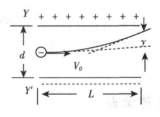

图 3 - 26

探究 1：如何求粒子在板间运动的时间 t？

探究 2：如何求粒子射出板间时偏转的距离 y？

探究 3：如何求粒子射出板间时偏转的角度？

探究 4：如何求粒子射出板间时的速度？

这样，通过简单问题入手，引导学生在新的需要与原有知识的基础上，运用层层递进的推理性问题，在生生、师生讨论中不断将学生引向积极、深入的思维状态。学生全程参与了知识的形成过程，通过积极思考、广泛交流、主动探究与建构，使问题得到解决。

三、问题解决，思维提升

新课程改革强调了不仅要使学生掌握知识，更重要的是培养学生的问题解决和思维创新能力，这些能力也是今后处理日常生活中遇到的问题的必备能力。为了增强学生体会获取知识的愉悦，达到学以致用的目的，我以示波管的设计为背景设计了一道带电粒子在电场中的加速和偏转的综合运用，并在题后增加思考与讨论，让学生进行课堂探究，使学生对所学知识有一个深化认识、思维提升的机会。

问题：示波管是如何设计的，它应用了哪些原理？

如图 3 - 27 所示，一个质量为 m、带电量为 q 的粒子，由静止开始，先经过电压为 U_1 的电场加速后，再垂直于场强方向射入两平行金属板间的匀强电场中。两金属板板长为 L，间距为 d，板间电压为 U_2。求粒子射出两金属板间时偏转的距离 y 和偏转的角度 Φ。

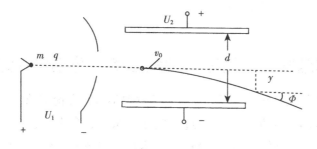

图 3 - 27

讨论：

（1）偏转的距离 y 和偏转的角度 Φ 由谁决定？与带电粒子的电量、质量有关吗？

（2）要增大偏转的距离 y 和偏转的角度 Φ，可采取怎样的措施？

学生通过自主探究，交流讨论了示波器就是利用带电粒子在电场中的加速度和偏转规律制成的。凭借规律的掌握和例题答案，学生稍加思考就可以得出讨论中的正确答案。然后借助 CAI 课件模拟示波管的构造并简析其工作原理，使学生们了解到示波器并不神秘。本节课中，学生不仅学会掌握问题解决的方法，知道了在什么情况下、在什么地方去应用所学的知识，真正做到学以致用。

四、问题反思，整合升华

在新课程理念下，不仅要让学生带着探究的问题进入课堂，也一定要能够让学生带着思考的问题离开课堂。这样，才能使我们的学生有更多的发现，更多的收获。学生反思问题解决的过程，进行相互评价或自我评价，更能延伸学生的探究欲望，使思维得以发散、提高，进而对科学探究的兴趣不断提高。

问题：本节课你学到了哪些知识？你能谈谈你的体会吗？你最感兴趣的是什么？感觉最难理解的是什么？回顾一下整节课的学习，你最大的收获是什么？看看老师有哪些地方需要改进？

通过上述提问，引导学生反思本节课内容，教师适当做出点评，帮助学生做归纳与总结，提炼物理规律和方法。课后让学生带着一点问题离开课堂，培养了学生探究精神，使学生形成良好的学习习惯。

总之，我们要精心设计出能驱动教学顺利进行的问题，使学生在课堂上积极思考、敢于质疑、善于释疑，乐于探究问题。教学实践证明，在高中物理教学过程中，"问题驱动法"很好地刺激了学生的思维，学生轻松愉快地学会知识，从课堂中体会到学习的乐趣。

◆◆ "问题教学"在高三物理小组合作学习中的应用 ◆◆

"问题教学"是以建构主义和布鲁纳的发现学习为理论基础，在遵循以学生为主体、教师为主导的原则下，通过"问题、探究、合作、建构、创新"等思维活动，在学生积极思考、共同合作和个体解决问题的基础上，促进学生学会分享与合作，从而实现物理问题解决的一种教学模式。"问题教学"能够培养学生自主学习能力、增强学生合作意识、培养学生的创新能力和激发学生学习物理的兴趣。

在多年来高三物理教学实践中，笔者结合物理学科特点，将"问题教学"与"小组合作学习"有机结合起来，在学习过程中以问题为主线，以小组合作学习为载体，通过学生的主动参与、合作交流、动态生成，最终实现学生知识、能力与情感的协同发展，促进整体的提高。它在培养学生学会生存与学会合作，有效地训练学生的思维能力及创新能力方面起到不可忽视的作用，对课程改革的深化具有重要的现实意义。

一、学案预习，提出问题

在高三的复习中，绝大多数学校都采用统一订购复习教辅用书的方式进行教学和复习，无数学子在题海中拼杀、苦熬，耗费了大量时间和精力，效果却不好。为了让所有的学生都能正确认识并把握好复习的方向和尺度，将时间和精力用在最为宝贵的地方，教师需要结合自己学生的实际情况、自身的教学特点和每节课应达到的复习目标，为学生设计科学合理的导学案，让学生全身心投入学习，主动专研、积极思考。

例如，在复习"圆周运动"时，笔者根据知识建立的自然过程，为学生设计以问题为中心的导学案，引导学生思考：①什么是圆周运动？做圆周运动的物体所需向心力由哪些力提供？你能举出具体的例子吗？②描述圆周运动的物理量有哪些？它们的物理意义是什么？满足什么关系？③火车转弯处的轨道应满足什么条件才能使转弯的火车不脱轨或不受损坏？④当用杆、绳、管道等约束物体在竖直面内做圆周运动时，要使物体不脱离轨道应满足什么条件？

通过问题引领，学生在预习过程中不仅对学习内容有了初步的感知和充分思考的时间，还能将预习时遇到的困惑上升为解决不了的问题，有利于培养学生的问题意识，培养学生提出问题的能力。同时，导学稿的预习过程也让教师及时了解学生学习本节内容的困难所在，给课堂教学节省了不少时间。

二、自学质疑，探究问题

"问题教学"将抽象的物理概念及规律依据知识、能力、思维层次与结构拆分成"问题链"，引导学生带着"问题"进行积极的自主学习，参与知识形成的全过程，由表及里，由浅及深地自我构建知识。学生在探究"问题"的过程中，当遇到困难时，自己先独立思考，在自己解决不了时，就和小组内的其他成员讨论交流，这样就可以将小组合作学习从课堂延展到课外，从而拓展了小组合作学习的时空范围。

例如，在复习"探究功与物体速度变化的关系"时，笔者将教学内容设计成系列的问题链让学生提前预习，引导学生对该实验进行思考：①本实验目的是什么、实验原理是什么？②实验中需要测量哪些物理量？用什么器材来测量？③如何测量物体所受的合外力、物体的速度怎么测量？④怎样做才能不考虑摩擦力做功，即拉力对小车做的功等于小车受到合外力做功？

学生根据学案阅读教材，明确了本节内容的学习目标，通过问题探究，对实验原理、方法、步骤以及器材的选用有了一个初步的认识，从而在进入实验室时能够做到心中有数、充满期待，能够更快地进入学习状态。

三、小组合作，解决问题

真正的学习并非个体的认知或感悟，而是一种基于沟通的社会过程。作为一种教学理论和策略，合作学习以小组为基本单位进行教学活动。在合作学习中，小组成员可以集思广益、交流讨论，深化对问题的认识。通过组与组之间的互评，学生公正、客观地进行相互切磋，找准错因从而进行自主纠正，并最终解决问题。

例如，在高三二轮专题复习时，笔者出示例题：如图 3 – 28 所示，电阻忽略不计的光滑导轨 ABC、DEF 平行放置，间距为 L，BC、EF 水平，AB、DE 与水平面成 θ 角。PQ、$P'Q'$ 是质量均为 M 的金属杆，它们与导轨垂直，PQ 的电阻为 R，$P'Q'$ 的电阻为 $\frac{1}{2}R$。平行板电容器的两金属板 M、N 的板面沿水平放置，距离为 d，并通过导线与导轨连接。FC 的左侧整个区域的磁感应强度大小为 B_1、方向竖直向下的匀强磁场中。电容器两极板间有磁感应强度大小为 B_2，方向水平向外的匀强磁场。要使杆 $P'Q'$ 保持静止，求：

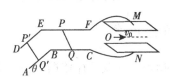

图 3 – 28

（1）杆 PQ 应沿什么方向运动？速度多大？

（2）质量为 m、带电量为 q 的粒子，从 O 点射入恰好沿图中虚线通过平行板电容器，则入射粒子的速度多大？

笔者并没有将问题拆分，而是直接设计成上面的（1）问和（2）问，先让大家独立思考和小组合作讨论。5 分钟后笔者挑选一位成绩中等的学生上台试讲，他根据平衡条件列出的方程分别为 $B_1IL = Mg\sin\theta$ 和 $qv_0B_2 = q\dfrac{U_{MN}}{d}$，在小组争辩中有许多学生提出了质疑。第（1）问中粒子所受的安培力方向如何呢？大小是多少？第（2）问中粒子所受电场力和洛伦兹力的方向是怎样的呢？粒子的重力能忽略吗？通过试讲，这位学生的错误被暴露出来，全班学生为其找错、议错、改错后，问题最终得到了正确解答。反思讨论过程，既加深了学生对知识的理解和掌握，又培养了学生的发现、分析、改正错误的能力，通过其他学生的补充、修正，使其解题过程更规范，思想方法更恰当。由此可见，通过小组合作讨论和成果展示，往往会伴随着碰撞产生智慧火花，全体学生达到了相互促进和共同提高的目的。

四、促进迁移，拓展问题

学生思维能力的提高离不开多角度观察问题、分析问题和解决问题。高三物理复习中最重要的是在学习过程中重视物理过程的分析和物理模型的建立。一个实际的物理问题，首先就要抓住其主要的特征，舍去其次要的因素，形成一种经过抽象概括了的理想化"模型"。在模型建构的基础上，教师可以诱导学生运用学过的物理知识，变换思维角度，进行多途径、多方向、多侧面思考。通过典型案例，进行巩固提升，拓展问题，引导学生在反思探究过程中，寻求启迪，持续思考和深入理解，并以此为学生搭建更高的思维平台。

例如，在复习"带电粒子在电场、重力场中的运动"时，设置如下例题：如图 3-29 所示，用长为 L 的绝缘细线悬挂一个带电小球，小球的质量为 m。现加一水平向左的匀强电场，平衡时小球静止于 C 点，细线与竖直方向呈 45°角。已知重力加速度为 g，求：

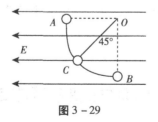

图 3-29

（1）小球带何种电荷？

（2）如果小球带电量为 q，则电场强度 E 的大小为多少？

（3）若将细线烧断，经时间 t 小球运动到 P 点（图中未画出），则 CP 的距离是多少？

分析：该题是带电体在复合场中的运动模型，考查电场的基本概念、电场的力的性质和电场中的匀变速直线运动。学生通过独立思考，根据共点力的平衡条件和匀变速直线运动规律能顺利得出答案。

变式1：若将小球拉至水平位置 A，然后由静止释放，小球向下摆动过程中的最大速度是多少？此时绳子的拉力是多少？

变式2：若在 C 点给小球一定的初速度，小球恰好在竖直面内做圆周运动，绳上的最大拉力是多少？

分析：这两道变式题为复合场中的动能定理、圆周运动相结合的综合题，以巩固学生对力学中的圆周运动和能量关系的综合运用。教师指导学生审题时要注意找出已知条件，思考隐含条件和未知条件，找出列方程的依据，总结解题方法。

拓展1：若将电场方向改成竖直向下的匀强电场，其他条件不变，求上例中的变式1和变式2。

拓展2：若将电场方向改为竖直向上，大小变为原来的2倍，小球从 C 点静止释放，小球做什么运动，绳子的拉力如何？

此题通过改变题目条件，实质变成了很多道同类型的题目，看起来只在一道题上做文章，实质解决了一大类型的问题，真正实现走出题海的理想。教师通过以上问题情境，拓宽问题的思路，使学生的思维得到了有效的发散，培养了他们的创新思维能力、联想能力和合作学习能力。

总之，在高三物理小组合作学习中开展"问题教学"是一种发展观的体现，它可以摒弃传统复习的"题海战"，还能有效地激发学生内在的学习动力，使课堂气氛活跃起来。这不仅有助于培养学生的互助合作精神、竞争意识、组织协调能力，而且对强化学生的问题意识和训练学生的物理思维都具有积极的推动作用，从而提高高三物理课堂的复习效率。

◆·"说题"活动与物理教师的专业发展·◆

教师"说题"活动是新课程中提出的一种新的教学方法和理论，物理教师"说题"活动有利于促进教师把握物理教材和考纲的要求，深入研究试题功能，准确把握考题的趋势与方向，调整教学策略，提升物理课堂教学的质量与效果。因此，"说题"活动正逐渐成为促进教师专业成长、提高课堂教学质量和检测教师业务水平的有效途径之一。

一、"说题"的内涵

所谓"说题",就是让教师在精心做题的基础上,面对同行、教研员、专家,在规定时间内,以物理语言表述为工具,配以有关的辅助手段,系统而概括地解说自己对具体试题的理解,阐述应用物理知识解决物理问题时所采取的思维方式,物理思想方法和解题策略,然后大家进行评说,以达到相互交流、共同提高的一种教研形式。

教师"说题",需要其在整体把握课程体系和考纲要求的基础上,将自己的解题思路、方法、策略以及反思等活动深入浅出地表达出来。"说题"过程中,教师不仅要从试题的视角说"怎样解题",更要从学生的视角说"怎样进行解题教学",从而把握高考命题趋势,用以指导课堂教学,最终提高物理课堂教学的实效性。

二、"说题"的意义

作为一种新型的教研形式,"说题"活动绝不是"说题"过程的简单复制,而是以"说题"为基本脉络,将命题、解题、析考、论教(学)融合于一起,实际上是以"说"的方式来做"研"的内容,是一种把教学研究放在实处、放在细处的过程,是一种将教学实践和理论研究紧密结合的教研过程,旨在提高物理教师教学专业素养的一项综合活动。

(1)促进学习,提高能力。"说题"是一种非常简练的、操作方便灵活的教研方式,但这种方式对"说题"教师的要求却是全方位的,是理论与实践的高度结合。"说题"活动要求教师把研究试题与研究自己如何"教"、学生如何"学"结合起来,这样就促使教师加强对物理课标和考纲的解读,加深对学情的了解,把握考试评价方向,理解试题考查意图。因此,开展教师"说题"活动,必然会培养教师对课程理念、课程内容及课程评价等方面的理解能力,成就教师的发展和教学的成功。

(2)主题突出,提高效率。"说题"活动以习题研究为载体,围绕解题和解题教学对试题进行探究。这一活动的具体要求为:教师针对某一试题,从考点分布、试题难度、试题亮点及存在的不足等方面进行评价。教师在解题中,不仅要掌握试题的解法,更应该从试题中把握分析学生的认知与学习能力,预测学生碰到的思路障碍及形成障碍原因和突破策略,进一步优化解题教学,提高物理课堂教学效率。

三、"说题"的内容

作为一名物理教师，要遵循物理学科自身的特点，可以从以下几个方面开展"说题"活动。

说题目。简明扼要呈现试题，说出该题考查哪些知识点，涉及哪些思想方法，对学生能力方面有哪些要求，还要说出题目的创新之处。

说学情。结合课堂教学实际，确定学生现有的知识结构和能力水平，分析学生存在的问题及解题障碍，找出题目中易错点、易混点。

说教法。说清如何引导学生分析问题，怎样指导学生解题，着重阐述解题思路是怎样找到的，突破难点的方法手段是如何想到的。

说反思。要求教师说出解题后的感悟与思考，回顾和反思解题结果和解题过程，提炼和总结解决问题的经验，对有价值的典型试题进行变式、推广与拓展。

四、"说题"实例分析

下面以 2014 年广东高考（理综）物理试卷第 36 题为例，探索物理教师开展"说题"活动的基本步骤。

例题：如图 3-30 所示，足够大的平行挡板 A_1、A_2 竖直放置，间距 $6L$。两板间存在两个方向相反的匀强磁场区域 Ⅰ 和 Ⅱ，以水平面 MN 为理想分界面，Ⅰ 区的磁感应强度为 B_0，方向垂直纸面向外。A_1、A_2 上各有位置正对的小孔 S_1、S_2，两孔与分界面 MN 的距离均为 L。质量为 m、电量为 $+q$ 的粒子经宽度为 d 的匀强电场由静止加速后，沿水平方向从 S_1 进入 Ⅰ 区，并直接偏转到 MN 上的 P 点，再进入 Ⅱ 区，P 点与 A_1 板的距离是 L 的 k 倍，不计重力，碰到挡板的粒子不予考虑。求：

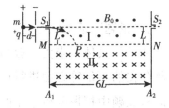

图 3-30

（1）若 $k=1$，求匀强电场的电场强度 E。

（2）若 $2<k<3$，且粒子沿水平方向从 S_2 射出，求出粒子在磁场中的速度 v 与 k 的关系式和Ⅱ区的磁感应强度 B 与 k 的关系式。

① 说题目。"带电粒子在匀强电场、匀强磁场中的运动"是历年高考中的一个重要考点，这类问题涉及知识面广，综合性强，学生得分率低。本题以"带电粒子在匀强电场、有界磁场区域的运动"为背景，涉及力和运动、动能定理、匀速圆周运动等知识。题目通过问题讨论的方式，考查考生的推理能力、分析综合能力、应用数学解决物理问题的能力，同时考查考生思维的灵活性和严密性。本题创新之处在于：给定磁场的空间范围，讨论带电粒子初速度范围和磁感强度的范围。通过 k 值的设定，降低考生在平面几何上的多解问题，避免了偏重考查数学应用的情况，成为具有"真正物理味"的好题。

② 说学情。"带电粒子在匀强电场中加速后进入两个不同的匀强磁场中做匀速圆周运动"的物理情景，对无数次做过带电粒子在电场、磁场中运动试题的考生而言显然不陌生。本题第一问给定 k 的取值，大部分基础好的学生均能顺利得出答案；第二问相对平时训练的分类讨论其实要简单得多，题目中给定 k 的取值范围，讨论 v 与 k 的关系式以及 B 与 k 的关系式，其实仔细读题不难发现，这只是一个简单的数学问题，k 的取值范围只不过是定义域，只要利用工具规规矩矩的做好图像，利用简单的数学推导，学生可以非常迅速的得出答案。本题难点是正确画出粒子的轨道图，应用数学处理物理问题的能力是考生最薄弱的，学生在计算半径、推导物理量间的关系时常常出错。

③ 说教法。本题物理模型熟悉，物体的运动过程阶段性明显，体现对讨论判断能力的考查。在第一问中，粒子在电场加速，可由动能定理列式，在磁场Ⅰ区运动时，洛伦兹力提供向心力，当 $k=1$ 时，由几何关系得 $r=L$，三式联立很快就得到答案。第二问通过正反两个组合磁场，结合 k 的取值范围，可知粒子在Ⅱ区只能发生一次偏转，利用工具画出带电粒子的运动轨迹。在确定粒子做匀速圆周运动的半径时，可以运用勾股定理列式计算半径，也可以设置圆心角，采用三角函数列式计算半径，解题方法虽然不同，但结果一样。

④ 说反思。广东理综物理计算题强调对于物理过程和模型的考查。教师平时在设置物理试题时要注重根据具体物理情境，加强学生物理思维能力的培养，同时加强学生在对具体解题过程中严谨性与规范性的训练。本题可以通过转换设问角度，改变已知条件，设置"有意思"的物理问题考查学生的分析判断能

力。如将第（2）问中的 k 设定为 $0 < k < 1$，$1 < k < 3$，或者将第（2）问改为"要使粒子沿水平方向从 S_2 射出，求 k 应满足的条件"。通过改变取值范围，粒子运动的对称性和周期性更明显，对学生思维程度也提出了更高的要求。又如，尝试转换模型，通过题型重组，编拟以下变式题，让学生学会具体问题具体分析。

变式：如图 3 - 31（甲）所示，M、N 为竖直放置、彼此平行的两块平板，板间距离为 d，两板中央各有一个小孔 O、O'，且两孔正对，在两板间有垂直于纸面方向的磁场，磁感应强度随时间的变化如图 3 - 31（乙）所示。有一群正离子在 $t = 0$ 时垂直于 M 板从小孔 O 射入磁场。已知正离子质量为 m，带电荷量为 q，正离子在磁场中做匀速圆周运动的周期与磁感应强度变化的周期都为 T_0，不考虑由于磁场变化而产生的电场的影响，不计离子所受重力。求：

（1）磁感应强度 B_0 的大小。

（2）要使正离子从 O' 孔垂直于 N 板射出磁场，正离子射入磁场时的速度 v_0 的可能值。

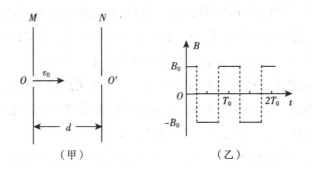

图 3 - 31

总之，基于试题研究开展"说题"活动是一种全新的教研组织形式，是探索教师继续教育的有效途径，为教师的专业化发展提供了有力的支撑。

"问题·探究·建构"教学模式的实践与思考
——《探究向心力》例析

《"问题·探究·建构"教学模式的实践与思考——《探究向心力》例析》获奖证书如图 3 - 32 所示。

图 3 - 32

《普通高中物理课程标准（实验）》指出："高中物理课程应促进学生自主学习，让学生积极参与、乐于探究、勇于实验、勤于思考。"建构主义认为："学习不应该被看成是对教师授予知识的被动接受，而是学习者以自身已有的知识和经验为基础主动的建构活动。"培养学生学习物理的兴趣和分析问题、解决问题的能力，是我们教学实践的重点和难点。"问题·探究·建构"教学模式充分发挥学生的主体作用，激发学生对物理的学习兴趣和学习热情，对培养学生的探究能力、促进学生进行创造性地学习具有极大的意义。

一、"问题·探究·建构"教学模式的基本结构

"问题·探究·建构"教学模式，就是在新课标以人为本的教学理念和建构主义理论的指导下，教师围绕教学目的、重点难点，创建一个学生熟悉的"问题"情境，引导学生在"探究"中自主、合作学习，帮助学生"建构"起有意义的知识，促进学生的认知、技能、情感全面发展的一种教学模式。该教学模式根据学生已有的知识或经验，将物理知识转化为物理问题，将物理问题融入具体的情境之中，师生双方围绕问题进行多元化、多角度、多层次的探究和建构。"问题·探究·建构"教学模式的教学程序：问题→探究→建构。"问题"

是指学生在日常生活、学习中发现并提出有价值的科学问题或由老师创设的问题情景；"探究"是指学生对自己或教师提出的问题进行主动的自学、探讨、交流；"建构"是指学生在探究过程中感受、理解、掌握物理知识的本质，形成物理模型以解决现实问题。

"问题·探究·建构"教学模式的教学目标：让学生在熟悉的问题情境中发现和提出问题，并能在新的问题情景中寻求解决问题的方法，让学生在问题解决的过程中养成自觉的学习态度和自主学习的习惯，最终形成合理的认知结构和完善的能力结构。

二、"问题·探究·建构"教学案例分析

《向心力》是高中物理粤教版必修二第二章第二节的内容，该节内容的重点是如何帮助学生构建向心力的概念以及探究向心力的大小，难点是运用向心力相关知识解释有关现象，解决实际问题。现用"问题·探究·建构"教学模式实施课堂教学，教学过程设计如下：创设情境，激起思维→自主探究，引出问题→体验感悟，构建新知→诱导发现，实验探究→拓展提高，建构模型。

1. 创设情境，激起思维

亚里士多德说过："思维自疑问和惊奇开始。"在教学过程中，教师紧扣教学内容，借助实验和多媒体创设情境、设置悬念，有效地调动了学生的求知欲，把学生引入知识的海洋。

情境1：教师手持开口水杯演示"水流星实验"，如图3-33所示，提问：能否做到将水杯口朝下而水不流出呢？

情境2：教师播放一段"双人花样滑冰"片段，如图3-34所示，提问：女运动员为什么不沿直线飞出去而沿着一个圆周运动？

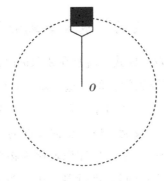

图3-33

图 3 - 34

围绕本节课的教学目的、重点难点，教师分别利用实验和视频，由生活实际创设问题情境，培养学生把生活与物理联系在一起的习惯，"水流星"演示实验现象使学生产生悬念，激发学生的好奇心和探究欲望，"双人花样滑冰"使学生获得情感体验，增强其民族自豪感。

2. **自主探究，引出问题**

物理学是一门自然科学，研究的是我们身边的一些事物，让学生利用身边的物体现象设计小实验，更能激发学生的学习兴趣。在上述情境下，教师没有马上引出向心力的概念，而是先提出以下问题：

问题 1：要使小球在光滑的水平桌面上做匀速圆周运动，可以怎么做？

问题 2：小球在光滑的水平面内做匀速圆周运动时受到哪些力？是什么力使小球做匀速圆周运动？这个力有什么特点？

通过自主探究，学生在观察、体验、感悟中思考小球做匀速圆周运动受到的合外力是哪个？这个力起到了什么作用？这些问题将学生带入实验探究的物理情境中，为更深入地开展思维和探究活动提供基础和动力。学生分小组进行小球做匀速圆周运动的简易实验，然后小组进行交流，展示自己的实验成果，如图 3 - 35 所示。

图 3 - 35

3. **体验感悟，构建新知**

教师在学生发现问题后，并没有立即引出向心力的概念，而是向学生展示

如图 3-36 所示的自制"向心力演示仪",引导学生体验、探究:

探究 1:如何用 1 个乒乓球提起一个盛有水的矿泉水瓶?

探究 2:改变乒乓球的质量、转动半径、转速,讨论影响向心力大小的因素有哪些?

图 3-36

归纳总结:①向心力的方向时刻指向圆心;②向心力不是某一具体的力,其实是圆周运动的合外力;③向心力只改变速度的方向,不改变速度的大小。

教师通过情境、问题、探究,顺利而自然地让学生经历了向心力概念的建构过程,让学生深刻地理解了向心力的概念。同时,学生在体验的过程中感悟到了影响向心力大小的因素,更重要的是培养了学生的提问意识和探究能力。

4. 诱导发现,实验探究

上述实验,只能定性地得出影响向心力大小的因素,为了进一步定量地探究向心力的大小 F 与物质的质量 m、转动的角速度 ω、转动半径 r 的关系,教师展示"向心力演示器",如图 3-37 所示,通过视频让学生了解仪器是如何工作的,最后让学生四人一组定量验证,并最终得到 $F = m\omega^2 R$ 或 $F = m\dfrac{v^2}{R}$。

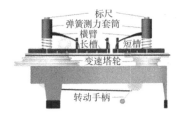

图 3-37

学生亲历实验验证的过程,体验成功的乐趣,培养了学生的动手能力,激发了学生的学习兴趣,也培养了学生养成严谨、细致、耐心的实验素养和团结协作的团队精神。

5. 拓展提高，建构模型

向心力是物体做匀速圆周运动时所受到的合外力，这在教学中是个难点，但同时也为物理模型的建立提供了生动的素材。为检测学生对向心力的掌握情况，教师设计了如下问题：

问题1：行车拐弯、老鹰在天空盘旋、小钢球在碗中沿碗壁做圆周运动时，其向心力有什么特点？

问题2："水流星"和"双人花样滑冰"的运动有何区别？

教师引导学生对自行车拐弯、老鹰在天空盘旋、小钢球在碗中沿碗壁做圆周运动进行受力分析，再将上述"实物"去伪存真化为质点，最后引出圆锥摆这个物理模型，让学生感受一次物理模型的建立方法；通过分析"水流星"和"双人花样滑冰"的运动，帮助学生建立竖直平面和水平面内的圆周运动模型。这样的教学，解决问题的过程是由学生自主感悟和建构的，而不是由教师"塞"给学生的，学生不但能够巩固所学知识，而且能够建立物理模型，解决实际问题。

三、基于"问题·探究·建构"教学模式的思考

1. 教学反思

本节课应用"问题·探究·建构"课堂教学模式，通过一系列的问题，让学生逐渐感悟、探究、建构向心力的概念。教学设计和新课程的教学理念"从生活走向物理，从物理走向社会"相一致，让同学感受到物理就在我们身边，进一步激发了学生学习物理的兴趣。

纵观整个教学过程，笔者觉得本节课的成功之处在以下几个方面。

首先，教师注重问题引导和实验探究，让学生在已有经验的基础上构建知识，教学过程符合学生的认知规律。在上课过程中，笔者每提出一个问题，都会给学生引导、讲解并给学生留出一定的思考时间，这充分体现了学生的主体性。

其次，学习过程注重创设物理情境、充分挖掘生活物品进行实验，使学生感到科学就在身边，视频、微课、投影仪等仪器的使用更使学生对科学产生亲近感。比如，用绳拉小球转动、乒乓球提矿泉水瓶、向心力演示器都使学生产生极大的兴趣。再如，注重师生交流、生生互动。在课堂中，学生实验探究活动多、探究时间长，充分实现了学生的主动学习、合作学习和探究学习。

2. "问题·探究·建构"教学模式的优势

要想获得有意义的知识，应该让学生置身于问题情境中，对知识进行主动性建构，领悟真实的生活情境在学习中的内在意义，以促进知识的迁移。"问题·探究·建构"教学模式的精髓是教师引导学生置身于精心设计的问题情境中自主探究和知识建构，该教学模式充分发挥了学生是学习的主人的特点。显然，它与传统的讲授、演示等教学方法相比，是一种更积极的学习方式。它不但能有效地培养学生的发散思维，而且给学生提供充分的动手实践、自主学习的机会，能大大激发学生的好奇心与求知欲，并使学生在深入理解科学知识的同时，提高了其实践能力和创新精神。

3. 采用"问题·探究·建构"教学模式应注意的问题

（1）注意实效性原则。教学模式只是一种重要的教育科学研究方法，因为教学建模过程是针对具体的实际问题进行归纳、总结、概括和抽象的过程，所以任何一种教学模式都有它的局限性。因此，在教学实施过程中，教师应根据学生的实际情况和学科知识的特点，有意识地将这种教学模式结合具体的教学内容转化为不同的教学方法加以应用，并在应用中进一步总结、调整，从而使教学模式不断地完善。

（2）坚持以教导学。解决课堂教学有效性问题的关键在于：既要真正提升学生的主体性，又要努力发挥好教师的引领作用。教学中，教师应充分发挥角色的主导性，导趣、导思和导行相结合，让自己成为问题情境的创设者、学生兴趣的激发者，学生建构知识意义的促进者、学生良好情操和健全人格的培育者。

（3）注重问题设计。首先，问题设计应具有情境性，融入情境的问题更能引发学生的思考；其次，问题设计应具有针对性，教师要根据学生已有的知识水平和教学内容，紧扣学生学习主题设计问题；再次，问题应具有启发性，符合学生的"最近发展区"，让学生"跳一跳，摘到桃子"；最后，问题应具有新颖性，要有思维含量，要能激发学生的兴趣，要能提高学生的能力，要能在学生心里形成一种悬而未决但又必须解决的求知状态，从而培养学生的问题意识。

◆·对"楞次定律演示仪"的辨析·◆

一、在楞次定律教学中涉嫌忽悠学生的设计

人教版高中物理选修3-2"楞次定律"一节，利用图3-38所示"螺线管

四组实验"的方法，引导学生通过观察感应电流的方向去判断感应电流的磁场方向，从而分析得出楞次定律。由于该实验不直观，并且推演繁杂，容易使学生在认识上感到困惑，所以在教学设计中，有些教师往往用更直观、简单的"楞次环实验"来代替"螺线管四组实验"。实验装置如图 3－39 所示，A、B 都是铝环，其中 A 环闭合，B 环断开，可以绕中间的支点转动。在实验时，用条形磁铁的一极垂直插入、拔出 A 环，可观察到横梁绕支点的转动，而 B 环却没有这种现象。教师引导学生先判断感应电流的磁场方向，然后判断感应电流的方向，最后总结出楞次定律。

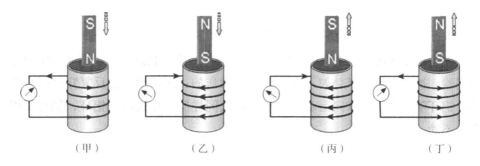

（甲）　　　　　　（乙）　　　　　　（丙）　　　　　　（丁）

图 3－38　螺线管四组实验装置

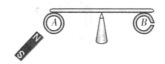

图 3－39　楞次定律演示仪

该实验以其易于与教材"吻合"的实验原理、轻便的演示器材、较为方便的实验操作以及明显的实验现象，常常被广大教师广泛地采用，成为高中物理课堂教学中经常上演的经典演示实验。但笔者认为改用"楞次环实验"来总结得出"楞次定律"尚且存在严谨性问题，似有忽悠学生之嫌，特提出以下两个问题与同行们商榷。

（1）铝环动与不动是否真的与铝环闭合与不闭合有关？

（2）铝环的运动状态改变真的是取决于感应电流的磁场与磁铁的磁场之间的相互作用这个唯一的原因吗？

二、对"楞次环实验"的深度探析

人教版高中物理选修 3－2（2010 年 4 月第 3 版）第四章第 3 节"楞次定

律"课后"问题与练习"（见图 3 - 40）：

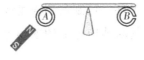

图4.3-13中的A和B都是很轻的铝环，环A是闭合的，环B是断开的，用磁铁的任意一极去接近A环，会产生什么现象？把磁铁从A环移开，会产生什么现象？磁极移近或远离B环时，又会产生什么现象？解释所发生的现象。

图 3 - 40　教材中的文图

笔者在互联网上搜索视频"楞次定律实验"，不难找到类似于图 3 - 41 所示的实验，视频中的专家是如下进行该实验操作的：用条形磁铁反复穿过闭合铝环，铝环随即产生同方向运动；用条形磁铁同样反复穿过断开铝环，铝环仍然静止不动。

图 3 - 41　楞次定律演示实验

笔者查阅了普通高中课程标准实验教科书物理选修 3 - 2 教师教学用书中的专家解释：用磁铁的任意一极（如 N 极）去接近 A 环（闭合铝环）时，穿过 A 环中的磁通量增加。根据楞次定律，A 环中将产生感应电流，阻碍磁铁与 A 环接近，A 环将远离磁铁；同理，当磁铁远离 A 环时，A 环中产生的感应电流的方向阻碍 A 环远离磁铁，A 环将靠近磁铁。由于 B 环是断开的，无论磁极移近或远离 B 环，都不会在 B 环中形成感应电流，所以 B 环不会移动。

问题 1：闭合与不闭合环的实验效果是否真的不同

笔者在实验室里挑选了一根磁性正常的条形磁铁，实验操作后，确实是 A 环移动，B 环不动；再顺手拿出另一根明显老旧的条形磁铁，却发现 A、B 两环都不动，经过检测后发现这根磁铁的磁性已经有些弱了。是不是磁铁的磁性强弱不同产生的实验效果也不同呢？笔者在磁性较弱的条形磁铁一端粘上两块 $8mm \times 8mm \times 2mm$ 的钕铁硼超强磁铁，结果发现 A、B 两环竟然都能移动了。由此发现，铝环动与不动跟铝环是否闭合真的无关。

问题 2：铝环的动与不动是否与铝环的形状和连接方式有关

为了检验铝环的动与不动是否与铝环的形状和连接方式有关，笔者分别设计了厚、薄、宽、窄 4 种铝环，连接方式分别为吊挂式如图 3 - 42 所示、中连式如图 3 - 43 所示。实验中，笔者分别用正常磁铁、弱磁铁和强磁铁对不同形状、不同连接方式的铝环进行了多次实验如图 3 - 44 所示，结果发现铝环的动与不动与铝环的形状和连接方式无关。

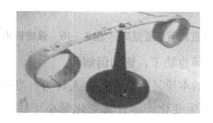

图 3 - 42 厚铝环吊挂式

图 3 - 43 薄铝环中连式

为进一步揭示"楞次环实验"真相，笔者将强磁铁由水平插入铝环改为竖直向下插向铝环，如图 3 - 45 所示，结果发现铝环向下移动了。笔者进一步得出，铝环的动与不动与磁铁的插入方式也无关。

厚铝环吊挂式　　　　薄铝环中挂式　　　　薄铝环挂式

图 3 - 44 不同形状、不同连接方式的铝环对实验结果的影响

图 3 – 45　强磁铁竖直向下靠近铝环　　图 3 – 46　强磁铁水平靠近缺口铝环

问题 3：不闭合的铝环也动了，该如何解释

"楞次环实验"现象的本质是什么呢？有人认为：当磁铁靠近缺口环时，闭合环中的磁通量仍然要发生变化，尽管其变化量小于缺口环中的磁通量的变化量，但闭合环中还是要产生感应电流，从而阻碍了磁能量的变化。为了检验闭合环对缺口环是否有影响，同时又要保证支架水平，笔者用了一块塑料代替闭合环，如图 3 – 46 所示，并把缺口铝环的缺口进一步加大，强磁铁沿水平方向插入更大缺口的"铝环"，结果发现铝环仍能移动。如果把缺口环竖直悬挂起来，将强磁铁水平插入缺口环，发现环仍然能够向上偏移。把缺口环拉直后，其形状变成了一块矩形铝板，强磁铁再次插向铝板时，铝板向上偏移了。将铝板换成一张 16K 的锡箔纸，实验效果更加明显。此实验间接说明铝环运动并不仅仅是在"闭合回路"中的感应电流的磁场与磁铁的磁场之间的相互作用。

笔者多次实验结果如表 3 – 2 所示，最终发现铝环的动与不动只与磁铁的强弱有关，而与铝环是否闭合，铝环的厚薄、宽窄、大小或者铝环的连接方式均无关。由此可见，互联网上的专家视频和人教版高中物理选修 3 – 2 教师教学用书中的专家解释对"楞次环实验"及其条件的阐述均有与事实不符之处。

表 3 – 2　铝环的运动状态与磁体的磁性和环的关系

*B*环　　*A*环	磁铁的磁性强弱	铝环的厚、薄；宽、窄；大、小
B 环不动；A 环动	条形磁铁磁性正常	无关
B 环不动；A 环不动	条形磁铁磁性偏弱	无关
B 环动；A 环动	强磁铁	无关

三、对"楞次环实验"的合理解释

电磁感应现象，从本质上讲，有两类情况：一类是动生；一类是感生。楞次定律是在构建回路后，将两类不同本质问题用磁通量来表述的判断感应电动势方向的规则，它依赖两个东西：一是回路的构建；二是感应电流，即楞次定律直接判断的是感应电流的方向，而感应电流是感应电动势在回路中的结果。

当铝环闭合时，磁铁靠近铝环，铝环中的磁通量发生变化，闭合环中产生感应电流，这与"闭合导体的一部分在磁场中做切割磁感线运动而产生感应电动势"相吻合。铝环断开时，弱磁铁靠近铝环，铝环中仍然要产生感应电流，这时的电流也叫涡流，但由于磁场和涡流都较弱，磁场和涡流的相互作用也较弱，故断开的铝环几乎静止不动。当强磁铁靠近断开的铝环时，尽管铝环不闭合，但磁场和涡流都较强，此时磁场和涡流会产生较强的相互作用，从而就有了断开的铝环发生移动的现象。

四、结束语

综上可知，教师在进行基于"楞次环实验"的教学设计时应当从课标和学生认知规律出发，特别是在选用课后"问题与练习"等资源时，应深入分析教材，理解编者的编写意图，根据学生的实际情况对教材进行取舍，创造性地"用活"新教材，真正做到用教材教。而不能以偏概全，仅选择性地用三种状态中的一种进行符合主观要求的片面教学展示，殊不知，学生完全可能一不小心就用上了弱磁铁和强磁铁，一旦发现了与课堂上观察到的实验现象不一样，凭他们刨根问底的习性会使老师在问题的解释上露出破绽，到那时，恐难自圆其说，还会使结论前后不一，流露出"不深入""不严谨"的表象，给教学带来极为不利的影响。

物理学是自然科学中以实验为基础的学科之一。许多物理规律的发现以及对未知世界的探索、发明和创造，都离不开实验。在物理实验中，探究过程不能止于表层、流于形式，我们必须切实从物理学科特点入手，进一步强化广大师生对物理实验探究过程的重视，避免"走过场"式的实验探究和实验教学现象的演示。

第三节　试题研究与题型创新

◆·近三年广东高考理综物理力学计算题浅析·◆

一、总体评价

广东省自 2010 年实施理科综合的新高考方案以来，物理学科试卷的命题给人的感觉都比较稳，同时"稳中有新，稳中有进"，对中学的物理教学起到了良好的导向作用。理综物理力学计算题重点考查了物理学科的主干知识、重要的典型物理模型和基本能力与方法，突出讨论判断、区分度高。表 3 - 3 就是近三年来广东高考理综物理力学计算题的一些基本情况。

表 3 - 3　高考理综物理力学计算题分析

年份	试题序号	分值	考查重点	待求量
2010	35	18	牛顿第二定律、圆周运动、动能定理、动量守恒定律	运动速度 v；滑行距离 s
2011	36	18	牛顿运动定律、功和能、动量守恒定律、讨论判断	运动速度 v；克服摩擦力做的功 W_f 与 L 的关系
2012	36	18	圆周运动、牛顿定律、功和能、动量守恒定律、讨论判断	运动速度 v_0 及碰撞中能量损失 ΔE；角速度 ω 的取值范围及 t_1 与 ω 的关系式、E_P 与 ω 的关系式

二、试题特点

2010 年是广东省新高考实施理科综合考试的第 1 年，力学计算题难度较低，成功实现了实施新高考方案的平衡过渡。试题主要考查了"牛顿第二定律、圆周运动、动能定理、动量守恒"等高中物理主干知识，对高中物理教学和学生能力培养有很好的指引作用。2011 年力学计算题出现了多过程组合，第二部分题型讨论判断，难度较大。2012 年力学计算题起点高、落点低，比 2010 年难度高，比 2011 年难度低，难度系数更趋于合理。试题注重对学生基础知识、基本技能的考查，能较好地体现考试说明的总体要求。这三年来力学计算题总体上有以下显著特点。

（一）注重对主干知识的考查

由于受题量的限制，最近三年力学计算题集中分布在第 35 题或第 36 题，分值均为 18 分，一题设两问（2012 年三问，实际上第二问与第三问是两种情况的临界问题）。试题综合性强，重点考查的都是物理主干知识，如直线运动（包括 2012 年的 $v-t$ 图像）、牛顿第二定律、平抛运动、圆周运动、功和能、动量守恒定律。通过对基本知识的考查，能够较好地反映考生对中学物理主干知识掌握的程度以及运用物理知识解决综合问题的能力，也对我们今后的物理教学起到了很好的指引作用。

（二）注重对典型物理模型的考查

在理综试题题量有限的情况下，最近三年力学计算题背景素材的选择多数集中在典型、重要的物理过程模型上，体现了命题者对典型、重要的物体模型的重视。如：2010 年考查竖直平面内的直线运动和圆周运动；2011 年考查的板块类模型；2012 年考查的弹簧类模型，这些物理过程的模型都是学生所熟悉的。这样的试题，对我们今后的高考备考起到了积极的导向作用。

（三）能力考查全面

随着素质教育的开展和课程改革的不断深入，广东高考在考查基础知识的同时，把能力考查作为考查内容的一个重要环节。力学计算题在考查考生对物理原理和基本物理规律的同时，通过多物体、多过程、多场景的组合，考查了考生的理解能力、推理能力、分析综合能力和应用数学解决物理问题的能力。如：2010 年两个滑块的圆周运动和匀变速直线运动；2011 年滑块在传送带、滑块上的多过程组合；2012 年滑竿的 $v-t$ 图像、滑块 A、B 的两种碰撞情况，均考查了考生是否能够灵活地运用所学过的知识去研究新情景、解决新问题。

（四）突出讨论判断、区分度高

广东高考理综物理力学计算题的讨论判断题逐渐成熟，并成为广东高考试题的特色和亮点。讨论判断题在考查学生综合能力的同时，更考查了考生的科学态度和科学精神，通过对结论的讨论判断既考查了考生的物理思维能力，又提高了试题的区分度，体现了高考的选拔功能。如 2011 年第 36 题第二问，首先要判断滑块在和 C 碰前物块能否从滑块上滑落，物块不脱落又要分为三种情况：①滑板和 C 碰撞时恰好共速；②滑板和 C 碰撞时还未共速；③滑块和 C 碰撞前已经共速。接下来，找临界条件，最后判断物块能否滑上 CD 轨道的最高点。2012 年第 36 题第二问和第三问，需要对给定的两种情况讨论，通过挖掘隐含条件，探求角速度的临界位置，学生得满分不易，难度较大。

三、对教学和备考的启示

从对近三年广东高考理综物理力学计算题的分析中，可以看出力学计算题立足于教材，突出对主干知识的考查，注重考查学生的所学知识与能力。试题灵活，思路清晰，新颖，特色鲜明。分析近三年的力学计算题的特点，对于我们研究今后的高考方向，提高教学与复习备考的针对性，将会起到有益的启示作用。

（一）重视基础，跳出题海

广东高考理综命题充分考虑了从 X 科到综合科的实际，坚持以考查学科内综合为主的原则，重点考查学科主干知识和重点知识。这就要求我们在物理教学中，必须狠抓基础知识、基本技能的教学和训练，加大对知识点之间的联系，进而将知识有效地综合。高度重视解决力学问题的几个规律的建立过程与应用示例，让学生从机械训练、题海战术中解脱出来。

（二）重视过程，关注方法

近三年广东高考理综力学计算题坚持能力立意，注重对考生运用所学知识分析问题、解决问题的能力的考查。试题的难度稳中有降，试题涉及的过程模型似曾相识又面貌全新，无法从"题海"中找出原样。所以在复习中要通过具体问题的分析，让学生明白试题的物理模型是什么，可以拆分成哪几个过程，每个过程涉及什么概念，遵循什么物理规律。通过过程模型的拆分，达到训练学生形成良好的解题方法和答题技巧，培养学生良好的解题思维习惯。

（三）重视"开放性问题"，培养"探究能力"

答案不固定、条件不完备、解题方法不唯一等特点，使得开放性问题具有一些独特的教学价值。开放性问题既考查了学生的创造性思维，又培养了学生在接受知识的过程中"学会探究""主动探究"和"终身探究"的能力。我们在平时教学中可以有目的地提出系列不同类型的问题或任务，设置一些模糊条件，通过一题多解，一题多变，引导学生主动发现、积极探索，对条件和结论展开适当的拓展和讨论，这对提高学生的讨论判断能力和探究能力会有很大的帮助。

总之，最近几年广东高考理综物理力学计算题稳中有变，推陈出新，体现了广东高考的特色。在教学中要加强各章节知识体系的整体构建，强化物理规律的灵活应用，通过对力学过程模型的不断组合，进行举一反三的拓展，将有助于学生掌握相关问题的本质规律和解题技巧，同时会培养学生的思维能力和思维品质。

◆·立足基础，强调能力，注重实践，守正创新·◆

——2013 年广东高考理综（物理）试卷评析

2013 年广东高考理综（物理）试卷的命题，继续保持了广东省自主命题以来的一贯思想，在考查学生高中物理基础知识与基本技能的基础上，突出能力考核，重视实验的细节过程和物理思维过程的考查。试题难易界限分明，整体难度适中，对中学物理教学具有很好的导向作用，同时又保持较好的区分度，符合高校选拔人才的要求。

一、整卷立足基础，突出主干知识，强调重点内容

2013 年的广东高考理综（物理）试卷满分 100 分，其中选择题 9 题，共 46 分，非选择题 3 题，共 54 分，分为 4 道单项选择题、5 道双项选择题、1 道实验题、2 道计算题。试卷的题型、题量及赋分比例与前三年完全一致。试卷的命题在注重主干知识、核心内容检测的同时，突出了对基本知识、基本技能和基本方法的考查，没有偏题、怪题，不回避陈题，没有繁杂的数学计算，却有效地对力、电、磁、热学和原子物理等知识进行了较为全面的考查。其中力学共 46 分，电磁学 42 分，热学和原子物理各 6 分，全卷力学部分、电学部分的分值与物理科总分的比例高达 88%，使得对主干内容的考查得以保证。部分试题从教材中选取命题素材，较好地体现了高考命题中"源于教材，又不拘泥于教材"的理论，为当前的中学物理教学指明了方向。

试卷紧扣《考试说明》，着重考查主干知识内容，如匀变速直线运动、共点力的平衡、力和运动的关系、牛顿运动定律、万有引力定律、动能定理、功能关系和动量守恒定律、带电粒子在匀强电场和磁场中的运动、电磁感应与电路、

变压器等，均是重点考查的内容。

二、选择题稳中有变，强调能力，体现选拔性

2013 年的广东高考理综（物理）选择题命题突出了对重点知识规律和核心思维方法的考查，试题难度稳中有升，从评卷结果统计出试题难度为 0.70，低于去年的 0.84，符合考试手册要求，有利于中等及以上水平学生的发挥。

选择题从考点内容考查方向发生变化，使人耳目一新，试题在考查基础知识、基本技能的同时，突出能力考查。例如：第 13、14、15、16、17 题立足于考查学生对匀变速直线运动公式、天体的运动、带电粒子在匀强电场中的偏转、变压器、核裂变和半衰期、理想气体状态方程等基本概念和规律的理解与应用能力；第 18 题借助喷水装置考查理想气体状态方程、平均动能与温度关系、气体中的压力做功和运动分析；第 19 题游乐场中小孩沿不同坡面下滑问题，考查力和运动的关系，解题涉及力的分解、牛顿运动定律、动能定理和图像等知识的综合应用；第 20 题斜面上两个静止物体，重点考查受力分析和整体法处理平衡问题，涉及对研究对象的选取、等效法和整体法的应用，对学生的能力要求高，如果本题采用隔离法求解，会增加难度；而作为选择题压轴题的第 21 题，考查运动电荷在匀强磁场中做匀速圆周运动，需要自己画出轨迹图，要求学生具有动手操作能力，难度较大。选择题区分度好，应该能将不同层次的考生拉开差距。

三、实验题重视动手，注重实践性，不回避热点

跟往年一样，今年的实验题仍力求达成"只有动手做过才能得高分"的命题目标，突出实践性，不回避热点。今年的实验题对于学生来说应该都会有亲切感，因为两个实验都是学生非常熟悉的热点实验，分别是"探究匀变速直线运动"和"用电流表测量电阻"。但并没有考查《考试说明》中所要求实验，且没有重点考查仪器的读数问题，而是对考试说明中所要求的实验进行变形，通过细节来考查考生是否真正亲自进行过实验操作。力学实验立足旨在分析求瞬时速度和加速度，理论计算与实验相互渗透，重点考查实验步骤及实验数据处理能力。电学实验则考查实物连线、用作图法测未知电阻的阻值，重视图像的理解和对图像工具的运用，重点考查实验原理及数据处理，需要考生有较强的电路分析能力和计算能力。今年实验题难度为 0.70，稍高于去年的 0.63，尽管题目本身并不难，但对于没有认真经历整个实验过程的考生来说，是很难正

确作答的。这样的实验试题，可以有效地甄别考生是真正动手认真做过实验还是仅仅背诵实验，有利于引导学生重视实验过程，认真踏实地做好每个实验，这正是命题者的良苦用心。

四、计算题力求创新，重视过程分析，体现时代性

广东高考计算题分为力学和电学两道，突出对"过程与方法"的考查，重视物理过程分析和模型的构建。本次考试计算题承袭了以往考试的特点，仍然以多过程组合试题作为今年计算题的主导题型。如第 35 题取材于"板块"模型及"弹簧"模型，设置多对象、多过程的运动，结合功能关系综合考查，使考生一看题目就有似曾相识的亲切感。

今年广东高考物理试题创新之处很多，其中最为突出的是第 36 题电学计算题的创新。

一是情景创新：该题为电学的法拉第电机模型，来源于粤教版高中物理课本选修 3 – 2 第 35 页第 11 题，是教材内容和习题的引申、拓展。试题考查了并不常见的电磁感应模型，敢于创新；融合了传感器的知识，考查内容较为新颖。

二是设问创新：该题注重考查学生的逻辑推理能力、综合分析能力、应用数学知识解决物理问题的能力等。学生平时练得较多的是借助物理情景和相关规律列式解题，但本题却给出了电流 I 随 w 的变化图像，求各对应的物理量的关系式，初次接触此题的学生，可能会措手不及。

三是方法创新：该题共 3 小问，设置了一个临界点，分两种讨论情况，继续保持广东高考物理试题讨论判断的传统风格。讨论需要结合电流 I 随 w 的变化图像，在命题的开放与限制方面找到了新的平衡点，使讨论点更够"味"。

通过上面的分析可以发现，2013 年广东高考理综（物理）试题无论从命题形式、命题内容和考查知识能力来看，都在延续近几年来广东省自主命题风格的基础上，进行了有益的尝试与创新。题目设计意图明显，文字表述简洁，难度设置较为合理，符合当前中学教学的实际情况。这样的试题，既有利于高校选拔新生，也有利于激发学生学习科学的兴趣，培养学生实事求是的态度。

◆·物理考前有效复习策略·◆

高三复习正在紧张有序地进行，按照正常的进度，现在已经进入二轮复习后期。在这段时间里，如何做到有效复习？笔者结合近年来高考物理试题的能

力要求及特点，提几点复习建议和应试策略，希望对高三后期的备考有所帮助。

一、回归课本，查漏补缺

高考命题一直遵循"源于课本，高于课本"的原则，依据考纲、利用教材资源是当下高考命题的一大特征。物理课本中的典型例题、经典实验、问题练习、阅读材料、图像图片等都是高考命题的素材。随着高考的日益临近，大家要处理好看书与练习的关系，在后期复习阶段，应该做到"七分看书，三分练习"，防止使学生筋疲力尽的题海战术。

二轮复习后期基本上都是频繁的针对训练及查漏补缺，找题、做题，不如查错、改错。因此，大家要对平常的考试试题进行整理，找到自己的优点，发现自己的盲点，将物理的重点知识和方法总结出来。如果是因为知识理解不透或解题时有些细节没有注意到，后期的复习更需要不断地去补漏和完善。如，热学、光学和原子物理知识在高考中要求不高，所以带着问题阅读教材是这部分知识内容复习的强力抓手之一。

二、注重审题，规范答题

从近年高考物理试题来看，难题都不是难在知识上，而是难在解题素养上。在复习的最后阶段尤其要加强对审题能力的训练，在实践中提升解题素养。审题时要做到慢审快答，解题才能有的放矢。如：选择题先浏览所有的选项，选择容易判断的先判断；多选题由于答案至少有两个，可以考虑用排除法去掉两个错误选项等。实验题要明确试题的实验原理与基本实验原理的不同之处，读数题要注意有效数字，有有效数字要求的结果一定要按要求作答。

《考试说明》明确要求"能把推理过程正确地表达出来"。因此，大家解答计算题时一定要画图（过程图、速度—时间图、受力示意图），列出方程的原式（不要用变形式），原方程式要与题意有联系，方程中所用到物理量的符号要用题目中所给的符号。25 题解答时一定要规范，学会分步列式运算，力所能及地把能够分析出的公式罗列出来，考试时即使答不全也会有意外的收获。

三、限时测试，训练手感

理综只有做得熟练，才能找到考试的模式、命题特点和规律。因此，大家要保证每周一次"大理综"模拟测试。通过"高仿"高考环境，对自己严格要求，锻炼自己不到最后一刻绝不浪费一秒钟的考试习惯。就新课标卷而言，物理选择题作答时间尽可能控制在 20 分钟左右，最好不超过 25 分钟，实验题的解答时间应尽可能地控制在 10 分钟左右，计算题用时在 15 分钟—20 分钟，选做题控制在 5 分钟—8 分钟。通过限时训练不断地调整上述答题时间，以期自己的知识储备与考试的节奏合拍共振。

做题的目的是把握答题节奏，训练答题的速度和准确度。新课标物理卷注重数学知识应用的广度和深度，淡化烦琐的数学计算，几何法、图像法、极值法、转化法、逆向分析、半定量与估算法等成为高考的"常客"，大家要熟练运用各种答题技巧，更快更准地完成答题。

四、树立信心，清除杂念

信心是成功的前提，是提高复习效果的关键。眼看着高考越来越近，总会有一些同学觉得自己还没准备充分，时间来不及了，好多知识还没有掌握，后期复习乱了阵脚。因此，在考试前后、考试过程中，心态都特别重要。无论发生什么意外，大家都要保持"只要努力了，也就心安了"的心态。高三后期复习不妨多给自己一些心理暗示："高中三年我很努力了，也经历了多次模拟的实战演练，现在我已经准备好迎战高考了！"

俗话说："阳光总在风雨后，成功背后是汗水。"在高考这场没有硝烟的博弈中，希望大家努力做到心中有目标、学习有条理，博观而约取，厚积而薄发。衷心祝愿同学们在高考中取得好成绩！

◈ ·平抛运动解题方法和技巧· ◈

平抛运动是运动学中典型的匀变速曲线运动，它的动力学特征是：水平方向有初速度而不受外力，竖直方向只受重力而无初速度。因此，在解决平抛运动或类平抛运动时，抓住了该种运动的这个初始条件，也就抓住了解题关键。现初步归纳总结平抛运动的常见解法，与大家共赏。

1. 分解法

平抛运动的基本解法是运动的合成与分解，具体方法是将平抛运动分解为水平方向的匀速直线运动和竖直方向的自由落体运动，应用这两种直线运动的规律灵活解题。

例 1　如图 3 – 47 所示，某同学为了找出平抛运动的物体初速度之间的关系，用一个小球在 O 点对准前方的一块竖直放置的挡板，O 点与 A 点在同一高度，小球的水平初速度分别是 v_1、v_2、v_3，打在挡板上的位置分别是 B、C、D，且 AB：BC：$CD = 1:3:5$。则 v_1、v_2、v_3 之间的正确关系是（   ）

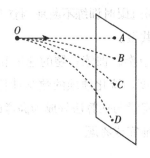

图 3 - 47

A. $v_1 : v_2 : v_3 = 3:2:1$

B. $v_1 : v_2 : v_3 = 5:3:1$

C. $v_1 : v_2 : v_3 = 6:3:2$

D. $v_1 : v_2 : v_3 = 9:4:1$

解析：将平抛运动分解为水平方向的匀速直线运动和竖直方向的自由落体运动，由这两种直线运动的规律可知，初速度为 0 的匀加速直线运动在连续相等的时间内的位移之比为 $1:3:5:\cdots\cdots:(2n-1)$，因为 $AB:BC:CD = 1:3:5$，故小球三次平抛运动所用时间之比为 $t_1:t_2:t_3 = 1:2:3$，水平方向满足 $v = \dfrac{x}{t}$，三次水平方向位移相等，故 $v_1 : v_2 : v_3 = 6:3:2$，因此 C 项正确。

点评：运动的合成与分解是研究平抛运动的基本方法，本题通过分解法达到"化曲为直"的目的，然后利用自由落体运动的一些推论，使解题达到事半功倍的效果。

2. 轨迹法

平抛运动的轨迹是一条抛物线，已知轨迹上的任一段，就可求出水平初速度和抛出点，其他物理量也就迎刃而解。

例 2　如图 3 - 48 所示，为一小球做平抛运动的闪光照片的一部分，图中背景方格的边长均为 5 cm。如果取 $g = 10$ m/s²，那么：

（1）闪光频率是＿＿＿＿＿Hz。

（2）小球运动中水平分速度是＿＿＿＿＿m/s。

（3）小球经过 B 点时的速度是＿＿＿＿＿m/s。

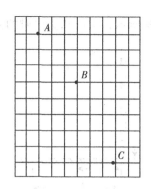

图 3－48

解析：本题所隐含的条件是：A 点不是抛出点。因此，若直接套用公式 $x = v_0 t$、$y = \frac{1}{2}gt^2$ 计算必然导致错误。然而，要挖掘这一条件，必须克服原实验过程中定势思维的影响，通过分析验证才能发现：AB、BC 间的竖直方向的距离之比为 $3:5$，而不是初速度为 0 的匀变速直线运动关系的 $1:3$；明确了这一点后，就不难由 $a = \frac{\Delta y}{T^2}$、$\Delta x = v_0 T$，得出：

（1）$T = \sqrt{\dfrac{y_{BC} - y_{AB}}{g}} = \sqrt{\dfrac{2l}{g}} = 0.1\text{s}$，$v = 10\text{Hz}$。

（2）$v_0 = \dfrac{3l}{T} = 1.5\text{m/s}$。

（3）$v_{By} = \dfrac{8l}{2T} = 2.0\text{m/s}$，所以 $v_B = \sqrt{v_0^2 + v_{By}^2} = 2.5\text{m/s}$。

点评：轨迹法求平抛物体的初速度或平抛物体在原点的速率的依据主要有两条：一是"平抛物体运动"实验原理；二是匀变速直线运动规律。列出方程为 $\Delta y = aT^2$ 和 $\Delta x = v_0 T$，再根据相邻记录点间的有关数据求解。这道题的误区在于：①很多同学会将 A 点当物体运动的起点；②部分同学将要求的 B 点速度当成竖直方向速度来求。

3. 等效法

等效法是在相同结果的情况下采用的转换代替思想方法，在平抛运动中采用等效法不仅可以将问题转换为我们熟悉的物理模型，而且可以简化解题步骤，有利于培养考生的直观思维能力和客观的猜想推理能力。

例 3 沿水平方向向一堵竖直光滑的墙壁抛出一个小球，抛出点离水平地面的高度为 h，距离墙壁的水平距离为 s，小球与墙壁发生碰撞，碰撞前后竖直速度不变、水平速度大小相等、方向相反，最后落在水平地面上，落地点离墙壁

的水平距离为 $2s$，如图 $3-49$ 所示，求小球抛出时的初速度。

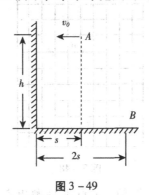

图 $3-49$

解析：小球与墙壁碰撞时竖直速度不变，水平速度大小相等、方向相反，碰撞前后的速度方向满足反射定律。因此，由于球运动可联想到平面镜成像特点，将墙壁等效成平面镜，即小球与墙壁碰撞前、后的速率对墙壁对称，即 $\angle\beta = \angle\alpha$，碰撞后小球的运动轨迹与无墙阻挡时小球继续前进的轨迹对称，如图 $3-50$ 所示，所以小球的运动可以转换成平抛运动处理。根据 $h = \frac{1}{2}gt^2$ 得：$t = \sqrt{\frac{2h}{g}}$，因为抛出点到 B' 的距离为 $3s$，所以 $3s = v_0 t$，$v_0 = \frac{3s}{t} = 3s\sqrt{\frac{g}{2h}} = \frac{3s}{2h}\sqrt{2gh}$。

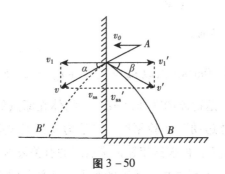

图 $3-50$

小结：部分同学陷入逐段分析求解的泥潭，而不能依对称性将整个过程等效为一个平抛的过程，以水平位移切入求解。

4. 二级结论法

平抛运动问题有较多的二级结论，恰当运用二级结论处理平抛运动问题，可以达到省时高效的目的，有的试题甚至可以一眼看出答案。

例 4　如图 $3-51$ 所示，AB 为倾角为 $30°$ 的斜面，小球从 A 点以初速度 v_0 水平抛出，恰好落到斜面底端的 B 点，则小球在空中飞行的时间和 A、B 两点间的距离分别为（　　）。

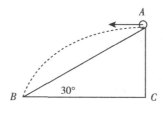

图 3 - 51

A. $\frac{\sqrt{3}}{3g}v_0$, $\frac{4v_0^2}{3g}$

B. $\frac{2\sqrt{3}}{3g}v_0$, $\frac{4v_0^2}{3g}$

C. $\frac{2\sqrt{6}}{3g}v_0$, $\frac{2v_0^2}{3g}$

D. $\frac{4\sqrt{3}}{3g}v_0$, $\frac{2v_0^2}{3g}$

解析：设末速度与水平方向的夹角为 θ ，由二级结论"平抛运动的物体从抛出点开始，经时间 t 后，其速度与水平方向的夹角为 α ，位移与水平方向的夹角为 θ ，则有 $\tan\theta = 2\tan\alpha$ "得 $\tan\theta = 2\tan 30°$ ，又据平抛运动的规律有： $v_y = gt$ ，

$\tan\theta = \frac{v_y}{v_0}$ ，联立以上各式得小球在空中飞行的时间 $t = \frac{2\sqrt{3}}{3g}v_0$ ，在竖直方向

$h = \frac{1}{2}gt^2 = \frac{4v_0^2}{3g}$ ， B 选项正确。

点评：此题按常规来解需要对运动沿斜面和垂直斜面分别求解，最后得出答案。显然从思维上来看利用二级结论求解十分简便。在运用二级结论解题时，要注意两点：第一，对于每个二级结论，都要熟悉它的推导过程，一则可以在做论述题、计算题时顺利列出有关方程，二则可以在记不清楚结论时进行推导；第二，记忆二级结论的同时要记住它的使用条件，以免错用。

5. 类比法

有时物体的运动与平抛运动很相似，也是在某个方向物体做匀速直线运动，另一垂直方向做初速度为零的匀加速直线运动，这种运动通常称为类平抛运动，因此，解决的方法可类比平抛运动，但要分析清楚其加速度的大小和方向。

例5 如图 3 - 52 所示，有一个倾角为 30°的光滑斜面，斜面长 L 为 10m，一个小球从斜面顶端以 10 m/s 的速度沿水平方向抛出， g 取 10 m/s²，求：

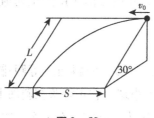

图 3 - 52

（1）小球沿斜面滑到底端时水平位移 x。

（2）小球到达斜面底端时的速度 v。

解析：（1）沿水平方向：$x = v_0 t$

沿斜面向下方向：$L = \dfrac{1}{2} g\sin 30° \cdot t^2$

解之得：$t = 2\sqrt{\dfrac{L}{g}} = 2 \text{ s}$

小球沿斜面滑到底端的水平位移 $x = v_0 t = 20 \text{ m}$

（2）$v_x = v_0 = 10 \text{ m/s}$　　$v_y = g\sin 30° \cdot t = 10 \text{ m/s}$

小球到达斜面底端时的速度大小为 $v = \sqrt{v_x^2 + v_y^2} = 10\sqrt{2} \text{ m/s}$

点评：本题通过类比法，将小球运动分解为沿水平方向的匀速运动和沿斜面向下方向的匀变速直线运动，从而顺利求解。

平抛运动是较为复杂的匀变速曲线运动，有关平抛运动的命题也层出不穷，但是平抛运动在新的教材中没有较大的变化，处理问题的方法也比较固定，只要我们掌握这些典型例题解法的基本方向，就可以解决此类问题，从而达到举一反三、触类旁通，提高复习效率的目的。

◆·平抛与斜面的综合应用·◆

【题型要点】

1. 两个公式

（1）速度公式 $v_x = v_0$，$v_y = gt$，$\tan\alpha = \dfrac{v_y}{v_x} = \dfrac{gt}{v_0}$。

（2）位移公式 $x = v_0 t$，$y = \dfrac{1}{2} gt^2$，$\tan\theta = \dfrac{y}{x} = \dfrac{gt}{2v_0}$。

2. 两个推论

（1）做平抛运动的物体，其末速度的反向延长线必过水平位移的中点。

（2）做平抛运动的物体，其速度偏转用的正切值是其位移偏转角正切值的两倍。

【题型示例】

例1　如图 3 - 53 所示，足够长的斜面上等距排列 a、b、c、d、e 5 个点，从 a 点以速度 v 水平抛出一个小球，它正好落在斜面上的 b 点。若小球从 a 点以速度 $2v$ 水平抛出，不计空气阻力，则它落在斜面上的（　　　）。

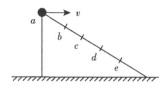

图 3 - 53

A. c 点

B. c、d 之间的某一点

C. d、e 之间的某一点

D. e 点

解析：设第 1 次平抛运动的时间为 t_1，水平位移为 x_1，下落高度为 h_1，第 2 次平抛运动的时间为 t_2，水平位移为 x_2，下落高度为 h_2，则：

$$h_1 = \frac{1}{2}gt_1^2，x_1 = vt_1；$$

$$h_2 = \frac{1}{2}gt_2^2，x_2 = 2vt_2。$$

又 $\dfrac{h_1}{x_1} = \dfrac{h_2}{x_2}$，

解得：$t_2 = 2t_1$，

所以 $x_2 = 4x_1$。

则落点在 e 处，选项 D 正确。

点评：本题考查了平抛运动的位移规律，根据位移规律列出比值式，是计算求解的基本思路。

拓展：若第 1 次落在斜面上时的速度方向与斜面夹角为 θ，则第 2 次落在斜面上时的速度方向与斜面夹角有多大？

例2　如图 3 - 54 所示，斜面上等距分布 a、b、c、d 4 个点，从 a 点正上方的 O 点以速度 v 水平抛出一个小球，它落在斜面上 b 点。若小球从 O 点以速度 $2v$ 水平抛出，不计空气阻力，则它落在斜面上的（　　）

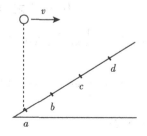

图 3 - 54

A. b 与 c 之间某一点   B. c 点

C. c 与 d 之间某一点   D. d 点

解析：假设没有斜面，则若以 $2v$ 初速度水平抛出，如图 3 - 55，则应该落在 c 点正下方，但是由于斜面存在降低了下落高度，下落时间小于假设，根据自由落体规律，下落点应介于 b、c 之间，因此答案为 A。

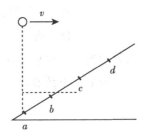

图 3 - 55

点评：本题考查了平抛运动与数学几何知识结合的情况，学生可以通过有无斜面的区别，找到解题的突破口。

例 3   如图 3 - 56 所示为一半球形碗的纵截面，a、b、c、d 4 个点等距排列，a 是最低点。在球心 O 处以速度 v 水平抛出一个小球，它正好落在 b 点。若小球以速度 $2v$ 水平抛出，不计空气阻力，则它落在（   ）。

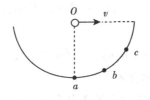

图 3 - 56

A. b、c 之间   B. c 点

C. c、d 之间   D. a、b 之间

解析：以 v 抛出，有 $R\cos 30° = \dfrac{1}{2}gt_1{}^2$ ，$R\sin 30° = vt_1$

若小球落在 c 点，有 $R\cos 60° = \dfrac{1}{2}gt_2{}^2$ ，$R\sin 60° = v_ct_2$

解得：$v_c = \sqrt{3\sqrt{3}}v > \sqrt{5}v > 2v$

所以小球以 $2v$ 速度水平抛出，将落在 b、c 之间的某一点，选项 A 正确。

点评：本题从可能的落点出发，推导出对应地抛出速度，再根据题意找出正确选项。本题难点是落点的判断，因此，解答时要具有一定的空间想象能力。

❖✦动力学综合题的三大分析✦❖

动力学综合题是结合了力学和运动学的综合应用题，它的特点是涉及的知识点比较多，过程比较复杂，综合性比较强，对于解决这类问题的关键在于三个分析：受力分析、过程分析、规律分析。在整个过程中受力分析和过程分析都不是独立进行的，受什么样的力会决定它做什么样的运动，反之做什么样的运动反映了它受什么样的力，这就是动力学的两类基本问题（已知力求运动和已知运动求力）。在进行受力分析和过程分析之后，运用相关的物理规律列方程求解，这样，一个综合题基本就解决了。

例 （2015 年惠州市高三第三次调研考试）如图 3 - 57 所示，滑板 A 放在水平面上，其长度 $L = 2\ m$，滑块质量 $m_A = 1\ kg$、$m_B = 0.99\ kg$，A、B 间粗糙，现有 $m_C = 0.01\ kg$ 子弹以 $V_0 = 200\ m/s$ 速度向右击中 B 并留在其中，求：

（1）子弹 C 击中 B 的瞬间，B 速度有多大。

（2）若滑块 A 固定在水平面上，B 被子弹击中后恰好滑到 A 右端静止，求滑块 B 与 A 间的动摩擦因数 μ。

（3）若滑块 A 与水平面光滑，B 与 A 间动摩擦因数不变，试分析 B 能否离开 A，并求整个过程 A、B、C 组成的系统损失的机械能。

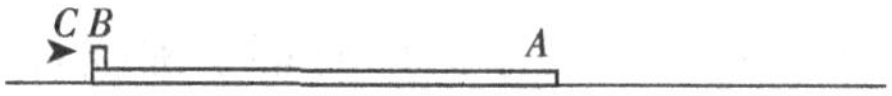

图 3 - 57

解析：审题后可知，整个过程可以拆分为两个小过程：子弹 C 击打滑块 B 的过程；B 与 C 在滑板 A 上滑动的过程。

第一个过程 C 击打 B 的过程，由整体受力特点可知，C 与 B 组成的系统动量守恒，由动量守恒得：$m_C v_0 = (m_C + m_B) v_1$

解得：$v_1 = 2\ m/s$

第二个过程：

（1）如果 A 固定，则 B 与 C 一起在 A 表面滑动，受力分析可知 A 给 B 的摩擦力是 B 与 C 受到的合外力，可知 B 与 C 在 A 表面上做匀减速直线运动，这时可以选用动能定理解题，也可以选用牛顿运动定理去解题。

动能定理解题：对 B 和 C，由动能定理得：

$$-\mu \left(m_C + m_B \right) gL = 0 - \frac{1}{2} \left(m_C + m_B \right) v_1^2$$

解得：$\mu = 0.1$

牛顿运动定律解题：对 B 和 C，由牛顿第二运动定律得：

$$\mu \left(m_C + m_B \right) g = \left(m_C + m_B \right) a$$

B 和 C 做匀减速运动得：

$$v_1^2 = 2aL$$

联立解得：$\mu = 0.1$

（2）如果 A 不固定，那么通过受力分析可知，A、B、C 组成的系统动量是守恒的，假设 B 运动到 A 的最右端刚好共速，速度为 v_2。

对 A、B、C 系统由动量守恒得：

$$\left(m_C + m_B \right) y_1 = \left(m_A + m_C + m_B \right) v_2$$

对系统由能量守恒得：

$$\mu \left(m_A + m_C + m_B \right) g\Delta L = \frac{1}{2} \left(m_B + m_C \right) v_1^2 - \frac{1}{2} \left(m_A + m_B + m_C \right) v_2^2$$

联立解得：$\Delta L = 1\,\text{m}$

由于 $\Delta L = 1\,\text{m} < L = 2\,\text{m}$，即 B 不会滑下 A。

整个过程由能量守恒得：$\Delta E_K = m_C v_0^2 - \frac{1}{2}(m_A + m_B + m_C)v_2^2$

解得：$\Delta E_K = 199\,\text{J}$

其实不难看出，在解决这个动力学问题时都是围绕着受力分析、过程分析和规律分析进行的。受力分析是基础，在受力分析前一定得选择正确的研究对象；过程分析是高潮，复杂的过程可以拆分成一个简单的课堂学过的运动模型，小过程与小过程之间的速度起着承上启下的作用，比如上题的 v_1 既是前过程的末速度，也是下个过程的初速度；规律分析是结果，解得的结果必要时可以对其进行讨论。一个动力学的综合题如果这三个分析都能够顺利进行的话，那么求解这类问题也就问题不大了。

◆•浅谈安培力做功与焦耳热的"关系"•◆

一、安培力对单体做功

例1 如图 3-58 所示，两根相距 l 的平行直导轨 ab、cd 水平放置，b、d 间

连有一固定电阻 R，导轨电阻可忽略不计。MN 为放在 ab 和 cd 上的一质量为 m 导体杆，与 ab 垂直，其电阻为 r。整个装置处于匀强磁场中，磁感应强度的大小为 B，磁场方向垂直于导轨所在平面（指向图中纸面内）。现给 MN 沿导轨方向一个速度 v（如图）运动。求：

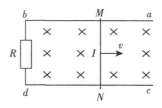

图 3 - 58

（1）整个过程安培力做的功 W。

（2）回路产生的焦耳热 Q。

解析：（1）导体杆最终会静止在导轨上，在整个过程中安培力是一个变力，由动能定理得：$W = 0 - \dfrac{1}{2}mv^2 = -\dfrac{1}{2}mv^2$。

在这个过程中，动能减少，内能增加，由能量守恒得：$Q = |W| = -\dfrac{1}{2}mv^2$

结论：在安培力只做负功的纯电阻电路中，克服安培力做的功全部转化为焦耳热。

二、安培力对系统做功

例2 如图 3 - 59 所示，金属杆 a 在离地 h 高处从静止开始沿弧形轨道下滑，导轨平行的水平部分有竖直向上的匀强磁场 B，水平部分导轨上原来放有一金属杆 b，已知杆 a、b 的质量为 m，水平导轨足够长，不计摩擦。求：

（1）a 和 b 的最终速度 v 是多大？

（2）整个过程中损失的机械能？回路产生的焦耳热是多少？

（3）安培力分别对金属杆 a、b 做的功 W_a、W_b 是多少？安培力对系统做的功 W？

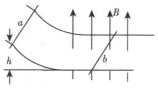

图 3 - 59

解析：（1）金属杆下滑过程中机械能守恒得：$mgh = \frac{1}{2}mv_0^2$，

进入磁场，两杆受到的安培力大小相等，方向相反，两杆受得的合外力为

0，由动量守恒得：$mv_0 = 2mv$，联立得：$v_0 = \sqrt{2gh}, v = \frac{\sqrt{2gh}}{2}$

损失的机械能为：

$$\Delta E_k = \frac{1}{2}mv_0^2 - \frac{1}{2}2mv^2 \rightarrow \Delta E_k = \frac{1}{2}mgh$$

在整个过程中，机械能减少，内能增加，由能量守恒得：

$$Q = \Delta E_k \rightarrow Q = \frac{1}{2}mgh$$

对 a 杆由动能定理得：

$$W_a = \frac{1}{2}mv^2 - \frac{1}{2}mv_0^2 \rightarrow W_a = -\frac{3}{4}mgh$$

对 b 杆由动能定理得：

$$W_b = \frac{1}{2}mv^2 - 0 \rightarrow W_b = \frac{1}{4}mgh$$

安培力对系统做的功：

$$W = W_a + W_b \rightarrow W = -\frac{1}{2}mgh$$

结论：安培力对 b 杆做正功，其机械能增加；安培力对 a 杆做负功，其机械能减少；系统克服安培力做功，等于系统的机械能减少量，等于系统回路产生的焦耳热。

三、安培力对系统不做功

例3　如图 3 - 60，空间的匀强磁场 B 随时间的变化关系为 $B = kt$，一个边长为 a，电阻为 R 的正方形线框垂直放在磁场 B 中，求经过时间 t 后，回路产生的焦耳热 Q。

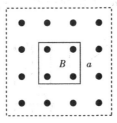

图 3 - 60

解析：由法拉第电磁感应定律得：$E = a^2 \dfrac{\Delta B}{\Delta t} \rightarrow E = ka^2$

感应电流：$I = \dfrac{E}{R} \rightarrow I = \dfrac{ka^2}{R}$

由焦耳定律得：$Q = I^2 Rt \rightarrow Q = \dfrac{k^2 a^4 t}{R}$

结论：安培力不做功不代表不产生焦耳热。

由以上的三个例题可以看出，安培力做功与回路产生的焦耳热的关系并非那么简单，安培力做功与焦耳热没有必然的联系。安培力做正功，是电能转化为机械能，如在例题2中的金属杆b。安培力做负功，是机械能转化为电能，在纯电阻电路中，电能转化为焦耳热，如例题1中的系统；在非纯电阻电路中，电能不全转化为焦耳热，如例题2中的系统。有焦耳热产生，不一定是安培力做功来的，如例题3。总之，安培力做功涉及机械能与电能的转化，焦耳热是电能转化为内能的能量，所以安培力做功与焦耳热没有必然的联系。

◆◆带电粒子在复合场中的三种典型运动问题的分析方法◆◆

带电粒子在复合场中的运动问题，是力、电知识的综合应用问题，既是学生学习的难点，也是每年高考命题的热点。随着高中新课程的实施，高考改革的深化，这方面的问题越来越受到关注，特别是在最近几年的理综试题中频繁出现。现将带电粒子在复合场中的三种典型运动做以下分析，以便为同学们提供参考。

一、直线运动

带电粒子在电场、磁场、重力场并存的复合场中运动时，如果带电粒子做直线运动，则一定是匀速直线运动，除非运动方向沿匀强磁场方向而带电粒子不受洛伦兹力作用。这是因为电场力和重力都是恒力，若他们的合力不能与洛伦兹力平衡，则带电粒子速度的大小和方向将会改变，就不可能做直线运动。

例1　如图3-61所示，质量为 m 、带电量为 q 的微粒以速度 v 与水平方向成45°角进入匀强磁场，磁场方向垂直纸面向里，匀强电场方向水平向右，若微粒在电场、磁场、重力场作用下做直线运动，则电场强度大小、磁感应强度大小各是多少？

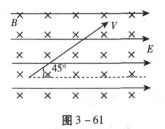

图 3 - 61

解析：假设微粒沿速度方向做变速直线运动，则微粒所受的重力、电场力、洛伦兹力的合力一定沿速度方向。运动中，微粒速度大小改变，洛伦兹力也随之变化，而重力、电场力是恒力，所以合力就不在速度方向的直线上，微粒将做曲线运动，这与题设直线运动相矛盾，故微粒应做匀速直线运动。

微粒做匀速直线运动，所受合力一定为 0。重力竖直向下，电场力水平，所以洛伦兹力一定斜向上，故微粒带正电，受力分析如图 3 - 51 所示。

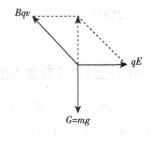

图 3 - 62

由几何知识 $qE = mg$

$Bqv = \sqrt{2}mg$

解得 $E = \dfrac{mg}{q}$，$B = \dfrac{\sqrt{2}mg}{qv}$

点评：该题考查的是带电粒子在复合场中的运动，本题的突破口是紧紧抓住微粒做直线运动，结合洛伦兹力的特点，判断微粒做的是匀速直线运动。解决该类问题的基本思路如下：首先进行带电粒子的受力分析、运动过程分析和运动状态分析，将物理图景转化为合适的物理模型，再选用恰当的物理规律进行求解。

二、匀速圆周运动

当带电粒子进入电场、磁场和重力场共存的复合场中，电场力和重力平衡，粒子运动方向与强磁场方向相垂直时，带电粒子就在洛伦兹力作用下做匀速圆周运动，可等效为仅在洛伦兹力作用下的匀速圆周运动。

例2 在如图3-63所示的直角坐标系中，坐标原点O处固定有正点电荷Q，另有平行于y轴的匀强磁场。一个质量为m，带电量$+q$的微粒，恰能以y轴上$Q'(0，a，0)$点为圆心做匀速圆周运动，其轨迹平面与xOz平面平行，角速度为w，旋转方向如图3-63所示的箭头所示，试求匀强磁场的磁感应强度大小和方向。

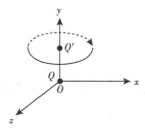

图3-63

解析：如图3-64所示，设微粒转动半径为r，微粒受到的库仑排斥力为F，微粒在竖直方向上处于平衡状态，可得$F_y = mg$

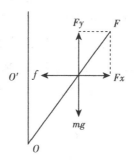

图3-64

由几何关系，得$\dfrac{F_x}{F_y} = \dfrac{r}{a}$

联立方程解得$F_x = \dfrac{mgr}{a}$

在水平方向上，洛伦兹力与库仑排斥力的水平分力的合力使微粒做匀速圆周运动且$f = Bqv = Bqwr$

所以有$Bqwr - \dfrac{mgr}{a} = mw^2 r$

解得$B = \dfrac{w^2 m + \dfrac{mg}{a}}{wq}$，方向沿$y$轴负方向

点评：本题是关于带电粒子在复合场中的运动问题，考查学生对库仑力、磁场、匀速圆周运动等知识点的掌握、应用和综合分析能力。处理这一类型的问题方法是：

（1）确定研究对象，进行正确的受力分析，要特别注意电场力和洛伦兹力的分析，搞清场和力的空间方向及关系。

（2）根据受力情况明确物体的运动情况，找出物体的速度、位置及其变化规律，分析运动过程。

（3）运用动力学方法解决问题：①牛顿运动定律与运动学公式的应用；②用能量观点处理问题，包括动能定理、机械能守恒定律。

（4）采用等效方法，可以把复合场等效为一个简单场，然后与重力场中的力学问题进行类比，利用力学的规律和方法进行分析与解答。

三、曲线运动

当带电粒子所受的合外力是变力，且与初速度方向不在同一条直线上时，粒子做非匀变速曲线运动，这时粒子的运动轨迹既不是圆弧，也不是抛物线。

例3　竖直的平行金属平板 A、B 相距 d，板长为 L，板间电压为 U，垂直纸面向里、磁感应强度为 B 的匀强磁场只分布在两板之间，如图 3-65 所示。带电量为 $+q$、质量为 m 的油滴从正上方下落并从两板中央进入板内空间。已知刚进入时电场力等于磁场力大小，最后油滴从一板下端点离开，求油滴离开场区时速度的大小。

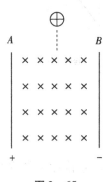

图 3-65

解析：由动能定理有：$mgL + qE\dfrac{d}{2} = \dfrac{1}{2}mv_2^2 - \dfrac{1}{2}mv_1^2$

由题设条件，油滴刚进入场区时有：$Bqv = qE$，$E = \dfrac{U}{d}$

由此可解得油滴离开场区的速度 $v_2 = \sqrt{2gl + \dfrac{U^2}{B^2 d^2} + \dfrac{qU}{m}}$

点评：洛伦兹力随速度的改变而改变，对全过程而言，带电油滴是在变力作用下进行的一个较复杂的曲线运动。对这类问题的求解，不能只用牛顿定律和运动学公式求解，需另找方法，一般用动能定理或能量守恒定律列方程求解。

◆·电阻箱在电学实验中的"非常规"使用·◆

电阻箱是电学实验中的一个基本仪器，电学实验中"测电阻"类实验几乎都与电阻箱做定值电阻或"非常规"使用有关。电阻箱在电学实验中的灵活应用能够很好地考查学生运用物理原理设计实验创新的能力，具有较强的选拔功能，因此，这也一直是高考命题的热点。从近几年的高考试题中来看，命题的创新之处主要有以下几种。

题型一、电阻箱与单刀双掷开关组合测电阻

1. 测电流表的内阻

例1（2011年高考·新课标全国卷）为了测量一个微安表头 A 的内阻，某同学设计了如图 3–66 所示的电路。A_0 是标准电流表，R_0 和 R_N 分别是滑动变阻器和电阻箱，S 和 S_1 分别是单刀双掷开关和单刀开关，E 是电池。完成下列实验步骤中的填空：

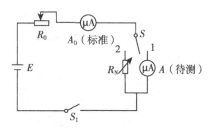

图 3–66

（1）将 S 拨向接点 1，接通 S_1，调节_____，使待测表头指针偏转到适当位置，记下此时_____的读数 I。

（2）然后将 S 拨向接点 2，调节_____，使_____，记下此时 R_N 的读数。

（3）多次重复上述过程，计算 R_N 读数的_____，此即为待测微安表头内阻的测量值。

【解析】（1）将 S 拨向接点 1，接通 S_1，通过调节滑动变阻器 R_0，使待测表头指针偏转到适当位置，记下此时 A_0（或标准电流表）的读数 I。

（2）然后将 S 拨向接点 2，保持 R_0 不变，调节变阻箱 R_N，使 A_0（或标准电流表）的读数仍为 I，记下此时 R_N 的读数，在实验期间，用 R_N 代替了 A 表，而标准表 A_0 的读数不变，故此 R_N 的读数就是待测表 A 的内阻。

（3）为提高精确度，实验时要多次重复上述过程，计算 R_N 读数的平均值，此平均值即为待测微安表头内阻的测量值。

【答案】（1）R_0 A_0（或标准电流表）。

（2）$R_N A_0$（或标准电流表）的读数仍为 I。

（3）平均值。

【点评】本题的创新之处是使用单刀双掷开关和电阻箱，利用等效替代法来测电流表内阻。根据两次实验的干路的电流大小相等可知，两次实验的两次支路的电阻大小必然相等，所以变阻箱的读数就是待测电流表的电阻值。

2. 测圆柱体的电阻

例 2（2012 年高考·广东理综）某同学测量一个圆柱体的电阻，需要测量圆柱体的尺寸和电阻。

① 分别使用游标卡尺和螺旋测微器测量圆柱体的长度和直径，某次测量的示数如图 3-67（甲）和图 3-67（乙）所示，长度为＿＿＿＿＿＿cm，直径为＿＿＿＿＿＿mm。

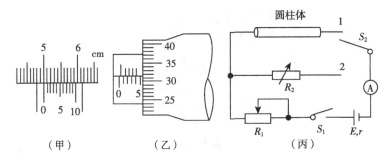

图 3-67

② 按图丙连接电路后，实验操作如下：

（a）将滑动变阻器 R_1 的阻值置于最＿＿＿＿＿处（填"大"或"小"）；将 S_2 拨向接点 1，闭合 S_1，调节 R_1，使电流表示数为 I_0；

（b）将电阻箱 R_2 的阻值调至最＿＿＿＿＿（填"大"或"小"），将 S_2 拨向接点 2；保持 R_1 不变，调节 R_2，使电流表示数仍为 I_0，此时 R_2 阻值为 1280 Ω；

（c）由此可知，圆柱体的电阻为_____ Ω。

【解析】① 游标卡尺的读数为 $l = (50 + 0.1 \times 1)\,\text{mm} = 50.1\,\text{mm} = 5.01\,\text{cm}$ ，螺旋测微器的读数为 $d = (5 + 31.5 \times 0.01)\,\text{mm} = 5.315\,\text{mm}$ ；

② （a）考虑电路安全性，限流式要使电流最小，R_1 应调到最大值；

（b）为防止电流表烧坏，R_2 应从最大值开始逐渐调小，所以电阻箱 R_2 的阻值必须调到最大值；

（c）根据等效替代法可知圆柱体的电阻 $R = R_2 = 1280\,\Omega$。

【答案】① 5.01   5.315   ② 大   大   1280 Ω

【点评】本题主要考查考生对等效法原理的理解。利用等效替代法来测圆柱体的电阻，方法简捷，不需要复杂的计算即可得到待测电阻的阻值，是比较理想的测量方法之一。

题型二、电阻箱（或定值电阻）与电表组合测电表内阻

1. 测电流表的内阻

例 3（2012 年高考·天津理综）某同学在进行扩大电流表量程的实验时，需要知道电流表的满偏电流和内阻。他设计了一个用标准电流表 G_1 来校对待测电流表 G_2 的满偏电流和测定 G_2 内阻的电路，如图 3 – 68 所示。已知 G_1 的量程略大于 G_2 的量程，图中 R_1 为滑动变阻器，R_2 为电阻箱。该同学顺利完成了这个实验。

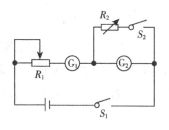

图 3 – 68

A. 合上开关 S_2

B. 分别将 R_1 和 R_2 的阻值调至最大

C. 记下 R_2 的最终读数

D. 反复调节 R_1 和 R_2 的阻值，使 G_1 的示数仍为 I_1，使 G_2 的指针偏转到满刻度的一半，此时 R_2 的最终读数为 r

E. 合上开关 S_1

F. 调节 R_1 使 G_2 的指针偏转到满刻度，此时 G_1 的示数为 I_1，记下此时 G_1 的示数

① 实验过程包含以上步骤，其合理的顺序依次为_____（填步骤的字母代号）；

② 仅从实验设计原理上来看，用上述方法得到的 G_2 内阻的测量值与真实值相比_____（选填"偏大""偏小"或"相等"）；

③ 若要将 G_2 的量程扩大为 I，并结合前述实验过程中测量的结果，写出须在 G_2 上并联的分流电阻 R_S 的表达式，$R_s =$ _____。

【解析】① 为了保护电流表，在合上开关 S_1 之前，应使 R_1、R_2 的阻值调至最大；测 G_2 的满偏电流时利用串联电路电流相等的特点，在 S_2 断开的情况下通过读取 G_1 的读数来获得；测 G_2 内阻时利用串并联电路的特点，R_2 与 G_2 电流相等时电阻相同，即可通过 R_2 的阻值求出 G_2 的内阻。根据以上分析可知，合理的顺序应为：BEFADC；

② 从实验设计的原理看，由于 G_1 的读数等于 G_2 的读数加上通过 R_2 的电流，所以当 G_2 读数等于 G_1 读数的一半时，G_2 的读数一定等于通过 R_2 的电流，此时 R_2 的阻值一定等于 G_2 的内阻，即 G_2 的内阻为 r；

③ G_2 与 R_S 并联后，当 G_2 的指针满偏时，通过 R_S 的电流为（$I-I_1$），此时 RS 两端的电压为 I_1r，由欧姆定律可知，R_S 的阻值为 $\dfrac{I_1r}{I-I_1}$。

【答案】① BEFADC ② 相等 ③ $\dfrac{I_1r}{I-I_1}$

【点评】本题主要考查考生灵活运用电学、电路知识的能力，考查半偏法测电流表的电阻及电流表的改装问题。解答的关键是正确理解实验原理，读懂电路图，根据串并联电路特点，知道各元件的电流、电压的关系。

2. 测电压表的内阻

例 4（2010 年高考·天津理综）要测量电压表 V_1 的内阻 R_V，其量程为 2V，内阻约 2kΩ. 实验室提供的器材有：

电流表 A，量程 0.6A，内阻约 0.1Ω；电压表 V_2，量程 5V，内阻约 5KΩ；定值电阻 R_1，阻值 30Ω；定值电阻 R_2，阻值为 3kΩ；滑动变阻器 R_3，最大阻值 100Ω，额定电流 1.5A；电源 E，电动势 6V，内阻约 0.5Ω；开关 S 一个，导线若干。

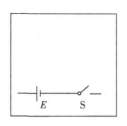

图 3-69

① 有人拟将待测电压表 V_1 和电流表 A 串联接入电压合适的测量电路中，测出 V_1 的电压和电流，再计算出 R_V。该方案实际上是不可行的，其最主要的原因是_____；

② 请从上述器材中选择必要的器材，设计一个测量电压表 V_1 内阻 R_V 的实验电路。要求测量尽量准确，实验必须在同一电路中，且在不增减元件的条件下完成。试画出符合要求的实验电路图（图 3-69 中电源与开关已连接好），并标出所选元件的相应字母代号；

③ 由上问写出 V_1 内阻 R_V 的表达方式，说明式中各测量值的物理意义。

【解析】① 当待测电压表 V_1 两端的电压达到 2V 时，其中的电流约为 $I = \dfrac{U}{R_V} = \dfrac{2}{2000}A = 0.001A$，电流太小，电流表 A 几乎没有示数，电流表 A 不能准确测量出流过电压表 V_1 的电流；

② 可以将定值电阻与电压表串联，间接得到电流。所选电阻要与电压表的内阻差不多大，故选定值电阻 R_2，用电压表 V_2 测 V_1 和 R_2 的串联电压，由两个电压表的示数之差得到定值电阻两端的电压；为了测得多组数据，滑动变阻器要用分压接法，故电路设计为如图 3-70 所示。

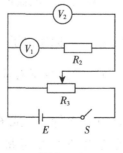

图 3-70

③ R_2 两端的电压 $U_R = U_2 - U_1$，R_2 中的电流也就是电压表 V_1 中的电流 $I = \dfrac{U_R}{R_2}$，

所以电压表 V_1 的内阻为 $R_V = \dfrac{U_1}{I} = \dfrac{U_1}{\dfrac{U_2 - U_1}{R_2}} = \dfrac{U_1 R_2}{U_2 - U_1}$，其中 U_1 表示的 V_1 电压，U_2

表示 V_2 的示数即 V_1 和 R_2 串联的总电压。

【答案】①电流表 A 不能准确测量出流过电压表 V_1 的电流；

② 测量电压表 V_1 内阻 R_V 的实验电路如图所示；

③ $R_V = \dfrac{U_1 R_2}{U_2 - U_1}$，$U_1$ 表示的 V_1 电压，U_2 表示 V_1 和 R_2 串联的总电压。

【点评】本题考查的测电阻的方法，考查考生实验原理的分析能力以及灵活处理实际问题的能力，体现了高考的灵活性。解答本题时注意以下突破点：电流表示数太小时误差太大，故不能使用；设计电路的关键是应用电路的串并联特点求得待测电压表中的电流。

题型三、电阻箱与电源组合测电源的电动势和内阻

1. 电阻箱与电流表串联测电源的电动势和内阻

例5：（2009 年高考·北京理综）某同学通过查找资料自己动手制作了一个电池。该同学想测量一下这个电池的电动势 E 和内电阻 r，但是从实验室只借到一个开关、一个电阻箱（最大阻值为 9.999 Ω，可当标准电阻用）、一只电流表（量程 $I_R = 0.6A$，内阻 $r_g = 0.1\Omega$）和若干导线。

① 请根据测定电动势 E 内电阻 r 的要求，设计图 3－71（a）中器件的连接方式，画线把它们连接起来；

② 接通开关，逐次改变电阻箱的阻值 R，读出与 R 对应的电流表的示数 I，并做好记录。当电阻箱的阻值 $R = 2.6\Omega$ 时，其对应的电流表的示数如图 3－71（b）所示。处理实验数据时首先计算出每个电流值 I 的倒数 $\dfrac{1}{I}$；再制作 $R－\dfrac{1}{I}$

坐标图，如图 3－71（c）所示，图中已标注出了 $\left(R, \dfrac{1}{I}\right)$ 的几个与测量对应的坐标点，请你将与图 3－71（b）实验数据对应的坐标点也标注在图 3－71（c）上；

③ 在图 3－71（c）上把描绘出的坐标点连成图线；

④ 根据图 3－71（c）描绘出的图线可得出这个电池的电动势 $E =$ _____V，内电阻 $r =$ _____Ω。

【解析】（1）由闭合电路欧姆定律 $E = I(R + r_g + r)$ 知，只要知道两组外阻和电流值，就可以解出电源的电动势和内阻，所以只需要将电流表和电阻箱串联接在电源两端即可。实物图的连接如答图 3 – 72 所示。

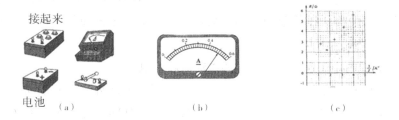

图 3 – 71

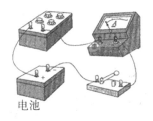

图 3 – 72

（2）由电表可读出此时电流为 0.50A，则坐标为（2，2.6）。再在坐标纸上描出该点。

（3）剔除明显有误差的点，将其他点用平滑的曲线连接起来，得到一条直线。

（4）由闭合电路欧姆定律 $E = I(R + r_g + r)$ 得 $R = E \cdot \dfrac{1}{I} - (r + r_g)$，根据

$R - \dfrac{1}{I}$ 图线可知：电源的电动势等于图线的斜率 $E = k = \dfrac{5.6 - 2.6}{4 - 2} = 1.5$ V，内

阻为纵轴负方向的截距减去电流表的内阻 $r = (0.4 - 0.1)\Omega = 0.3\Omega$。

【答案】①见答图 3 – 73；②见答图 3 – 73；③见答图 3 – 73；④1.5 （1.46 ~ 1.54），0.3（0.25 ~ 0.35）。

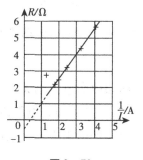

图 3 – 73

【点评】本题没有电压表，但可以将电阻箱与电流表串联起来充当电压表。测量电源的路端电压，意在考查考生的实验设计能力和处理实验数据的能力。解答本题时要明确图线截距和斜率的物理意义，应写出纵轴和横轴所表示物理量的函数表达式。

2. 电阻箱与电压表并联测电源的电动势和内阻

例6（2010年高考·江苏单科）在测量电源的电动势和内阻的实验中，由于所用的电压表（视为理想电压表）的量程较小，某同学设计了如图3-74所示的实物电路。

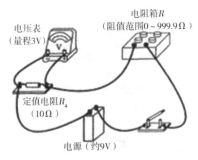

图 3-74

（1）实验时，应先将电阻箱的电阻调到_____。（选填"最大值""最小值"或"任意值"）

（2）改变电阻箱的阻值 R，分别测出阻值 $R_0 = 10\ \Omega$ 的定值电阻两端的电压 U。下列两组 R 的取值方案中，比较合理的方案是_____。（选填"1"或"2"）。

方案编号	电阻箱的阻值 R/Ω				
1	400.0	350.0	300.0	250.0	200.0
2	80.0	70.0	60.0	50.0	40.0

（3）根据实验数据描点，绘出的 $\dfrac{1}{U} - \dfrac{1}{R}$ 图像是一条直线。若直线的斜率为 k，在 $\dfrac{1}{U}$ 坐标轴上的截距为 b，则该电源的电动势 $E =$ _____，内阻 $r =$ _____（用 k、b 和 R_0 表示）。

【解析】（1）电阻箱接入回路中的电阻越大，回路电流越小，起到保护电源，防止烧坏电压表的作用，所以实验前应将电阻箱置于最大值接入电路中。

（2）方案1中电阻箱接入电路的电阻太大，电压表示数太小，误差大。因此，选用方案2。

（3）由闭合电路欧姆定律知 $\dfrac{E}{R_0 + R + r} = \dfrac{U}{R_0}$，得 $\dfrac{1}{U} = \dfrac{1}{ER_0}R + \dfrac{R_0 + r}{ER_0}$，

$\dfrac{1}{U} - R$ 图像的斜率 $k = \dfrac{1}{ER_0}$，截距 $b = \dfrac{1}{E} + \dfrac{r}{ER_0}$，所以电动势 $E = \dfrac{1}{kR_0}$，内

阻 $r = \dfrac{b}{k} - R_0$。

【答案】① 最大值；② 2；③ $\dfrac{1}{kR_0}$，$\dfrac{b}{k} - R_0$。

【点评】本题主要考查测电源电动势和内阻的基础知识，考查考生实验方案设计和数据处理能力。比较两方案的可取性，要抓住题意关键句"所用的电压表（视为理想电压表）的量程较小"；求解电源电动势和内阻时，理解 $\dfrac{1}{U} - \dfrac{1}{R}$ 图像所对应的物理量即可求解。

电阻箱的"非常规"使用问题可以说丰富多彩，常考常新，但不管怎样使用，都是在实验原理的基础上对实验方法的迁移和灵活运用。因此，教材中的实验原理和方法是处理实验问题的思维起点，在此基础上进行转化和迁移便可将实验题迎刃而解。

◆·电磁感应中的动量问题·◆

【题型要点】

1. **一个规律**

$I = \Sigma BI_i L \cdot \Delta t_i = BL\Sigma I_i \Delta t_i = BLq$。

2. **三种方法**

（1）电流的定义式 $q = It$。

（2）$i - t$ 图线与坐标轴围成的面积。

（3）平均电动势法 $q = \bar{I}t = \dfrac{\bar{E}}{R} = \dfrac{N\Delta\varphi}{R\Delta t} \cdot \Delta t = \dfrac{N\Delta\varphi}{R}$。

【题型示例】

例1 如图 3-75 所示，两根竖直固定的足够长的光滑金属导轨 MN 和 PQ 相距 $L = 1$ m，金属导轨电阻不计，两根水平放置金属杆 ab 和 cd 的质量均为 0.1 kg，在电路中两金属杆 ab 和 cd 的电阻均为 $R = 2\Omega$，cd 杆放置在水平绝缘平台上，整个装置处于垂直导轨平面向里的磁场中，g 取 10 m/s^2。

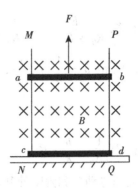

图 3-75

（1）若将 ab 杆固定，ab 和 cd 的间距为 $d = 4$ m，现使磁感应强度从 0 开始

以 $\dfrac{\Delta B}{\Delta t} = 0.5$ T/s 的变化率均匀地增大，经过多长时间，杆 cd 对地面的压力为 0？

（2）若将 cd 杆固定，让 ab 杆在竖直向上的恒定拉力 $F = 2$ N 的作用下由静

止开始向上运动，磁感应强度 $B = 1.0$ T。若 ab 杆发生的位移 $h = 1.8$ m 时达到最

大速度，求最大速度和加速时间。

解析：（1）根据法拉第电磁感应定律有 $E = \dfrac{\Delta B \cdot S}{\Delta t} = \dfrac{\Delta B \cdot Ld}{\Delta t}$

$I = \dfrac{E}{2R}$

当 cd 对地面压力为 0 时，有 $BIL = mg$

且 $B = 0.5t$

联立方程解得：$t = 4$ s

（2）当杆 ab 达到最大速度时，有 $mg + BI'L = F$

且 $I' = \dfrac{BLv_m}{2R}$

解得：$v_m = 4$ m/s

加速过程，由动量定理有 $Ft' - mgt' - BI'Lt' = mv_m$

又 $q = I't' = \dfrac{\Delta \varphi}{2R} = \dfrac{BLh}{2R}$

联立方程解得：$t' = 0.85$ s

点评：求解金属导体棒在磁场中的运动时间，常常应用动量定理求安培力

的冲量，求解电量 q，可以通过电流的定义式 $q = \overline{I}t = \dfrac{\overline{E}}{R} = \dfrac{N\Delta\varphi}{R\Delta t} \cdot \Delta t = \dfrac{N\Delta\varphi}{R}$。

例 2　如图 3-76 所示，固定于水平面的"⊏"形导线框处于磁感应强度

大小为 B、方向竖直向下的匀强磁场中，导线框两平行导轨间距为 d，左端接一电动势为 E_0、内阻不计的电源。一质量为 m、电阻为 r 的导体棒 MN 垂直平行导轨放置并接触良好，闭合开关 S，导体棒从静止开始运动，当导体棒运动距离 L 时，达到最大速度，忽略摩擦阻力和导轨的电阻，平行导轨足够长，求：

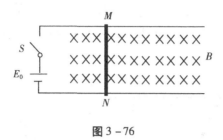

图 3 - 76

（1）导体棒的最大速度。

（2）导体棒从静止开始运动距离为 L 的过程中，通过导体棒的最大荷量及发热量。

（3）若导体棒 MN 在达到最大速度时，断开开关 S，然后在导体棒 MN 的左边垂直导轨放置一根与 MN 完全相同的导体棒 PQ，则导体棒 PQ 的最大速度。

解析：（1）MN 稳定运动时，有 $E_0 = Bdv$

解得：$v = \dfrac{E_0}{Bd}$

（2）对 MN，由动量定理得 $BId \cdot \Delta t = m\Delta v$

又 $q = I\Delta t$

解得：$q = \dfrac{mE_0}{B^2 d^2}$

由能量守恒定律得 $qE_0 = Q + \dfrac{1}{2}mv^2$

解得：$Q = \dfrac{mE_0{}^2}{2B^2 d^2}$

（3）断开电源，加上 PQ 后，由动量守恒有 $mv = 2mv_1$

解得：$v_1 = \dfrac{E_0}{2Bd}$

点评：本题中应用动量定理求安培力的冲量 $I = \Sigma BI_i L \cdot \Delta t_i = BL\Sigma I_i \Delta t_i = BLq$，由于电路有电源供电，故电量 q 不能通过 $q = \dfrac{N\Delta\varphi}{R}$ 求解。

例 3　如图 3 - 77 所示，两根平行水平光滑金属导轨 MN、PQ 相距

$d = 1.0\ \text{m}$,导轨电阻不计,导轨右端跨接一定值电阻 $R = 1.60\ \Omega$,整个装置处于方向垂直导轨平面向上、磁感应强度大小 $B = 1.0\ \text{T}$ 的匀强磁场中,金属棒 ef 垂直 MN、PQ 静止放置,且与导轨保持良好接触,其长度刚好为 d、质量 $m_1 = 0.10\ \text{kg}$、电阻 $r = 0.40\ \Omega$,距导轨右端的距离足够长。另一根与金属棒平行放置的绝缘棒 gh 长度也为 d,质量为 $m_2 = 0.02\ \text{kg}$,从轨道最左端以速度 $v_0 = 5\ \text{m/s}$ 沿水平导轨向右运动一段距离后静止,此过程中流过金属棒的电荷量 $q = 0.1\ \text{C}$。取 $g = 10\ \text{m/s}^2$,求:

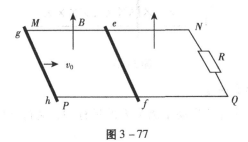

图 3 - 77

(1)碰后金属棒 ef 沿水平导轨向右运动的最大距离 s。

(2)碰后瞬间金属棒 ef 两端的电压 U。

(3)绝缘棒 gh 与金属棒 ef 碰后,绝缘棒将如何运动?

解析:(1)流过金属棒的电荷量 $q = \dfrac{\Delta\varphi}{R + r} = \dfrac{Bds}{R + r}$

解得:$s = 0.2\ \text{m}$

(2)碰后,对 ef 应用动量定理,有 $BId \cdot \Delta t = m_1 v$

又 $q = I\Delta t$

$E = Bdv$

$U = \dfrac{E}{R + r}R$

解得:$U = 0.8\ \text{V}$

(3)碰撞过程,由动量守恒得 $m_2 v_0 = m_1 v + m_2 v'$

解得:$v' = 0$

即绝缘棒碰后静止。

点评:本题利用动量定理,通过安培力的冲量 $I = BLq$ 求电量 q,同时应用动量守恒求碰后导体棒的运动问题。

例4 如图 3 - 78 所示,光滑、足够长、不计电阻、轨道间距为 L 的平行金属板导轨 MN、PQ,水平放在竖直向下的磁感应强度不同的两个相邻的匀强磁场中，左半部分为Ⅰ匀强磁场区，磁感应强度为 B_1；右半部分为Ⅱ匀强磁场区，磁感应强度为 B_2，且 $B_1 = 2B_2$。在Ⅰ区匀强磁场区的左边界垂直于导轨放置一质量为 m、电阻为 R_1 的金属棒 a，在Ⅰ区匀强磁场区的某一位置，垂直于导轨放置另一质量也为 m、电阻为 R_2 的金属棒 b。开始时 b 静止，给 a 一个向右冲量 I 后 a、b 开始运动。设运动过程中，两金属棒总是与导轨垂直。

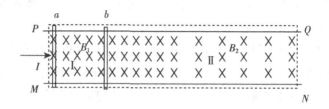

图 3 – 78

（1）求金属棒 a 受到冲量后的瞬间通过金属导轨的感应电流。

（2）设金属棒 b 在运动到Ⅰ匀强磁场区的右边界前已经达到最大速度，求金属棒 b 在Ⅰ匀强磁场区中的最大速度。

（3）金属棒 b 进入Ⅱ匀强磁场区后，金属棒 b 再次达到匀速运动状态，设这时金属棒 a 仍然在Ⅰ匀强磁场区中，求金属棒 b 进入Ⅱ匀强磁场区后的运动过程中金属棒 a、b 中产生的焦耳热。

解析：（1）对金属棒 a 有 $I = mv_0$

由法拉第电磁感应定律，得 $i = \dfrac{E}{R_1 + R_2}$

联立方程解得：$i = \dfrac{B_1 LI}{m(R_1 + R_2)}$

（2）根据动量守恒定律有 $mv_0 = 2mv_m$

解得：$v_m = \dfrac{I}{2m}$

（3）b 再次达到匀速运动时，有 $B_1 Lv_a = B_2 Lv_b$

对 a、b 由动量定理得 $B_1 Ll\Delta t = mv_m - mv_a$

$B_2 Ll\Delta t = mv_b - mv_m$

由能量守恒，有 $\dfrac{1}{2} \times 2mv_m^2 = \dfrac{1}{2}mv_a^2 + \dfrac{1}{2}mv_b^2 + Q$

联立方程解得：$Q = \dfrac{I^2}{40m}$

点评：当两根金属棒位于不同的磁场中，所受安培力大小不同，两根导体棒所组成的系统动量不守恒，只能单独对每根导体棒应用动量定理。两根导体棒构成串联回路，在相等的时间，通过导体棒的电荷量 q 相等。

◆·电磁感应现象中的导电滑轨问题解法剖析·◆

所谓"导电滑轨"问题，是指在匀强磁场中，一根（或两根）金属杆（棒）在水平放置的两平行导轨上运动的有关问题。此类问题多与力学、电磁学等知识融为一体，能很好地考查学生的理解、推理、分析综合及运用数学知识处理物理问题的能力。其特点是综合性强、类型繁多、物理过程复杂、难度大、方法多，因此，"导电滑轨"问题是历年来高考的热点问题。本文对"导电滑轨"问题进行分类，供读者参考。

一、单金属杆含电容问题

例1 如图 3-79 所示，两根光滑竖直导轨间距为 L，上端接入一个电容为 C 的电容器，磁感应强度为 B 的匀强磁场垂直导轨平面向里，垂直导轨跨搁一根质量为 m 的导体棒，离地面高为 h，开始时电容器不带电。现使导体棒从静止开始贴着导轨下滑，问：导体棒经过多长时间落到地面？（整个电路电阻不计）

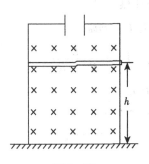

图 3-79

解析：导体棒下落时产生的电动势为 $E = BLv$

因电路无电阻，故 $U_C = \Delta U = BL\Delta v$

电容器的电量变化为 $\Delta q = C \cdot \Delta U = CBL\Delta v$

电路中的电流为 $I = \dfrac{\Delta q}{\Delta t} = \dfrac{CBL\Delta v}{\Delta t} = CBLa$

导体棒受到的安培力为 $F_安 = BIL = CB^2L^2a$

对导体棒运用牛顿第二定律，有 $mg - F_安 = ma$

即 $mg - CB^2L^2a = ma$

则 $a = \dfrac{mg}{m + CB^2 L^2}$，可见加速度为恒量，所以金属棒做匀加速运动，

由运动学公式 $h = \dfrac{1}{2}at^2$ 得落地时间 $t = \sqrt{\dfrac{2h}{a}} = \sqrt{\dfrac{2h(m + CB^2 L^2)}{mg}}$

点评：本题中电流强度的确定是关键，是本题的难点，突破了这一难点，后面的问题即可迎刃而解。金属棒下落过程中克服安培力做功，使金属棒的机械能减少，转化为电能，储存在电容器里，故机械能不守恒。金属棒下落中减少的重力势能一部分转化为电能，还有一部分转化为动能。因此，在解题时要抓几个要点：

（1）电路中有无电流？

（2）金属棒受不受安培力作用？若有电流，受安培力作用，它们怎样计算？

（3）金属棒做什么运动？

二、单金属杆含电阻问题

例2　如图 3 - 80 所示，直角三角形导线框 abc 固定在匀强磁场中，ab 是一段长为 L，电阻为 R 的均匀导线，ac 和 bc 段导线电阻不计，ac 长度为 $\dfrac{L}{2}$，磁场的磁感强度为 B，方向为垂直纸面向里。现有一段长为 $\dfrac{L}{2}$、电阻为 $\dfrac{R}{2}$ 的均匀导体杆 MN 架在导线框上，开始时紧靠 ac，然后沿 ab 方向以恒定速度 v 向 b 端滑动，滑动中始终与 ac 平行并与导线框保持良好接触。当 MN 滑过的距离为 $\dfrac{L}{3}$ 时，导线 ac 中的电流是多大？方向如何？

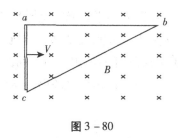

图 3 - 80

解析：MN 滑过的距离为 $\dfrac{L}{3}$ 时，它与 bc 的接触点为 P，如图 3 - 81 所示，由几何关系可知 MP 长度为 $\dfrac{L}{3}$，MP 中的感应电动势为 $E = \dfrac{1}{3}BLv$，MP 段的电

阻为 $r = \dfrac{R}{3}$，$MacP$ 和 MbP 两电路的并联电阻为：$r_{并} = \dfrac{\dfrac{1}{3} \times \dfrac{2}{3}}{\dfrac{1}{3} + \dfrac{2}{3}} R = \dfrac{2}{9}R$

由欧姆定律，PM 中的电流为 $I = \dfrac{E}{r + r_{并}} = \dfrac{3BLv}{5R}$

由分流得 ac 中的电流为 $I_{ac} = \dfrac{2}{3}I = \dfrac{2BLv}{5R}$

根据右手定则，MP 中的感应电流的方向由 P 流向 M，所以电流 I_{ac} 的方向是由 a 流向 c。

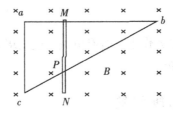

图 3 − 81

点评：本题综合考查法拉第电磁感应定律和闭合电路欧姆定律的应用。导体棒在三角形导电滑轨上运动，当 MN 滑过的距离为 $\dfrac{L}{3}$ 时，导线 ac 中的电流是此时的瞬时电流，应注意根据法拉第电磁感应定律分析此时的感应电动势，结合对应此时的电路图求出此时 ac 中的电流。类似的导体棒在导电滑轨上运动的情况在高考中曾多次出现，应认真领会。

三、等间距双金属杆综合问题

例3　如图 3 − 82 所示，相距 d 的平行光滑金属长导轨固定在同一水平面上处于竖直的匀强磁场中，磁场的磁感应强度为 B，导轨上面横放着两根金属细杆 ab、cd 构成矩形回路，每根金属细杆的电阻为 R，回路中其余部分的电阻可忽略不计。已知 ab、cd 分别以 $2v$、v 的速度向右匀速运动，求两根金属细杆运动 t 秒后，共产生多少热量？

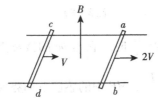

图 3 − 82

解析：以整个回路为研究对象，t 秒后磁通量的变化 $\Delta\Phi = B(2v - v)td$

回路中的感应电动势 $E = \dfrac{\Delta\Phi}{t} = Bvd$，回路中的感应电流 $I = \dfrac{E}{2R} = \dfrac{Bvd}{2R}$

产生的热量 $Q = I^2(2R)t = \dfrac{B^2v^2d^2t}{2R}$

点评：在电磁感应现象中，若回路中的感应电动势是由导体做切割磁感线运动而产生的，则通常用 $E = BLv$ 来求解方便，但有时回路中的电动势是由几根棒同时切割磁感线运动产生的，如果先求出每根导体棒各自的电动势，再求回路的总电动势，那就要涉及中学阶段不做要求的反电动势问题。如果把两个金属细杆及导轨构成的回路作为研究对象，直接将法拉第电磁感应定律 $E = \dfrac{\Delta\Phi}{\Delta t}$ 用于整个回路上，即可"一次性"地求得回路的总电动势，化"纲外"为"纲内"。

四、不等间距双金属杆问题

例 4　如图 3 – 83 所示，上下不等宽的平行金属导轨 EF 和 GH 两部分导轨间的距离为 $2L$，IJ 和 MN 两部分导轨间的距离为 L，导轨竖直放置，整个装置处于水平向里的匀强磁场中，金属杆 ab 和 cd 的质量均为 m，都可在导轨上无摩擦地滑动，且与导轨接触良好，现对金属杆 ab 施加一个竖直向上的作用力 F，使其匀速向上运动，此时 cd 处于静止状态，则 F 的大小为（　　）。

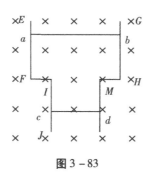

图 3 – 83

A. $2mg$ 　　　　　B. $3mg$ 　　　　　C. $4mg$ 　　　　　D. mg

解析：杆 ab 向上匀速运动时，由右手定则可知电流的方向为 a 指向 b，设回路中的感应电流为 I，则以 ab 为研究对象，有 $F = BI(2L) + mg$；

以 cd 为研究对象，有 $BIL = mg$；

联立方程，得 $F = 3mg$，故选项 B 正确。

点评：解决此题的难点在于金属导轨不等间距，故金属杆 ab 与杆 cd 所受的安培力不相等。当杆匀速运动时，对两杆分别进行受力分析，运用平衡条件，列出方程就能顺利求解。

综上所述，电磁学中的导体棒问题常常涉及综合应用电磁学和力学相关规律，考查知识点多，试题难度大。分清不同性质的导棒，熟悉导棒的运动性质，解决好此类问题，对提高综合应用知识的能力、科学思维和综合分析的能力具有重要的意义。

第四章

「教学相长」的成长与收获

第一节　师者本色

◆·严谨、简约、朴实·◆

一、我的教学风格解读

我不太擅长讲话，但我感受最深的便是自己比别人多了份"坚强的毅力"和"理性的思考"；我不苟言笑，但我内心却充满对知识的透彻理解和对人的理智能力发展的执着追求，"严谨、简约、朴实"是我的教学风格。

（一）严谨是一种态度

物理是一门严谨的学科，而不仅是工具学科。它重视探索真理的方法，它要求物理结论的叙述必须精练、准确，而对结论的推理论证和系统安排都要求既严谨，又周密。

作为理科教师，我性格内向但情感深沉，我沉默寡言但办事谨慎，我的性格决定着我的治学态度——严谨。一方面，我把刻苦当作习惯，把解题当成乐趣，探求真理做到锲而不舍，博采众长，掌握渊博的科学文化知识；另一方面，我力求做到教学语言有条理、逻辑性强，讲课思路清晰，依据物理规律，帮助学生建构知识体系，训练思维，无形中也使他们养成了严谨的学习态度。

（二）简约课堂不简单

简约，是要在课堂中尽量排除一些形式化的、不必要的东西，以时间、精力、资源的"下限"，去换取质量、效果、品质的"上限"，使教师和学生在低消耗、低成本的教学过程中获得教学的最优化和效果的最大化。

问题教学是一个相当有效的教学方法，它以知识、方法为主线，以问题为载体，以问题解决为策略实施教学。在"问题驱动式"的教学中，我总是将知识情境化，情境问题化，并将教学过程设计成如下四个环节：①提出问题，形成猜想；②任务驱动，观察现象；③问题探究，合作释疑；④学以致用，迁移深化。通过这样一个简单的过程，我尽量从知识的关键点入手来设计问题或问题链，从而驱动整个教学过程，这样不仅可以做到在教学中纲举目张，还可以提高全班学生的"参与意识"和"问题意识"，而且有利于突出学生的主体作用，激发学生的学习兴趣，有效提高课堂教学效率。

（三）朴实课堂更精彩

朴实，是我长期以来所追求的物理课堂的教学风格。课堂教学的朴实，更能体现教学的规律性和教学的真实性，静水流深，在朴实的静流表面，深层涌动的是澎湃的激情和对教学效果最大化的浪涛涌动。

物理学科从起始阶段就扎根于生活实际的认识过程中，物理以感知为基础，需要从具体到抽象的概括过程，有丰富的模型。因此，物理学习很讲究分析和解决问题的科学思维方法。在课堂教学中，我不主张过多地使用多媒体设备，也没有更多的小组合作、表演等形式，而是借助一支小小的粉笔、一个简易的实验，一段精彩的"留白"，让学生在朴实的课堂教学过程中，掌握分析和解决问题的科学思维方法，感受到原汁的物理"味"。学生在原生态的课堂中，进一步形成自己的情感态度和价值观。

二、我的教学成长经历

（一）吃苦奉献，专业成长（1995年9月至2002年7月）

1995年7月，我从抚州师范专科学校物理系毕业后，被分配到一所乡镇中学——资溪县高阜中学。这所学校地理位置很好，离县城十公里，离我家里步行也不到十分钟的距离，其教学质量在当时是全县乡镇中学中最好的一个，许多人挤着头皮都想调到这所学校任教。我特别珍惜这次难得的机会，不仅因为这所学校是我的母校，而且有很多同事也是我崇拜的老师。如：时任校长杨培敏老师是我的初中化学老师，当年我读初三的时候，他辅导我们参加全市化学竞赛，我还获得过全市第二名的好成绩，杨培敏校长上课风趣幽默，对我后来的教学影响很大；数学老师何武生虽然不是我的任课老师，但辅导过我们的数学"祖冲之杯"竞赛，他对我的印象也很深刻，他的数学知识丰富，逻辑性强，对我后来上课的帮助也是非常大的。

由于当时数学老师紧缺，校长便安排我临时担任初二年级的数学课教学工作，这使得我有更多机会接触到何武生老师。初为人师，只要有空闲，我便搬着凳子，像学生一样毕恭毕敬地坐在教室的后排听何老师上课，听何老师讲几何三角形全等的证明、讲函数的应用，这一听便坚持了两年多的时间。何老师高超的教学艺术，对学生一丝不苟的严格要求潜移默化地转移到了我的身上。他那严谨的教学态度——备课、上课、训练及辅导——落到实处，这些细节深深地影响着我日后的教学活动。

就像武林高手一样，何老师将他的才华展现得淋漓尽致，而我也学得有模有样。第一学年初二期末考试全校统考，我所教班级的数学平均分位居全年级第一名，并且首次超出何老师所带同类班级平均分。第一届初三毕业生参加中考，数学单科有 10 名学生进入全县前 100 名。由于教学业绩突出，次年学校继续让我任教初三，并任教学校的首届实验班的数学课。领导的信任更增强了我课堂教学的自信心，也激发了我的教学热情，备课、出题、刻蜡纸的任务全被我一个人承包，但我仍觉得浑身有使不完的劲儿。我带着这一届初三学生参加全省数学竞赛，有 1 人获省一等奖，2 人获省三等奖，学生中考成绩有 2 人进入全县前十名。2002 年 9 月，由于学校物理老师空缺，我转回了自己的本行——任教初中物理，一直教到 2004 年 7 月。

在教学的同时，我也不停地琢磨着如何提高自己的课堂教学水平，对教学有了更深一步地思考。1998 年 3 月，我的第一篇教学论文《巧用一元二次方程解数学竞赛题》获全市论文评比二等奖，2002 年 11 月被评为中学数学一级教师，2004 年 3 月获全县初中物理教师优质课比赛一等奖。

7 年的摸爬滚打，练就了我吃苦耐劳、锐意进取的性格，让我在乡镇中学小有名气。如果说当时我对教学具有初步的认识，那便是让我坚定的教学信念——严师出高徒。

（二）主动学习，提高技能（2002 年 9 月至 2011 年 7 月）

随着高中教育办学规模的扩大，我县唯一的一所省重点高中——资溪一中，每年 8 月份都会从全县各乡镇中学招聘一批优秀的教师。身边的同事一个个地被调到县城教书，我也开始变得不安分。

2002 年 4 月，时隔 10 年后我重新接触高中物理，读教材、看教参、做试题。利用暑假 7 月初到 8 月底两个月的时间，我与外界彻底隔离，和爱人一起临时租住在县城的一间平房里。白天爱人上班，我便一个人待在房间里看书、做题。房间没有空调，里面只有一个小电风扇，手背上的汗水常常把草稿纸弄湿，但每做出一道难题后，我心里就特别开心。

8 月份的最后一个星期，县一中教师招聘如期举行。我第一个参加试讲，课题是《平抛运动》。当结束这节试讲课后，我看到学生的课堂反映和评委们满意的表情，信心百倍地走出了教室。第二天晚上 8：00，我接到了去县一中报到的正式通知。

人们常说：教师要给学生一碗水，自己必须首先要有一桶水。调入一中后，我对自己提出更高要求。为了上好每堂课，我常常备课到凌晨，第二天一早起来又自讲自听；为了让学生脱离题海，我自己长期陷入题海，每节新课坚持做4种以上不同课外习题。每份练习、每套试卷，我都像学生一样限时完成，并对照答案自己评分。第一个高中循环教学，我除了上课，就是做题、出卷。三年中，我不知道做了多少道题，也不知道自己看了多少本书，只知道学生私下常说，这个物理老师解题真"牛"。

第一届高考成绩优秀，第二年我又继续留在高三，担任一个班的班主任和两个班的物理教学。有了第一届高考备考经验，第二届高三我有了更多的时间思考教学工作。我开始订阅《中学物理教学参考》《物理教师》《中学物理教学探讨》等物理专业杂志。通过读书，我积极学习教育管理理论和实践，及时了解最新教育科研成果，不断提高自己的教育科研水平。2004年，我参加成人高考，每门都考了100多分，其中高等数学满分，被北京师范大学物理系录取。2006年参加抚州市高中物理教师说课、评课竞赛获说课一等奖、评课二等奖；2008年参加全校教师做题大赛，以满分成绩获全校第一名；2011年参加抚州市中学物理教学改革创新大赛获评课一等奖、说课二等奖。2008年我开始编写高中物理教辅资料，《PK高考》《学习的艺术》《金太阳考典》《金太阳考案》《完美领航》等教辅资料陆续出版；2006年12月我开始承担全国教育科学教育部重点课题"高中物理'学导式'教学策略研究"的研究与试验工作，该项研究于2008年6月顺利结题，并被评为优秀等级。

这段时期，我的教学技能在不断的学习中逐渐提高，虽然学习很辛苦，但看到自己的文章发表，那种喜悦可是悠闲的假期换不来的。

所获奖项的证书如图4-1、图4-2所示。

图4-1

图 4-2

（三）仰望星空，脚踏实地（2011 年 9 月至今）

连续多年的高三循环教学，周而复始的工作让我感觉身心疲惫，我失去了前进的动力。教学理念无法超越，科研成果不见起色，我担心自己跟不上时代，更担心自己被学生嘲笑，被同行抛弃。

2011 年 9 月，经历了一个煎熬的暑假后，我带着妻女离开家乡，应聘到广东河源东江中学工作。由于受到资溪县领导的反对，县一中校领导不肯给我办理正式调动手续，个人档案自然取不出来，我成了东江中学的临时代课教师。

2011 年 9 月至 2013 年 7 月，学校安排我做备课组长和年级部教学主任，我利用这段时间努力提升教学技能和年级部教学管理水平；2013 年 7 月通过公开竞聘，我担任学校教研处副主任，与专家学者接触的机会更多，管理能力和教科研能力又得到了锻炼和发展；2013 年 9 月，我兼任学校物理科组长和东源县兼职教研员，这段时期我阅读了《把爱献给教育的人——霍懋征》《有效教学十讲》《我的教育理想》等书籍，自己的理论水平、人文修养和专业指导能力都得到进一步的提升。从 2011 年 9 月至今，学校一直安排我担任广附班和实验班的物理教学工作，巨大的压力也促使了我的教育教学能力得到迅速提高。2014 年 11 月参加河源市优质课比赛获得了市第一名，2015 年 5 月代表河源市参加广东省首届中学物理青年教师教学改革创新大赛，获省一等奖。由于成绩突出，县委、县政府决定把我作为特殊人才引进，于 2013 年 7 月解决了我的编制问题，让我成为一名正式教师。

四年多的时间，我从备课组长、年级教学主任一步步地做到科组长、教研处副主任，一次次的历练，我的教学水平和协调能力得到进一步提升，教科研能力得到进一步发展。我不断激励自己，以珠三角地区的一线名师为榜样，学习他们先进的教育理念，借鉴他们成功的教学经验。勤奋学习，让我接近优秀；

勤奋学习,让我接近崇高。脚踏实地,让我充满激情;脚踏实地,让我踌躇满志。

期间所获奖项证书如图4-3,图4-4,图4-5所示。

图4-3

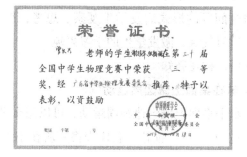

图4-4

图4-5

三、我的课堂实录

《向心力》教学设计与反思

环节一：情境设疑，引入新课

1. 演示"水流星"实验

师：教师手持开口水杯，能否做到让杯口朝下而水不流出来呢？

生：（思考回答）让水杯转动起来。

2. 播放视频"双人花样滑冰"

师：女运动员为什么不沿直线飞出去而沿着一个圆周运动呢？

生：（齐声回答）男运动员用手拉着女运动员。

师：物体做圆周运动的条件是什么？本节课我们就一起来探究这个问题。

过程评价：从日常生活情景中构建物理情境，以培养学生把生活与物理联系在一起的习惯，通过问题的形式启发学生观察、思考，变学生为主体，教师为主导，活跃学生的学习气氛，激发学生的学习兴趣。

环节二：体验感悟，构建新知

1. 分组实验：小球在桌面上做圆周运动

师：要使小球在水平桌面上做匀速圆周运动，可以怎么做？

（学生分小组进行实验，然后推荐一名代表将其所在小组的探究结果展示给全班同学。）

师：让小球转得快些，手有什么感觉？

生：手有被绳子拉的感觉，转得越快，拉力越大。

2. 演示实验：小球在圆盘上做圆周运动

师：前面两个实例中小球受到哪些力？是什么力使小球做匀速圆周运动？这个力有什么特点？

（引导学生对两个实例中的小球进行受力和运动分析，并得出结论）

总结（PPT投影）：向心力（效果力）。

（1）概念：做匀速圆周运动的物体，必须受到一个指向圆心的合外力，这个力就叫作向心力。

（2）方向：向心力方向总是指向圆心，与速度方向垂直。

（3）效果：不改变速度大小，只改变运动物体的速度方向。

过程评价：利用身边的物体设计小实验，激发了学生的兴趣，也提高了学生的课堂参与度。通过小组交流，成果展示，学生在观察、感悟中构建起"匀速圆周运动受力指向圆心"这一重要认知，为更深入地开展思维和探究活动提供基础和动力。

环节三：实践探索，诱导发现

多媒体投影：自制"向心力演示仪"

师：如何用1个乒乓球提起一个盛有水的矿泉水瓶？哪个力提供向心力？

生1：手握矿泉水瓶，让乒乓球在水平面内做圆周运动。

师：改变乒乓球的质量、转动半径、转速，实验效果有什么不同？

生2：保持小球质量 m、角速度 ω 不变，增大转动半径 r，发现矿泉水瓶能被提起来。

生3：保持小球质量 m、转动半径 r 不变，增大转动的角速度 ω，发现矿泉水瓶向上加速。

生4：保持转动半径 r、角速度 ω 不变，将重球换成轻球，小球质量 m 变小，发现矿泉水瓶提不起来。

师：你能感受到向心力的大小与哪些因素有关吗？

生：向心力的大小 F 与物质的质量 m、转动的角速度 ω、转动半径 r 有关。

过程评价：引导学生观察实验现象，让学生亲身体验，发现矛盾，产生困惑，进而在探索中完善认知。器材来源于生活，实验简单，操作方便，现象明显，趣味性强。学生通过亲身感受获得成功的乐趣，进一步把握问题的实质。

环节四：实验探究，得出结论

师：向心力的大小 F 与物质的质量 m、转动的角速度 ω、转动半径 r 存在怎样的比例关系呢？如何探究它们之间的关系？

生：用控制变量法解决问题。

1. 多媒体投影

向心力演示器（教师展示"向心力演示器"，介绍其结构）。

2. 微课

向心力演示器的使用（师生一起观看视频，掌握实验仪器的使用）。

3. 学生实验

探究向心力大小的计算公式（学生分组实验，探究问题；教师到学生小组去，观察学生实验，并给予适当的指导）。

4. 投影实验数据（见表4-1）

表4-1 探究影响向心力大小的因素

条件	变量之比	向心力之比	结论
m、w 相同	$r_1 : r_2$	$F_1 : F_2$	
m、r 相同	$w_1 : w_2$	$F_1 : F_2$	
r、w 相同	$m_1 : m_2$	$F_1 : F_2$	

生：由实验得知，向心力的大小 $F = m\omega^2 r$ 或 $F = m\dfrac{v^2}{r}$。

过程评价：让学生亲自参与到实验探究问题的过程，培养学生养成严谨、细致、耐心的实验素养。学生通过投影看到自己的实验成果，体验到了成功的乐趣。

环节五：应用创新，指导实践

师：在上课开始时，我给大家做的"水流星"实验中，为什么到最高点水没有落下来？

生：水处于完全失重状态，重力起到提供向心力的作用，重力改变水的运动方向，并没有对水产生向下的加速度。

师：在前面的学习中，"双人花样滑冰"中的女运动员为什么不沿直线飞出去，却做圆周运动呢？

生：女运动员受到重力、支持力和男运动员的拉力，其中男运动员对女运动员拉力的水平分力提供向心力。

（学生边回答，教师边在黑板上画图）

过程评价：教师引导学生对"水流星"和"双人花样滑冰"进行受力分析，再将上述"实物"去伪存真化为质点，帮助学生构建竖直平面和水平面内的圆周运动模型。这样的教学，解决问题的过程是由学生自主感悟和建构的，而不是教师"硬塞"给他的，学生不但能够巩固所学知识，而且能够构建物理模型，解决实际问题。

环节六：布置作业，课外延伸

师：向心力的大小 $F = m\omega^2 r$，方向时刻指向圆心。我们知道力会使物体产生加速度，匀速圆周运动的物体的加速度大小如何？方向又是怎样的呢？我们下节课将重点研究这些问题。

过程评价：让学生带着问题离开课堂，使得课内合作学习在课外继续得到延伸，也为下节课"向心加速度"的学习做好铺垫。

【教学反思】

本节课应用"问题·探究·建构"课堂教学模式，通过一系列的问题，让学生逐渐感悟、探究、建构向心力的概念。教师大胆运用生活中的例子和学生切身相关的事物，精心创设问题、实验等情境，借助小组合作学习，实现学生的自主性、合作性和探究性。在实验探究中，鼓励学生提问题、找毛病、做评价，课堂中不断生成知识，学生在质疑、讨论、解疑中，培养设计实验、预测结果、分析现象、推理判断、评价表达的能力。

纵观整个教学过程，笔者觉得本节课的成功之处在于以下几个方面：首先，教师注重问题引导和实验探究，让学生在已有的经验基础上构建知识，教学过程符合学生的认知规律。在上课的过程中，笔者每提出一个问题，都会给学生引导、讲解并给学生留出一定的思考时间，这就体现了学生的主体作用。其次，学习过程注重创设物理情境、充分挖掘生活物品进行实验，使学生感到科学就在身边，视频、微课、投影仪等仪器的使用更让学生对科学产生亲近感。绳拉小球转动、乒乓球提矿泉水瓶、向心力演示器都让学生感到极大的兴趣。最后，注重师生交流、生生互动。在课堂中，学生实验探究活动多，探究时间长，充分实现了学生的主动学习、合作学习和探究学习。

不足之处：向心力概念的建立是一个重点，如果能给每个小组提供一组自制"向心力演示仪"，让学生亲身感受向心力，效果会更好。"向心力演示器"结构不直观，学生分组实验只能半定量地探究向心力 F 与物体的质量 m、转动的角速度 ω 和转动半径 r 的关系，实验结论不能让学生完全信服。因此，教师应在解决问题这个主线下，真正把探究过程还给学生，使学生自己主动探究，建构自己的知识体系，进而提升物理思维能力。只有这样，教与学才会得到长足发展。

四、我的教学追求

（一）"先生"理念

"先生"既是过去人们对教师的称呼，也是我主张的教学理念。

首先，对教师而言，"先生"是对知识分子的尊称。古人云："师者，传道授业解惑也。"作为一个老师，他首先要以渊博精深的知识征服学生，使学生从他那里得到真知。试想，如果一个教师传授给学生的尽是一些九分无用、一分歪曲的东西，如果一个教师每天讲的都是一些落后、过时的东西，教师自己都不知道自己讲的是不是有用的东西，他如何能理直气壮地讲下去，他将何以为师，又怎能成为学生心目中理想的老师？因此，教师想教会学生不是要有一桶水、一缸水，而是要有源源不断的泉水、川流不息的江水、一望无际的海水。

其次，作为一种教学理念，"先生"是指老师在教学中要"以生为本，以生为先"。以"诱导思维，探索研究"为特征的诱思探究教学和以"自主、合作、探究"学习理念为特征的新课程改革，都倡导变教为学、教学合一。"先生"理念表现在对学生的充分尊重与信任，表现在对学生学习氛围的民主与和谐，表现在对学生学习过程的帮扶与鼓励。只有真正把学生摆在首位，真正关注每位学生，我们的课堂才会因学生生命之花的绽放而精彩纷呈。我所追求的物理教学是师生、生生和谐互动的探究发现过程；是学生在教师引导下的主动建构过程；物理教学，是学生在教师引导下主动探究知识的发生、发展，进而获得理解的过程；是一种"再发现""再创造"的过程。物理是思维的体操，更重要的是教会学生学习，教会学生思维。

（二）简约课堂

简约是在课堂中体现出来的那种充满自信、运筹帷幄、不急不躁、不拘小节的教学艺术，是教师在教学道路上追求的一种境界。要达到简约课堂，应先做到以下几点：

1. 教学内容简要、精辟

在有限的课堂教学时间里，要适量安排教学内容，教学内容要"精简"。如何"精简"，这需要教师认真钻研教材、研究学生。教师备课，首先要研究教材，依据教学内容的特点和学生知识、能力水平，通过精选素材，巧用素材，让学生用尽可能少的时间获得最好的学习效果。

2. 课堂环节简单、厚实

物理学与人类生活有着密切联系，许多知识来自于学生的自身实际，与学生的日常生活结合比较紧密。教师在课堂教学过程中，要善于借助学生已有的生活经验，根据教材内容创设符合学生认知能力的问题情境，提出既能使学生系统地掌握知识，又能提高学生综合智力的问题，引导学生去研究、探索，激发学生进一步研究的兴趣。

3. 教学方法简明、灵活

物理学习是一种十分复杂的认知活动，学生能完成这一活动，靠的是学生自身的悟性，而悟性的养成与提高主要靠学生对学习物理知识的体验。因此，教师应以课堂为主阵地，灵活地选择各种方法，让学生去亲身体验，由浅入深，由表及里地引导学生"悟理"，从而掌握知识，培养能力。

总之，我在教学过程中不断地学习，因为终身学习的理念早已融入我的灵魂之中，充满实效的简约课堂成为我的教学追求。

五、他人眼中的我

（一）学生眼中的我

近二十年的教学生涯使我深深地体会到获得学生的尊敬和爱戴是老师一辈子也受用不尽的财富。2014 年的教师节，我收到了来自五湖四海的学生的祝福，现摘录如下：

初入高中学堂，我们初速度 $v_0 = 0$，可在您的悉心指导下，我们获得了无比巨大的加速度 a。相信高中三年有您的指导，我们定能完成人生的自我超越，若人生 S（是）浩无止境！

（学生 张 健）

短短几节课，我就爱上了您的生动而幽默的授课方式。在您的教导下，我度过了难过的高三，真的向您学到了很多东西，每一节物理课都被您深深地吸引。刚进入高中的那节物理课，苍天啊！还好让我遇见了您！感谢高三有您的陪伴，教师节快乐！

（学生 朱超瑜）

您的激情让我折服，您严厉的爱护使我非常感谢您，您的一切辛劳尽在我眼中，有您的指导，我会更好地学习。衷心地祝福您：工作顺利，身体健康！

（学生 张彬华）

您讲课言简意赅、通俗易懂；您举例契合而又生动，课堂气氛严谨而又不失自然随和；您总是把知识变成问题，又把文字转化成图形，变成一个个有趣的物理模型，让人思路清晰。您是在用心教书，用心引导我们！

（学生 黄宇鸣）

（二）同行眼中的我

2015 年教师节前夕，学校领导和同事在全校教师表彰大会上这样评价我：

曾老师上课求真务实，求实创新。他的课堂实中有活，活中有变，变中有新！

（资溪一中校务办主任 刘荣星）

教学中，曾老师善于激发问题意识，以问题激活课堂。他的教学设计常常新意迭现，使人觉得既在情理之中，又在预料之外，体现了教学的活力和魅力。

（资溪一中教务处主任　蔡美龙）

曾老师一直追求精益求精，每次听曾老师的课，都会产生不同的升华。他用自己精湛的教学艺术和丰富的教学经验，把物理课堂演绎得既简约、又朴实。

（东源县教育局教研室副主任、物理教研员　向敏龙）

曾长兴老师的课堂教学以理念明晰、过程严谨、简约明快见长，课堂教学效果显著，深得学生喜爱、家长满意。

（广州大学附属东江中学校长　潘刚明）

回顾自己的行走之路，深深感到其实我的人生并没有什么大志，自己仅是一名普普通通的教师。我最深的感触，便是对待任何事情、任何工作都很专注和投入，力求做得完美，自己也就比别人多了份坚强的毅力和理性的思考。以上便是我工作以来最深的体会，若有不对之处还望各位专家和老师批评指正。

◆·自主、和谐、共同发展·◆

——到东莞中学松山湖学校学习有感

2014年10月16日，我们课题组成员有幸到东莞中学松山湖学校参观学习。这次活动，使我受益匪浅。下面就谈谈我自己最深刻的两点感想。

一、有感于自主和谐的课堂

东莞中学松山湖学校，是市政府2004年创办的一所市教育局直属公办学校，学校坐落在松山湖科教区东部，那里青山碧水怀抱，风景秀丽。学校承接东莞中学优良的办学传统，由一批优秀的骨干教师引领着学校的教育教学工作。教师在这里收获事业的成功和幸福，孩子们在这里享受成长的快乐和幸福。

16日下午2：30，高二物理备课组刘立慧老师给我们呈现了一堂富于灵动的新授课——"闭合电路的欧姆定律"。刘老师由简单的小实验导入新授课，让学生猜想电路的组成部分，然后给学生们分别提供了水果电池、食用油等实物，引导学生测量它们的电动势，并将水果电池和干电池分别给灯泡供电，让学生猜想灯泡为什么不会亮，是电动势低的原因还是其他什么原因，引出电源内阻的概念。刘老师扎实的基本功、独特的实验设计，充分体现了"教师为主导，学生为主体，实验为基础，能力方法为主线"的教学理念。

人人都希望别人尊重自己，而这份尊重是相对的，你尊重我，我也尊重你，这样，人与人之间的关系就和谐了；人人都渴望在真诚的帮助下走向成功，当老师真诚地引导学生了，学生离成功就更近了，这样师生关系就更和谐了。

二、有感于共同发展的优秀团队

一间学校要办好，靠的是团队。拥有一个团结合作、积极向上的团队，学校还担心办不好吗？物理科组的夏良英科组长严谨、细致、周到的工作态度给我留下了深刻的印象。初识夏良英科组长，是2012年9月20日在东莞实验中学召开的高考物理总结会上，夏良英老师作了有关"高考评卷情况分析及备考启示"的专题讲座。夏老师详尽地收集了高考物理各题的答卷情况和评分细则，对如何提高高考物理备考的有效性和针对性给了我很大启发。

学校里有一个举措真的让我感受最深：以一个年级为单位，规定了每级的同一科目各班的平均分差距不能超过3分。如出现了超过3分的情况，整个年级都要接受批评，这样就很好地保证了年级里面的教师团结合作、互相扶持，减少了很多内部斗争。真正让教师知道"校荣我荣，校衰我衰"，为学校努力奉献着。不知道是不是因为这里的教师都是来自全国各地，所以他们十分珍惜他们的友谊。

从松山湖学校回来，那种理想的教育意境总是在脑海中萦绕，让我探索着、追求着。那里有什么东西值得我们学习？我们能学到多少？松山湖学校的自然环境、教育环境熏陶了我，感动了我，松山湖精神将长久影响着我，鞭策着我不断努力向前……

◆·激情教育在班级管理中的巧妙运用·◆

班级管理能否产生理想效果，能否充分调动学生的积极性，在很大程度上取决于班主任的管理方法。针对学生心理特点和多年的班主任工作实践，笔者深深地体会到，在班级管理中善用激情教育艺术，能够产生事半功倍的效果，下面就谈谈自己的一些做法。

一、目标引领，点燃激情

美国哲学家爱默生曾说过："一心向着自己目标前进的人，整个世界都会给他让路！"的确，目标非常重要，它不仅是前进的方向，更是前进的动力。基于此，班主任在班级管理中运用目标引领，能够引导学生一步一个脚印，踏踏实实地走向成功的彼岸。

笔者本着"跳一跳，够得着"的思想，引导学生根据自身实际，制定切实可行的近期目标，让他们明确自己应该努力的方向。开学初的班会课上，笔者精选了中国和世界著名大学学府的校园图片，让学生充分领略到大学校园的美丽风景，激发了学生的学习斗志。开学第二周，笔者在教室最显眼的位置张贴了一张海报"清北之星清北梦"，里面包含了多所985高校图片。海报右侧，点缀一句话："2018年9月，你会在哪里就读？请大胆说出来！"这暗暗促发了学生的高考激情。

二、社团活动，释放激情

培养学生积极、健康、向上的情感，让学生感受到"真正的学习是快乐的"，这样才能优化教育效果。社团活动为学生的"激情教育"搭建了良好的平台，这既提升了学生的核心素养，又为学生的未来创造了丰富的可能性；既提升了学生的意志品质，又让学生尽情地释放激情。

通过社团开放日及学生选课活动，笔者所带班级的42名同学，利用课间时间充分了解每项课程的具体情况后，每人都报名参加了1个社团活动。每到星期二下午社团活动时间，全班学生便积极行动起来，"叽里呱啦说英语"课上，同学们围坐在一起，碰撞知识与创意的火花；美术室内，书画协会的同学们挥毫泼墨，专注的身影让人感受到艺术的气息；操场上篮球、足球、乒乓球、羽毛球等各种社团成员龙腾虎跃、各显风采、释放激情，尽情享受这方属于自己的舞台。

三、公开竞争，保证激情

激情教育不是一时的，持续的激情才能达到育人的目的。当今时代，是竞争的时代。竞争使人人奋进、个个争先，竞争将会推动班集体向更高更好的方向发展。在班级管理中，班主任引入公平竞争机制，不仅可以使班级充满生机和活力，而且能够激发学生的进取心，培养学生参与竞争的能力，保障学生持久的学习激情。

多年来，笔者在班级运作机制的规范化、民主化、人文化方面做了大量工作。为了让班级管理有章可循，家长委员会和班委会共同制定了《河源高级中学高一（8）班班级公约》及相配套的实施细则，对全班同学的德、勤、绩、能进行量化评估。本着"自主学习、自主管理、自主发展"的原则，班级每6人一组成立了7个"合作学习小组"，通过班主任、科任教师和学生进行团结协作，围绕着"做什么、为什么做、谁来做、怎么做"，以小组竞赛的形式对各小组每天的纪律、内务、学习进行量化评分。笔者结合学校每周自主管理数据，对进步较大的小组和个人，在家长微信群里发放喜报。这样，从整体着眼，从细处入手，让每个学生针对自己的长处，从不同的方面努力，从而达到自我约束、自我提高的目的，提高班级凝聚力，保证教育激情。

四、主题教育，升华激情

重视德育工作，注重学生的心理健康教育。班主任应根据学生的心理特点，科学合理地规划德育主题教育实践，设计内容丰富、形式新颖的系列活动，培养他们积极向上的生活激情。

组织实施"德育主题月"活动。这一活动最鲜明的特色就是以德育为大平台，以主题活动为载体，结合学校、家庭、社会生活实践，针对学生在思想、学习、生活方面出现的问题，设定主题，再围绕主题开展一系列的教育活动。在学校"德育主题月"活动中，笔者围绕学校开展的"文明、缅怀、阳光、感恩、自信、爱国、科技、悦读"等主题活动，以社会主义核心价值观为内容、激发"爱国情、家乡情、师友情"、培育"安全感、幸福感、使命感、责任感、荣辱感"等活动持续地渗透到德育工作中去。

激情教育是班级管理的一个好方法，如果运用得好，将会让你收到意想不到的效果，可以说感情教育的力量是巨大的，但它的方法同时也是细腻的。

有关激情教育的论文获奖证书如图4-6所示。

获奖证书

曾长兴老师撰写的德育论文《浅析班级管理中的激情教育》在2017年河源市中小学德育论文评选活动中，荣获二等奖。

特发此证，以资鼓励。

河源市教育局德育科
河源教育学会中小学德育专业委员会
2017年6月

图4-6

◆·问渠哪得清如许，为有源头活水来·◆

在广州大学徐校长等领导的关心和支持下，2016 年 4 月 11 日，我参加了为期半个月的广州大学附属中学（以下简称广大附中）跟岗学习。其实，就是参加了发达地区对落后地区的帮扶计划。时至今日，国家大手笔地推进教育均衡发展，其实就是因为我国教育发展太不均衡。同一个国家的东部地区与西部地区，同一个省的发达地区与欠发达地区，城市与乡村差距太大。就学校而言，我校是欠发达地区的农村学校，要想走出落后地区办学的困境，唯有多吸取别人的成功经验，结合山区学校的实际找到适合自己的办法。就我个人而言，要有活到老学到老的学习意识，要不断提升自己。这次的外派跟岗学习，又给了我一次极好的学习机会，我倍加珍惜。

图 4 - 7 为 2016 年 4 月 15 日作者参加广州大学附属中学文化艺术节时的留影。

图 4 - 7

在这次学习期间，我有选择地听了 16 节课，所听的课有本专业的物理课，有语文课、英语课。所涉及的班级有国际班、国防班、普通班和奥数班等不同层次的班级，涉及的年级有初三到高三四个不同年级。访谈了王守亮副校长，德育处席长华主任，教科所王孝锦所长，国防班负责人雷教官等处室领导，参观了学生宿舍、心理咨询室和校医室、美术室，分别与高一、高二、高三三个年级的物理备课组交流座谈，参加了学校的行政会和教职工大会，欣赏了广大附中较高水平的学生合唱比赛，看了学校的早读和自习课，听了清华大学美术学院张夫也教授的讲座，还在 4 月 19 日参加了广东省广雅中学的开放日活动。应该说我们全体成员这两周严格按照学校的要求，始终忙碌着，但也收获着。

经过十多天的听课、访谈、交流和参观，广大附中很多地方值得我们肯定、赞赏和学习。

一、所见所闻

第一，学校决策部门做对的事情。邓云洲校长真不愧为优秀校长，他有着"不要把学校办成学生读书的监狱""要让学校充满欢声笑语""学校不抓高考没有今天，只抓高考没有学校的明天""活动育人"等符合教育教学规律的科学的人才培养理念。在邓校长的带领下，只用了短短的十年时间，便让广大附中在强手如林的学校中脱颖而出，位居广州市众多学校的金字塔之上层。广大附中的"活动育人"的理念已深入人心，亮点纷呈。就拿我们看到的学生大合唱比赛来说，其水平之高真是出乎意料，每首歌都是精选的，每个环节都认真设计，每个音符都认真去琢磨。仅仅这个活动就不知道让老师付出多少、学生训练了多少，这让我们深深地感受到了广大附中老师的真情付出，学生的素质培养不是空谈。

第二，各处室负责人独当一面，办事效率之高让我们佩服。广大附中大学城校区有着初一到高三6个年级3千多名学生，目前各处室只有一位负责人（德育处两人），就是这几个人肩负着学校的正常运转和学校的发展项目的实施。特别是德育处和教科所，任务之繁重，落实之到位让人佩服。广大附中有着"活动育人"的理念，所以各种活动接连不断，所有的活动都是德育处规划实施，60多个社团活动也由德育处负责管理，6个不同年级日常的德育教育更是千头万绪，这些事情就是由德育处下的7个人（包括团委、学生会、保卫处和处室干事）统筹规划和实行监督的。

第三，教师的不断进取是推动学校发展的原动力。在广大附中的十多天里，虽然我们也看到个别老师自我要求还是相对较松，但我们更看到一大批老师的不断进取、默默奉献。就拿政治科组来说，虽然每个老师的教学任务都很繁重，但是无论是年轻教师还是年长的老教师，每个人都承担着课堂教学改革（翻转课堂）的任务，哪怕就是还有几年退休的萍姐也主动请缨领衔初中政治课堂的"翻转任务"，这反映的就是老师不断进取的精神。

第四，和谐的校园环境是学校发展的重要因素。干群关系和谐，师生关系和谐，同事关系和谐，学生关系和谐是广大附中的又一大亮点。在广大附中有一个老师们共同的亮哥即王守亮副校长，下课随处可见的师生交流的画面，楼道内随处可听见的"老师好"等，都说明着广大附中有着一个和谐的校园环境。

大家在这鸟语花香、充满着欢声笑语的校园内学习和工作，尽管离市区较远，但广大师生们已经喜欢上大学城校区了（老师原话）。

第五，干部以身作则的率先垂范不可少。即将分管大学城校区的王守亮副校长，不仅负责学校的教育教学工作，还上高三毕业班的数学，德育处的席长华主任同时是高三历史老师，还负责跟初三年级，教科所的王孝锦所长任务也很繁重，校务办的翁主任年纪虽大，办公室事务繁杂，同样也在高三年级教学……据了解，广大附中的所有行政干部都是一线顶呱呱的教师，我想，正是这些干部的率先垂范作用，带领着教师们努力进取。

二、所悟所获

它山之石，可以攻玉。十多天的跟岗学习，看到别人的优势，再想想我们，无论是自己的专业课教学，还是学校的工作，我觉得有不少可以借鉴的地方。

（一）层级管理分明，人人有事做，事事有人做，自主精神得到充分体现

邓云洲校长介绍："在学校事务的管理上，我只管两件事，一个是'最大的事'，一个是'最小的事'。最大的事就是办学方向，办学理念，这个不能动摇，以生为本，让学生自主学习。最小的事是在学校要证明我的存在，早上上学的时候我要站在校门口，看看我的老师、我的学生。放学的时候，到学校里面走一走、转一转，随便一个校区去听教师的课，让他们感觉到我的存在。副校长做的事情我不做，中层干部做的事情我更不做，我的任务就是检查最终的效果和结果，而不是参与这个过程。"

广大附中的学校领导似乎不是很忙，他们起的作用是大方向的引领，完全不用"顾头不顾尾"，校长只管好几个副校长，副校长只管好几个主任，主任们分别管好级长、助理、科组长，还有分条分块管理各方面工作的负责老师。工作是同样的多，但大家都各负其责，领导的工作就轻松多了，不用样样过问了。只在工作过程中用心地观察，发现问题时才加以点拨，充分相信教师能做好。

（二）和谐的管理机制，让师生的积极性、创造性得到了充分的发挥

广大附中的教师工作虽然辛苦，但他们都很快乐，因为这里的教师团队精神非常好，没有你争我斗，也没有每人只是各顾各的、各忙各的这种现象，大家都在一种友好的氛围中竞争。物理科组的姚进科组长严谨、细致、周到的工作态度给我留下了深刻的印象。姚进老师从教近三十多年，教过多届高三，他总是与物理科全体老师一起，努力工作，认真教学，齐心协力，使得广大附中物理科各年级成绩均稳中有升，特别是中、高考均取得优异成绩。在学科竞赛

及科技创新大赛方面也有重大突破、屡创佳绩。今年他担任高二和高三两个年级的跨级教学，但每天晚上坚持在办公室帮学生答疑解惑，常常在晚上 11 点后才能离开办公室。

（三）三级培养制让年轻老师成专家

目前，广大附中两个校区共 400 多名教师，平均年龄不到 30 岁，是一支非常年轻的教师队伍。这样的教师队伍有优势，就是有活力、可塑性强。缺点就是没有经验，所以培训就非常重要。在广大附中，学校依据教龄设置三级教师培养制度。

首先，第一阶段对象是教龄为 0—3 年的年轻老师，目标是让教师站稳讲台。这段教龄的老师的培训强调实用性。其次，骨干教师工程对象是教龄在 3—8 年的中青年教师，目标是让老师形成教学风格。最后是专家型教师培养，一个研究课题从怎样开题、研究最后怎样形成报告和结题学校提供培训，最后老师能驾轻就熟地申请各级政府课题。

三级培养制度在提高青年教师队伍综合实力的同时，也充分发挥了骨干教师的榜样和引领作用，更成就了更多的名师。

三、对今后工作的启示

1. 青年教师精力旺盛，处于专业发展的上升阶段，发展空间巨大

我校大部分教师参加工作时间不足 6 年，青年教师人员众多，是学校发展的主力军，学校应该搭建一个良好的学习交流平台，提供更多的发展机会。这样的举措将会对教师个人的专业成长、对学校的长远发展都必将产生非常积极的作用。

2. 加大优生的培养力度

学校要想持续发展离不开优质生源的提升。随着市一中高中部的招生，我校生源质量面临严峻挑战，鉴于此，校领导决定开设初中部和高中国防班以吸引优质生源，这是一项英明决策。如何培养优生就成了我们必须直面的急迫话题。

（1）以奥赛为载体，学校成立优生培养领导小组，以保证优生培养工作能够长期常态地开展。由教研处落实竞赛辅导中的师资安排、功能室建设、竞赛制度建立等相关事宜。

（2）各学科应大力提高自身辅导水平，也建议学校建立专门的竞赛辅导功能室，为辅导和学生的学习创造专业、舒适的环境。

（3）建立师资队伍。教师既承担着全国竞赛辅导，同时还肩负着促使优生在高考中能考出好成绩的重任，考虑到我校师资现状，建议学校考虑从中青年的优秀教师中培养专职的教练员，人数为 2—3 名。从高一开始，减少这些教师的周课时数，让他们只承担实验班或广附班的教学任务及竞赛辅导，使他们有精力钻研业务，积累经验，同时给他们创造机会，走出去学习、观摩别人的做法。相信有了生源的保证，有了学校的重视，有了师资力量的积淀，我校的优生培养效果会越来越好。

◆·激情燃烧的校园，终生难忘的教育·◆

——赴河北省石家庄、衡水两地考察学习的体会

2016 年 9 月 21 日至 24 日，在河源市教育局何功兴主任的带领下，我随队远赴河北省石家庄、衡水两地进行考察学习。9 月 22 日上午，我们聆听了石家庄精英中学李金池校长所作《重基础，改革才有出路》的专题报告，观看了这所名校的激情跑操，听了一节高二数学课"曲线方程"。9 月 23 日上午，我们又来到衡水一中聆听了高一年级郝占伟主任（校长助理）作《衡水中学教师、班级管理，高三策略研讨》的报告，随后进入课堂听了一节关于"自由落体运动"的高一物理课。下午我们马不停蹄地赶到衡水二中，聆听二中领导作《做有根的教育》的报告。经过几天的参观、考察、听课和交流，我一直处于一种深度感动的情绪中。在这里，除了让人感受到现代化的校园建设之外，更让人震撼的是一种让人感受到扑面而来的以人为本、脚踏实地的激情教育。

图 4-8 为 2016 年 9 月 23 日赴河北衡水第一中学参加学习时的留影。

图 4-8

一、以人为本，构建和谐的校园文化

首先是学生的和谐发展。石家庄精英中学高效 6＋1 课堂教学模式由两部分组成：第一部分是高效中的"6"——导、思、议、展、评、检 6 个教学环节，这部分在课堂中完成；第二部分是高效中的"1"——用（练），在课后自习课中让学生联系实际进行习题巩固训练、写随笔、小制作等。每个教学环节的设计，教师都充分考虑了学生的自主性，给学生留有足够的思考空间，真正让学生更好地实现从"懂"到"会"，从"会"到"用"的质的提升。衡水中学大力践行一切为了学生的观点，他们根据学生的个性差异探索开设了多种课程模式，如科学实验班、人文实验班、学科奥赛班、中新国际班等。他们从学生的需要出发，构建了富有特色的校本课程体系，如人文素养类、科学素养类、传统文学类、生命教育类等。多样化的选修课培养了学生的各种兴趣，为学生提供了多样化发展的道路。

其次是学校和谐的人文环境。衡水中学始终坚持共享资源、共同发展、合作共赢，把师生利益作为一切工作的出发点和落脚点。学校用来管束、监督学生纪律的摄像工具，在衡水中学变成了聚焦讲台和黑板的"教学观摩系统"。校内教学资料库积累着教师们自己的教学资源，更体现着教师们整体协作的精神。我最欣赏他们的走廊文化，内容包括高考龙凤榜、名人相片、名校林等，每一个角落都布置得那么精致，每一处都是一道独特的风景。他们营造的公平环境是学校素质教育腾飞的主要条件：用人环境公开、生涯起点公平、师资配置公开、教学时间公平、教学评价公开。公平竞争使得行政领导"带着老师做，做给老师看"；公平竞争使得教师由"要我干"变成"我要干"。

二、脚踏实地，把学校建成精神特区

在 20 世纪九十年代初，衡水中学还是当地一所有名的薄弱学校，教师队伍极度涣散，管理秩序十分混乱，学生外流严重，教学质量滑坡，高考排名远落后于周边其他县中。在 2010 年前，石家庄精英中学正处于发展的低谷，升学成绩连年滑坡，招生数量逐年减少，生源质量逐年下降，学校已经处于"兵败如山倒"的危险边缘。2016 年高考，衡水中学有 139 名同学被清华、北大录取，一本上线率达 92.44%；衡水二中 39 名同学考上了清华、北大，高考多项数据再登新巅峰；石家庄精英中学一本上线 1432 人，名列省城第一，创造了省城高中学校一本上线人数的最高纪录。

习题是衡水中学的生命线，"课讲不好影响一个班，但习题质量上不去会影响整个年级。"衡水中学的学生不用任何辅导书和辅导资料，但他们比任何学校都强调习题的重要性。为了保证习题的高质量，他们制定了详细的习题组编制度，并且通过"习题试卷化、自习考试化"等形式培养学生规范答题的习惯。每一次考试、检测之后，教师们都是连夜评卷，试卷不过夜已经成为习惯。

两地三校崛起的秘密就是把学校建成精神特区，优化校园环境，提高办学水平和育人质量。多年来，衡水中学养育了五大精神文化：敬业奉献的文化、进取向上的文化、追求崇高的文化、公平竞争的文化、激情文化。校长和老师们都认同："老师的人格魅力和精神层面的东面，本身就是教育质量，本身就是升学率。"领导们提出口号："要荣誉不要职务，要职务不要荣誉。"学校千方百计提高教师的福利、津贴，改善教师的生活条件，让全校教师共同富裕，提倡"同事之交淡如水"。

三、激情校园，给学生终生难忘的教育

首先是课堂教学充满激情。激情是一种昂扬的、积极的心态，是一种工作动力，衡水中学致力于打造一支富有激情的教师队伍。他们招聘教师的首要条件就是看应聘者是否阳光灿烂、激情满怀，如果没有激情，其他条件再好也免谈。他们指出"没有激情的课堂教学不是好的课堂教学"，要求教师带着激情走进课堂。学校鼓励学生敢于怀疑名家、敢于怀疑定论、敢于怀疑教材、敢于怀疑老师。我听了两节课，教师并没有如何展示自己高超的教学水平，而是紧密地结合教学内容，时而让学生独立思考，时而让学生讨论回答，学生在课堂上实实在在地掌握知识。

其次是课外活动点燃激情。三所学校留给我印象最深的是他们的课间跑操，石家庄精英中学的学生在不到 5 分钟的时间内迅速站好队，队列方阵一个个从我面前跑过，动作整齐，步伐铿锵有力，口号震天动地，此起彼伏，响亮的声音让每个人都激发一天奋斗的激情。衡水二中的体育课跑操训练让我更进一步地领略了跑操的意义，从队列开始，不停地重复动作，就是为了让身在其中的你不得不进步，让你不得不奋发。衡水中学组织的 80 华里远足活动、天下第一操、成人礼等各种活动，处处体现着"重过程、抓细节、强体验、广参与"的原则，让学在不断的自主参与和自我感悟中去体验和思考，从而唤醒学生的主体意识，激发学生的道德冲动，培养学生终身受用的精气神。

短短几天的考察学习，那批执着的追梦人，那群活泼快乐的孩子，让我真

切地感受到"校园激情燃烧，教育终生难忘"！

◆·管理得法，引导有"度"·◆

2016 级高二（8）班全体同学合影如图 4-9 所示。

图 4-9

我常对老师们讲："做老师难，做班主任更难；做老师辛苦，做班主任更辛苦；做老师充实，做班主任更充实；做老师幸福，做班主任更幸福。"所以就有人说："当老师如果没有当过班主任，那是人生的一种缺失或不完美。"虽然班主任大小是个官，你的手下有几十号人，但是你有没有权呢？也许有人说，肯定有，谁不听话，我要整他个半死。我们想想，学生半死了，你还能坐在这里教书吗？显然这是不允许的。所以在学校德育管理工作中，我认真落实素质教育的要求，全面关注每个学生的成长，年级管理得法，引导有"度"，具体总结如下。

一、以严导其行，以爱动其心——严爱有"度"

苏联教育家苏霍姆林斯基曾说："教育者最可贵的品质之一就是人性。对孩子深沉的爱，兼有父母亲昵的温存和睿智的严厉与严格的要求相结合。"但是，这个"严"字应该怎样把握？事实上，很多老师对学生都很严，可结果是学生疏而远之，师生关系非常僵化。这是为什么呢？有位教育专家曾讲过这样一个她刚开始做班主任时的故事："一次，我利用星期天带学生去北京动物园参观，在去动物园之前，我曾想象着小说和电影里的情景，老师走在中间，学生们簇拥在老师周围，那是多么令人高兴和自豪！但当我在公园门口向大家讲明注意事项后，解散的话音还未落，学生们便呼啦一下散开了，他们三五成群地玩了起来，空旷的场地上只留下我一个人。怎么和想象的不一样呢？真扫兴，看来只有一个人逛动物园了，谁让你当初非要当班主任不可呢？我暗自思忖。孤独的我只好独自一人在公园里四处闲逛。在虎山旁，拥挤的游人好奇地东张西望，

211

打趣地挑逗老虎。忽然，只听得老虎一声震天动地地吼叫，游人们立刻惊慌失措地吓得跑开了，我呆呆地站在栏杆前，若有所思、如梦初醒！似乎顿悟了学生远离老师的原因。"

从这个故事中，我们都能受到启发，即："严"要严得有度；严得有理；严得有法；严得有效。那么，怎么个有"度"？怎么个有"法"？怎么个有"理"？怎么个有"效"？

第一，我认为就是要自下而上地制定严格的班规班约。但这个班规班约必须来自于学生，必须得到大多数学生的认同，只有得到学生认同了的班规、班约，我们在规范和引导学生养成良好学习、生活、行为等习惯的时候才会产生效果。比如制止学生迟到问题，我提出"事不过三"原则，既给了学生适时改过机会，又给了学生一个"高压线"。

第二，处理问题要具体问题具体分析，原则与灵活相结合，在"细节"上做文章。学生是鲜活的、具有独特个性的，又是心理、生理还没有成熟的，正处在不断发展阶段的这么一个群体。这一特殊性就要求班主任要区别对待每个学生，出了问题，一定要了解事情的前因后果，且必须从细节入手，关注学生的一点一滴。如此，我们才能发现问题，找到解决问题的要害，才能更清楚地把握自己工作的方向，从而使班规、班约的执行具备有效性。所以，观察、了解、关注学生，这是班主任做好班级工作的一个前提条件。

第三，要以身作则，班主任要以人格魅力感化学生。行动和榜样的力量胜过千万句说教。学生能否听你班主任的话，在一定程度上取决于你班主任的人格魅力。所以，班主任一定要发挥自己的榜样作用，坚持言行一致，以身作则，让学生觉得可信；坚持以科学诚实的态度对待教育工作，使学生觉得可敬；努力提高自身思想道德修养，平易近人，让学生觉得可亲。一位可信、可敬、可亲的教师在学生心目中自然会形成一种人格魅力，从而增强教育的有效性，即使你是位十分严厉的班主任，学生也会对你发自内心地佩服、感激和折服。

第四，要持之以恒、坚持不懈。有位心理学家说："人的行为95%都是受习惯影响的。良好的习惯是人在其成长过程中存放的道德资本，这个资本会不断增长，他可以毕生享受它的利息；反之，坏习惯就是一笔道德上未偿清的债务，这种债务能以其不断增长的利息折磨人，严重者可使人身败名裂。"所以，班主任一开始就要让学生在你严格教育的引导下，养成好习惯。

中国有句俗话："严师出高徒。"这确实有其深刻的道理。但严师一定出高徒吗？回答是不一定的，这样的教训是很多的。俗话说得好："没有爱就没有教育。"这是一句我们每个教师都耳熟能详的教育名言，班主任要获得学生的拥戴和支持，还得以爱感动其心，以慈母般的爱心来感化、教育好学生。但是，为什么有时我们爱的结果却背离了我们的初衷，没有朝着我们预期的方向发展呢？这就可能是我们没有掌握正确的爱的方法。那究竟什么样的爱才恰到好处呢？我在多年的教育教学中一直坚持"摸打"教育法，即使不爱他，也装着爱他。"摸"就是爱心感化，"打"就是"严格教育"。有些学生实在是扶不上墙的，我们也要去爱他，要严爱相济，恩威并施。要做到"爱"有度，我认为以下几点必须做到。

首先，了解是爱的根基。爱是永恒的，但不是盲目的、随意的，它应该建立在我们对每个学生全面、深入、客观的了解的基础之上。当我们接手了一个新的班级，就要尽快着手了解每个学生的兴趣爱好、脾气秉性、专业特长、家庭情况、学习状况、学习特点等，并将其熟记于心，这将为我们有的放矢地开展工作创造前提，为我们选准教育的最佳突破口创造条件。

其次，尊重是爱的前提。以尊重为前提的爱才是真正意义上的爱。给学生发言的机会、倾听他们的意见与呼声、给予他们适度的宽容与谅解、体谅理解他们的难处与苦衷、肯定他们的点滴进步、不说任何伤害他们自尊的话语等。我们应该明白：一个没有自尊的学生是燃不起他奋进的雄心的。

再次，鼓励、赞扬与热情的期待是爱的重要表现。不要吝惜对学生的表扬与赞美，其实它是学生进步的助燃剂。在学生遇到困难与挫折时给予帮助和鼓励，在他们获得成功或获取点滴进步时给予由衷的赞美，让他们时刻感受到你对他们热情的期待，会起到意想不到的激励作用。

最后，教师的爱应是朋友之爱。师爱的最高境界不是母爱，也不是父爱，而是朋友之爱。因为朋友之爱是平等之爱，这种爱奏出的乐章一定是动人的、和谐的。

实践证明，教师对学生的感情态度是一种巨大的教育力量，情感教育会激发学生发出积极向上的信心和力量。艾志斌是我 08 届教的一位高中毕业生，但是，谁又能想到这位喜欢打群架、玩世不恭、经常顶撞老师、爱逃学、厌学的学生竟然也考取了一所本科院校？个中缘由就是情感教育在他人生道路上起到过至关重要的作用。

二、紧与松相辅相成——紧松有"度"

班级管理既不能管得过紧，也不能放得太松。抓得过紧会使学生产生逆反心理，放得太松又会使班级造成混乱。所以，班主任工作一定要做到有的放矢，要给学生营造一种既紧张又轻松的学习、生活环境。多年来，我带班始终坚持这样一个原则：紧张不失活泼，宽松而不紊乱。也许正是因为将这样一个原则作为指导，使我在十多年的班主任工作中，取得的成绩、意外的惊喜举不胜举。那么如何理解"紧与松相辅相成"的关系呢？所谓"紧"主要包括以下三方面的含义。

第一，要紧紧抓住校规、班规等制度管理。校规是学校管理的原则，班规是一个班级的管理原则。既然是一个原则问题，那么在具体落实工作的过程中，就容不得半点的迁就和马虎。如：每日的值日、校服、校卡、两操、请假、卫生、迟到、早退等一系列的细节问题都应该从细、从严要求，公平、公正、一视同仁。

第二，要让学生有紧迫感。就是想办法让学生感觉到所生活的环境是一个充满竞争性的社会，从而使学生有危机感。为此，为学生安排好一个紧凑的学习、生活过程，使学生的学习、生活、娱乐、锻炼等都有章有序。如：可引导学生做一个详细的时间表，早晨6点半后到早读前该做些什么？下午5点后到7点前这两个小时的时间应该怎样安排？晚修、晚修后的时间又该怎样利用？等等。如果班主任都能给予正确的指导和耐心的引导，那么，学生就能从中受益，学会怎样在有限的时间内学到更多的知识、体验到更多的人生经历。

第三，要让学生有一定的压力感。比如：可以举行学科竞赛、体艺竞赛、优秀生成功经验介绍、名人讲座、选举班级之最表彰积极分子等形式来激发学生形成一种奋发向上、个个争优的精神品质；可以通过加强班级文化建设，利用板报、学习园地、名言警句、班级日志、好人好事光荣榜等一切的环境暗示来鞭策、激励学生养成好学、乐学、勤学的习惯；还可以通过参观学习、社会实践等活动让学生走向社会，通过对社会的了解来增加压力感，从而使学生珍惜这来之不易的学习机会。显然，这就成了学生要学好的内驱力，使学生时时刻刻都感觉到在他学习的道路上有一种潜在的动力在推动着他不断追求，不断拼搏。

所谓"松"，就是要建立一种民主、平等、和谐的新型师生关系，营造一个宽松、祥和、舒适的学习环境，让班集体成为学生心中的乐园。

首先，班主任要善做学生生活的调节者。老师们认为：学生的生活是枯燥的、乏味的、单调，每天基本上都重复着两点一线的生活。学生的苦，班主任应该感同身受。所以，学习中我们应该指导学生开展丰富多彩的主题活动，努力调节学生们的生活。如组织各种形式的体育活动、名人故事会、诗歌朗诵会、生日会、谈心会、名著名曲欣赏等活动来调味。这些活动有利于丰富学生的生活，有利于学生放松疲惫的身心，同时对学生们的人格、情操也有着潜移默化的影响。

其次，班主任要善于聆听，善于倾诉，要蹲下来看学生，取得学生的谅解。有人曾对班主任作了一个比喻："班主任好比一只母鸡，当小鸡受到雨淋或外来威胁时，母鸡会无私地伸出翅膀，尽心尽力地呵护着它的一群小鸡。"班主任也确实如此，他时时、处处都在关心学生的成长。但是，有时班主任的一些做法却得不到学生的理解，吃力不讨好。此时，我们班主任不妨静下心来，用心去聆听学生的心声，真诚地向学生倾诉自己内心的感受，取得学生的支持和理解。比如：可用写周记作为班主任与学生交流的"秘密基地"；可把黑板报作为我们向学生倾诉的平台。如：有次晚寝时，有几个学生在宿舍看流星雨起哄被学校行政领导发现了，领导找到我，要我去处理，我该怎样处理？骂一顿？这件事情告诉我：情感的交流，可以促进师生心灵的沟通，缩短师生间的距离，取得师生间的相互理解，这样，学生对我们班主任就会听之、亲之、信之。

最后，师生合作管理，互相监督，互相促进。这就是说班主任一方面要让学生清楚地知道，老师和学生都是班级的主人翁，都是一条船上的人，只有齐心向前划，船才会稳稳地驶向目的地。另一方面，多询问学生，征求学生意见。还有定期召开班干部会，共定班级目标或共商班级大事。这样就把班主任摆到与学生平等的地位。显然，这种良好的师生关系，不仅有利于学生健康成长，更有利于教师获得教育上的成功。

三、勤与巧有机结合——勤有"度"，巧合理

作为班主任，要管理好一个班级，勤奋是必备的素质之一。因为很多事情是需要班主任的勤政才能了解的。只有班主任了解了事情的来龙去脉，你才能在处理学生问题时灵活巧妙。

第一，班主任关键时候要勤奋，让学生感知到班主任的特殊性、重要性。如节假日学生返校时、一周的开始、中途、结束时、重要活动时等。

第二，班主任要勤于教学工作，让你的课程准备充分、课程精彩。

第三，要善于抓住时机勤于和学生交流，尤其是后进生。

第四，要勤解决学生面临的困难或困惑，让学生时时处处都能感受到来自班主任的那份亲情和关爱。

第五，勤组织学生在重要节日或特殊日子开展一些活动，以此来丰富同学们的生活，陶冶他们的情操。

如果我们的班主任能做到这些方面，我想："我们的班主任又有什么工作不能做好呢？学生又有什么理由不接受我们呢？"

但是，班主任也是人，他不仅有班级事、教学事、学校事，而且还有自己的事及家事。可以说，班主任虽然是世界上最小的官，但其压力最大，事务最忙。所以，班主任不可能事必躬亲，"勤"要勤在刀刃上和办事的巧妙上。

首先，充分发挥班干部和学生力量，突出自主管理，凡是班干部能解决的问题，班干部解决。凡是学生能解决的，学生解决。

其次，多摆事实，少讲"大道理"，把道理渗透在处理问题的方法教育中。即"授人以鱼，不如授人以渔"。

最后，万玮《班主任兵法》一书，很值得研究。如：黔驴发威、敲山震虎、激怒制怒、一石二鸟、打草惊蛇、投石问路、欲擒故纵等对我们有很高的借鉴价值。

德育管理工作不仅复杂、艰巨，而且神圣、崇高、伟大，它肩负的既是一份责任，更是一份重托。我们只有在平时的实践中不断地探索，多动脑筋，灵活变通，以满腔的热情、高度的责任感、融融的爱心积极地投入到自己的工作中去，我们一定能带出一个蓬勃向上的班集体，提高自己的工作水平，成为一名新时期、新形势下优秀的德育工作者。

◆•·陪伴是最长情的告白·•◆

一、教学目标

《全国家庭教育指导大纲》要求尊重和信任儿童，促进良好的亲子沟通。指导家长摆正心态，以平等的姿态与儿童相处；学习与孩子沟通的技巧，学会运用委婉、民主、宽容的语言和态度对待孩子；学会倾听孩子的意见和感受，学会尊重、欣赏、认同和分享孩子的想法；学会采取正面方式激励孩子。

根据《大纲》要求，本节课设计的目标为：

（1）通过案例分析，让家长反思自己在陪伴孩子成长过程中的不足之处，学会用正确的方式给孩子精神上的陪伴。

（2）通过本节课的学习，引导家长关心孩子的全面发展和健康成长，帮助孩子树立正确的人生方向。

教学重点：引导家长如何陪伴孩子健康成长。

教学难点：怎样加强两代人之间的沟通。

二、教学环节

1. 案例展示

（1）播放音乐《我爱你　爸爸妈妈》并放 PPT 图（见图 4 - 10），以此唤起家长情感上的共鸣。

图 4 - 10

（2）主题引入：陪伴是最长情的告白，亦是父母与孩子之间最重要的情感培养方式。身处竞争激烈的快节奏社会，很多父母忙于工作、打拼事业，根本无暇陪伴孩子。有些家长在生活上对孩子有求必应、过分满足其物质方面的需求，与此同时，在精神陪伴上却严重缺失。也就是说，给予孩子的物质享受过剩，但是精神陪伴不足。

（3）案例呈现：20 美元的价值。

一位父母下班回家很晚了，又累又烦，他发现 5 岁的儿子站在门口等他。

"我可以问你一个问题吗？"儿子问。

"什么问题？"爸爸说。

"爸，你一小时能赚多少钱？"儿子问。

"这与你无关，你为什么要问这个问题？"父亲生气地问。

"我只是想知道，请告诉我，你一小时赚多少钱？"小孩哀求。

"假如你一定要知道的话，我一小时赚 20 美元。"爸爸说。

"喔！"小孩低下了头，接着又说："爸，可以借我 10 美元吗？"

父亲发怒了："如果你只是要借钱去买玩具的话，那就给我回房间上床。好好想想为什么你会这么自私。我每天那么长时间辛苦工作着，没时间和你玩小孩子的游戏。"

小孩安静地回自己房间关上门。父亲坐下来还在生气。

过了一会儿，他平静下来，想着他可能对孩子太凶了，或许孩子真的很想买什么东西，再说他平时很少要过钱。

父亲走进小孩房间："你睡了吗？孩子。"

"爸，还没，我还醒着。"小孩回答。

"我刚刚可能对你太凶了，"父亲说，"我不该发脾气，这是你要的 10 美元。"

"爸，谢谢你。"孩子欢叫着从枕头下拿出一些被弄皱的钞票，慢慢地数。

"为什么你已经有钱了还要？"父亲生气地问。

"因为在这之前还不够，但现在足够了。"小孩说，"爸，我现在有 20 美元了，我可以向你买一个小时的时间吗？明天请早一点回家，我想和你一起吃晚饭。"

2. 案例分析

（1）思考问题：案例中的孩子最需要的是什么？您认为这位家长最缺失的是什么？

（2）家长小组讨论，交流分享。

家长 1："作为家长应时刻提醒自己，给孩子一点时间，给家庭一点时间。"

家长 2："作为家长应该树立正确的价值观念，通过言语行为，对孩子起示范作用。"

家长 3："家长应该带着孩子创造一种美好、自然、和谐的家庭文化，引导孩子健康快乐地成长。"

……

（3）班主任归纳总结：案例中的孩子真诚地期盼他的爸爸能陪伴自己一起吃个晚饭，但家长把自己的时间基本上交给了工作，唯独没有留给孩子。作为成人，养家糊口，承担起家庭的经济责任，含辛茹苦地工作，这个可以理解，但不能以此为借口，拒绝陪伴孩子，父母的陪伴在孩子的成长过程中是不可或缺的，父母的角色是任何角色都不可替代的。

3. 组织反思

（1）出示《高二（8）班家长与孩子相处情况调查问卷》数据，先出示学生结果，再出示家长结果。让家长们通过数据对比，了解自己跟孩子相处情况的现状，反思家庭教育的误区，制定对策，改善亲子相处困境。

（2）家长小组讨论，交流分享。

① 您是否真正了解自己的孩子。

您了解自己孩子的主要途径是什么？一周之内，您与孩子相处的时间是多少？孩子对您最想说的是什么？

② 您对孩子是怎样的付出方式。

为了孩子，您是否暂时舍弃了自己的所爱？为了孩子，您是否暂时淡化了自己的事业？

……

（3）班主任归纳总结：对孩子的关爱并不是金钱上的充分满足；对孩子的教育并不仅仅是严父慈母；不能用成人的价值观来要求一个孩子；对自己的孩子应充满信心；学会倾听、学会呵护，与孩子一起成长。

4. 引导践行

（1）情境模拟：接下来，我们尝试情境模拟，探讨陪伴孩子的有效方法。

情境一：爸爸拖着疲惫的身子下班回到家，一回到家就看见孩子在看电视，询问作业做完了没有，儿子说没有。换成您，将怎样与孩子沟通？

情境二：孩子在饭桌上一边吃饭一边玩手机，忽视了同桌吃饭的家人。面对这种情况，您会怎么办？

（2）家长小组讨论，交流分享。陪伴就是实实在在的相处，讲故事、听音乐、做手工……都可以。父母要做有心人，要对孩子有所发现：关注孩子、与孩子交流、鼓励孩子进步、安慰孩子受伤的心灵等。

（3）班主任归纳总结：率先垂范，相伴成长，始终是我们坚守的教育理念。在陪伴孩子成长方面，父母应做到以下三点。

一是让孩子看得见父母，注重陪伴，让孩子感受到爱意；

二是走在孩子前面，注重身教，传递价值；

三是润物无声，重视引领，助力成长。

（4）播放音乐《常回家看看》，结束本课。

三、课后拓展

（1）阅读建议：推荐阅读《父母课堂》2017 年 10 月刊《给孩子充足的精神陪伴——田国秀访谈录》。

（2）建议家长多点时间陪孩子进行亲子活动，如亲子共读好书、亲子共做家务、亲子郊游……

四、课后反思

高中阶段，孩子正处于形成人生观、世界观、价值观的重要阶段。高二（8）班42个孩子有4人来自治区，其余38人均来自河源五县一区。市区学生一周回家一次，五县一区的学生不知几时回家一次。而且，县区学生的家长大多外出务工，放假时间也相见甚难。做孩子不易，做父母也不易。父母何尝不需要孩子的陪伴。通过这次家长学校主题活动，告诉家长和孩子都要静下心来，真情实意地相处、高效率地相互陪伴，我们才能一起在陪伴中受益。

◆·我最成功的教学体验和一次尴尬的失败·◆

自1995年8月从事中学物理教学这个行业以来，我在教学实践中一直秉承着"'先生'理念，简约课堂"的教学主张，通过不断学习，不断探索，大胆尝试，创新教育方法的过程，逐渐形成自己独特的"严谨、简约、朴实"的教学风格，并在教学中得到体现。高考能够检验教师的教育教学成果，是评判教师教学能力的重要标准。赢得高考是底线，超越高考是使命！

一、最成功的教学体验——三年备考、精准三年

以高考目标为导向，对高中三年进行宏观定位，对物理教学进行整体规划，制定各个年级的物理教学目标和要求，真正做到"一年高考三年备，三年高中一盘棋"，这是我教学实践以来最成功的体验。

1. 策略和方法——精准、高效、科学

根据学生的成长规律、学科的备考规律，教师要总体规划好三年的教学要求，规划三年教学的进度与课时，确定各模块教学的"标高"、课堂教学的"标高"，摸清模块目标、单元名称、单元目标、课时，具体落实到各课时的教学目标或重点，衔接好高考的各个节点，从而在教学中做到有的放矢，真正做到既仰望星空，又脚踏实地。在具体实践中，高一夯实基础，养成习惯。要重视基础知识的教学落实，重视学习方法和学习习惯的培养，重视思维能力的训练，从而促进学生养成良好的学习习惯。高二稳中求进，培养方法。因为高二综合性强、难度大、时间紧、节奏快，要注重物理学科和学科内各知识点均衡发展，做好培优补弱，提前进入备考，提升能力。高三综合应用，强化备考。一方面

指导学生进行高效的时间管理，另一方面全力以赴做好高三备考工作。指导学生建构物理知识体系，抓住变化的信息，瞄准备考方向；深挖教师和学生潜能，最终实现三年奋斗目标。

2. 深入研究高考命题规律

（1）通过对比考纲，关注变化。关注考纲内容的变化，关注能力考核要求的变化，关注题型示例的调整及变化。

（2）研究考题，把握规律。通过一"做"、二"考"、三"比"、四"找"狠抓落实。"做"：要抓住高考研究的主要视角——知识方法、能力要求、物理思维；"考"：要考高考模拟题，按答题的正确率给学生划分等级，优秀的奖励或激励，不合格及时跟进辅导；"比"：要对比历年物理学科考题知识环节，列出双向细目表，找变化、找侧重，对比历年高考试题，找共性、找趋势。对比相同考点试题，找规律、找变化，对比不同省份考卷试题，找特点、找风格。

（3）提高课堂教学效率，打造优质、高效课堂。要盯住、盯准自己的课堂，不要指望学生在课外花很多时间来学物理，因为高三各科的作业量大。要提高课堂效率，要在备课上狠下功夫，对教学内容烂熟于心，讲课要风趣活泼，善于联系生活实际，善于提出挑战性问题，学生在"大脑疲劳"后稍加启发，就有一种恍然大悟的感觉。高效课堂必须以学生为主体，多给他们自主思考的空间，多给他们质疑发问的时间，多给他们与教师对话的空间。

高效课堂要做到"三讲""三不讲"。讲学生理解不了的问题（疑点、难点），讲学生归纳不了的问题（规律、方法），讲学生运用不了的问题（迁移、思路）。过易的问题学生通过看书做题能自行解决的坚决不讲，过偏的问题（不符合考纲要求、思维怪诞的问题）坚决不讲，过难的问题（超越高考题难度的问题，讲了也不懂的问题）坚决不讲。

抓好课后反思总结。要求学生将知识系统化，能将课内知识向课外知识迁移，要求学生规范答案。发现问题，要让学生及时整改。学生学习、做完作业之后，需要一个回味整理的过程，或演绎，或归纳，他自己就会总结到一套适合自己规律性的高效方法，教师切不可一味地包办代替。

布置作业要瞄准高考，作业及时收回并及时批改。作业完成得好的树立为榜样，对不合格的提出规范的整改要求。

要给学生充分的自习时间。自习要分成4个阶段推进：一是复习，复习老师讲解的教材内容，整理、补充、完善自己的课堂笔记，解决听课过程中遗留的问题。二是做作业（巩固），在复习的基础上做作业，把作业中努力尝试过但依然不会的题目先放到一边，找其他时间去问老师和同学；作业量如果太大的话，那些重复次数多、抄写性的作业可以先缓一缓；理解推理性的作业和分析综合性的作业要交叉进行。三是预习，阅读教材，了解明天要学的知识（看不懂的标识出来，明天带着问题去听课）；尝试去完成课后的练习（不会的题目，如果通过翻阅参考书也解决不了，就做好标记，明天在课堂或课后解决）；翻看、巩固与明天所学内容有关联的旧知识。四是总结与规划，总结所学内容，反思自己当天学习活动的得与失，规划明天的学习活动，包括学习时间、内容的安排，要解决哪些问题，达到什么目的。

"一年高考三年备。"通过这样一系列的办法，2011 年，我所任教的班级中考成绩在全市重点中学列倒数第二，2014 年高考班重点录取达 38.7%，本 A 录取率为 93.54%，其中 2 人被中山大学录取，1 人被华南理工大学录取，1 人被华南师范大学录取；2 人参加第 30 届全国中学生物理竞赛列居河源市第 3 名和第 7 名，并获全国三等奖（河源市仅 8 人获三等奖）。2016 年，我所任教班的学生中考成绩全市前 200 名仅 1 人，前 500 名仅 2 人，前 500—1000 名之间有 11 人。2017 年 7 月全市期末统考，所带班级物理成绩有 10 人进入全市前 100 名，21 人进入全市前 200 名；总分有 1 人获全市第 4 名，1 人获全市第 19 名，4 人进入全市前 100 名，24 人进入全市前 200 名。2017 年 7 月全市期末联考，我校物理学科的平均分与河源市最好生源的学校差距缩小到 4 分以内，超出市直学校平均分 4.1 分，超出河源市平均分 22.23 分。

二、一次尴尬的失败

教学中不仅有乐趣，也有悲伤。记得还是在 2012 年我任教高二的时候，当时市里教研员来我校听课，我在校内上了一节公开课"对电阻的进一步研究"。当时，我太在意听课老师的反应，一味追求创新、热闹。我整合了人教版《串联电路和并联电路》内容，既设计学生实验，又补充滑动变阻器的接法。课堂上看起来既有实验探究，又有理论推导，实际上完全漠视了课标和高考对本节内容的要求，学生在一节课的时间根本无法掌握这么多的内容。到了第二节课，我又拼命补救，一个人灌到底，结果课堂沉闷，没有一点活力，更不用说有什么高效了。

二十多年的教学实践告诉我，教师切不可主观先行，教学一定要按照学科特点、学科规律进行。只有遵循教学规律，教师在教学这块田地里才能成为行家里手。

◆·感动、激动、行动·◆

——2016 年教师节发言

尊敬的领导、亲爱的同事们：

下午好！

8 月 25 日踏人市一中以来，我感触很深，概括起来，就是"三个动"，即感动、激动、行动。感动和激动是这段时间我内心最深刻的感受，而行动则是我现在和将来最应该做的事。

一、感动——身体力行的行政班子和团结协作的年轻同事

来到市一中不到半个月的时间，我深深地感受到全体行政干部默默奉献的精神、不辞辛苦的作风。年轻同事迅速进入工作状态，学校各项工作井然有序，崭新的校舍和优美的环境离不开前期各位行政和同事的团结协作。有两件事尤其让我感动：一是为了顺利召开 8 月 25 号的全校教师大会，行政领导和同事们通宵加班到 25 号凌晨，保证了当天教师大会的顺利召开。二是为了近 800 名学生的入学报到，校门大道通宵铺设完成。如今，学校各项建设更是一天一个面貌，让我对行政的奉献和同事的协作深受感动。

二、激动——我真正成了一中人

能进入市一中，是我强烈的愿望；能接触到河源市大批的名师，让我亲身感受到了他们的敬业精神，此时此刻，我只能用激动和兴奋来表达我的心情。让我更激动的是，深圳名校马校长成为我的直接领导，他的到来必将吸引更多优秀教师加入市一中这个团队，他务实的作风也促使我朝着更高的目标迈进。

三、行动——立足本职，脚踏实地

作为一名党员，我担任着班主任和物理备课组长，立足本职，脚踏实地是我现在和未来坚持的准则。在新的单位、新的岗位，需要有新的工作思路，如何让自己的工作开花结果？我想从以下几个方面践行自己的行动：首先，在教书育人中，爱岗敬业、热爱学生、严谨治学、为人师表是我理想中的追求。其次，在专业成长中，多听课、多评课、多开课，虚心请教同行；多做题、多考

试、多命题，认真研究高考是我专业成长的方向。

感动、激动、行动便是我半个月以来在市一中工作心情的真实写照。

最后，在教师节来临之际，我祝愿全体教师节日快乐，祝福各级领导幸福安康。

◆·用无悔青春追寻教育梦想——我的二十二年·◆

我于1995年7月在抚州师范专科学校（现东华理工大学）物理系毕业，2008年1月于北京师范大学物理系本科毕业，2016年3月被江西师范大学录取为物理（学科教学）教育硕士。1995年8月分配到江西省资溪县高阜中学任教，2002年8月调入县城重点中学资溪县一中，2011年作为外地人才引进，调入河源东江中学任教，2016年8月作为骨干教师调入河源高级中学。任现职以来，我先后担任5年班主任、3年教研处副主任、5年物理科组长，一直担任备课组长。

2011年以来我担任班主任的班级多次被评为学校文明班，2012年我被评为东源县优秀班主任、2014年、2017年先后被评为校优秀班主任；2013年被评为东源县学科带头人，2015年被评为东源县优秀教育工作者；2012年获国家级录像课一等奖，2014年获市优质课评比一等奖，2015年获省优质比赛一等奖，2016年参加"一师一优课、一课一名师"活动获部级优课；2016年被河源市教育局评为高中物理学科首席教师，2017年先后获河源市第三批高考研究方向名教师工作室主持人、广东省新一轮（2018—2020年）省中小学名教师工作室主持人。由于本人工作突出，2017年获河源高级中学"年度教师"奖，河源市市直学校"年度教师"提名奖。

一、爱心育人，为学生学有所成而努力

从2011年作为教育人才从江西引进到河源东江中学以来，我一直辛勤耕耘在三尺讲台上。我坚持党的基本路线，认真贯彻执行党的教育方针；忠诚和热爱人民教育事业，学习践行社会主义核心价值观，努力做习近平同志要求的"有理想信念、有道德情操、有扎实学识、有仁爱之心"的四有好老师，努力做学生锤炼品格的引路人、做学生学习知识的引路人、做学生创新思维的引路人、做学生奉献祖国的引路人。

作为班主任，我每天到校最早，晚上常常到23点才回到家里，半夜一遇到

学生生病等突发情况,我都第一时间赶到现场。我既教书,又育人,感到身上的担子一直是沉甸甸的。但怀着对教育的执着与追求,我始终保持着平静积极的工作状态,无怨无悔!

自2016年8月调入河源高级中学以来,我一直担任班主任工作,在班级管理中,建立了一整套完善的"值周班干 + 班委会 + 值周简报"的三位一体班级管理模式,创建了高效的"互联网 + 家校沟通模式"。

我主动利用假期走访家长,帮助贫困家庭解决孩子读书费用困难的问题,注重发挥学生家庭成员的作用,让学生保持持久的学习热情。在节假日,我常把县区回不去的学生带到家里,给他们包饺子、煮面条,做几顿营养餐给他们补补身子,让他们健康成长、安心学习。

二、醉心工作,为教学创新不断寻求突破

在教学上,我是一个热爱讲台、不断寻求突破的物理教师。身为物理教师,我一直在思考:物理的学科本质是什么?什么样的物理学习是优质的?学科发展与更新的关键何在……为了寻求答案,我不断学习,不断探索,大胆尝试,创新教育方法,形成自己独特的"严谨、简约、朴实"的教学风格。我总是采取各种教学方法,根据学科特点创新实验教学,引导学生在学习中学会交流、合作、探究。在教学上,没有一节课,我是用已有的教案;没有一个专题,我是重复以往的做法。课堂外,我常常和实验员待在实验室,研究实验仪器,创新实验教学。

2011年,我所任教的河源东江中学第一届广附班学生,中考录取成绩在全市重点中学列倒数第二。面对生源一般的学校,我困惑、纠结,但我不气馁。我所付出的是别人双倍的努力。教学中,我既注重整体又照顾个体,致力于引导学生动脑、动手、动口,主动参与课堂,通过"问题驱动法"和"小组合作学习"实现师生互动,达到与学生共识、共享、共进的教学境界。3年后,2014年高考广附班重点录取达35.7%,本科录取率92.86%,其中2人被中山大学录取,1人被华南理工大学录取,1人被华南师范大学录取。2013年9月参加第30届全国中学生物理竞赛,河源地区的8名获奖学生中,我所带的学生获得第三名和第七名,并获得全国三等奖。

2016年,我所带的高一(8)班,学生中考成绩有1人全市排第114名,1人全市排第381名,11人全市排500~1000名之间,其余29人均在全市1000名之后。经过一年的努力,在2017年7月全市期末统考,高一(8)班平均分超出校第2名近14分,物理单科成绩有10人进入全市前100名,21人进入全市

前 200 名，其中李家乐和练宇鑫并列全市第 15 名；总分有 1 人获全市第 4 名，1
人获全市第 19 名，4 人进入全市前 100 名，24 人进入全市前 200 名。

图 4-11、图 4-12 是班集体学生的照片。

图 4-11

图 4-12

三、潜心教研，为教学质量提升而不懈奋斗

在教研工作中，我坚持"在问题中思考，在思考中研究，在研究中进步"
这一信念，认真、系统地研究教材、教学大纲、《考试说明》《新课程标准》、教
法、学法等，积极参加学校和市教研室组织的各项教研活动，大胆发表自己的
见解，每学期主动承担各种类型的公开课。

2011 年以来，我先后接受学校任务，参加了广东省人事厅、教育厅等举办
的各种培训学习。如：参加 2014—2015 年省骨干教师培训，于 2015 年 9 月结
业；2016 年 9 月参加市教研室举办的"全国高三教学管理与高考备考研讨会"；

2017年4月向全校青年教师作了《从"小问题"到"小课题"——如何进行小课题研究》报告，2017年10月向全市高一教师作了《高中物理教学中应注意的几个问题》。我积极参加上级组织的各种教学比赛竞赛活动，先后获国家级一等奖1次，省级一等奖2次，市（县）级一等奖以上10次，校级一等奖以上5次。

在教学过程中，我认真学习本校中老教师和外地学校老师的先进教学经验，并联系实际，刻苦钻研，经常反思、反省教学中的得失，再上升为理论，写成论文进行交流，或在报刊上发表。近年来，共有近20篇论文在省级核心刊物上发表或获奖，主编或参与编写的高中物理教辅资料8本，主持的1项省级课题和1项县级课题已结题，并获教学成果三等奖；参与1项省级课题（第二参与人）已结题，参与1项市级课题（第三参与人）已结题；主持1项市级课题，目前正在正常开展。

四、用心培养，为青年教师搭建成长的台阶

作为物理科组长，在努力搞好教育教学工作同时，我更加注重青年教师的培养，关心青年教师的成长。我把自己二十多年来积累的教书育人经验，毫无保留地传授给青年教师们。为了使青年教师尽快地成长，我采取"结对子""交朋友"的方法，经常与他们一起备课，分析教学重点、难点，研究疑难问题，坚持以每周互相听课、互相评课等多种形式进行长期指导。

我经常与科组教师一起研究如何备好课，如何进行课堂设计，如何听课、评课，如何命好一份题等，从最基本的教学环节入手，踏踏实实地做好常规工作。每次周测命题，我总是认真审题，严格把关，每周一早上8点前按时将答题卡送到学校扫描，集体备课时间认真分析学生答题情况，为改进教学提供针对性的建议。

近年来，我担任了刘淑婷和李嘉慧老师的指导老师，从高一到高二，我坚持以新课程理念进行指导，手把手教她们实验操作，还把自己的教案供她们作为参考。她们也虚心好学、肯钻研。2016年12月，刘淑婷老师在全校青年教师教学基本功大赛中获得二等奖，2017年7月在全校青年教师"五个一"专业提升工程中获三等奖。在学校组织的段考中，她所教的班的物理科成绩也很不错，现已发展为我校的青年骨干教师。

一年来，我深深地感受到河源这片蓄势待发的土地是我施展才华的真正舞台。今后，我要继续学习，勇挑教育教学重担，积极开拓进取，奋力拼搏，在

实践中不断提高自己的教育、教学、教研水平，在河源高级中学继续奉献到底。

本人在二十年中所取得的成绩如图4-13~图4-23所示。

图4-13

图4-14

图4-15

图 4-16

图 4-17

图 4-18

图 4 - 19

图 4 - 20

图 4 - 21

图 4 – 22

图 4 – 23

图 4 – 24

图 4 – 25

图 4 - 26

图 4 - 27

第二节　学生心语

◆·序·◆

他热爱生活，他上下班的座驾就是一辆自行车。

他对我们严格要求，却张弛有度。

他对我们充满自信，却从不自负。

他有独特的人格魅力，让我们乖乖听话而不会咬牙切齿。

他的课堂，你会发现其他老师难有的效率，也有既简单又高效的解题思路。

他教物理，就是一首诗：遇见他，预见未来。

◆·遇　见·◆

遇见，在这枯燥无味的高中生涯里。

您，像一把巨伞，为我们遮风挡雨；

您，像一把利剑，为我们披荆斩棘；

您，又像一盏指明灯，照亮我们前行的道路；

您，更像一个太阳，温暖着我们的心灵。

早晨，踏着从窗外跳进的第一缕阳光，您向我们走来，开始了一天中最振奋的物理课。

午后，无论阴雨绵绵还是烈日炎炎，您总是第一个到班等着我们，而我们却总是姗姗来迟。您脸上依旧挂着冬日暖阳般的笑容，让我们内疚。

夜晚，在空寂寒冷的走廊上，与您讨教的同学络绎不绝，您却从未有过一丝抱怨。看着走廊上您单薄的身影，让我们感动。

遇见您，是我们最美好的意外。感谢这遇见，让我们成长，向着梦想努力；感谢这遇见，让我们的生活更加多姿多彩……

图 4 – 28 为第三届校田径运动会高三（8）班与高三（7）班全体学生合影留念。

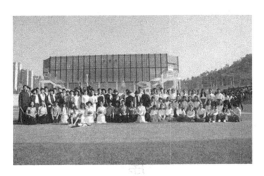

图 4 – 28

高二（12）班　Jenny

◆·您好！曾老师！·◆

您好，曾老师！

请允许我用童稚的心和滞涩的文笔表达我对您的崇敬。

在育人的花园里，

您培养了一朵又一朵的鲜花，让香芬滋养大地。

我，我们，作为还未曾发出的芽，

是您那港湾中停泊的船，

一旦失去了您的庇护，

便会在风中、雨中，

被肆意摧残。

我，我们，虽只是您万千学子中的一员，

但也深深地体会了你用烛火赐予我们的温暖，

您温暖了我们，却燃烧了自己。

于是您挺拔的身板逐渐被岁月创伤。

但，您没有屈服，

您用平凡的身躯向我们展示了何为巨人，

您用自身不高的学历向我们展示了何为素养。

所以，我们爱您！我们爱物理！

您好，我的物理老师。

高二（12）班　李杰

◆·感　谢·◆

我从未有过要在物理上取得一番大成就的打算，却阴差阳错成为您的科代表，被您的敬业和责任所感动。

我不知该从何说起，您给我的印象就是讲话像放鞭炮一样迅雷不及掩耳，刚要"下笔如有神"时，您又接着放另一串鞭炮……

我第一次真正和您"抗战"，是您在选科代表鸦雀无声时，我没注意您在讲什么，突然教室里就发出一阵不合时的"爆笑"，只记得那时我是多么想把自己埋入黄土高原上去探寻古物。对着您那严肃的表情，我是多么得无地自容！

事后，我勇于承担过错，毛遂自荐，一举拿下"悟（物）理科代表"。我内心依旧"惶恐"。正是因为这个职位，让我有挑战物理的决心；正是因为您，让我相信只要付出，我一样可以学好物理。

第一次让我深深地震撼的，是因为在您精彩的课堂和无人敢开小差的高效，第一次遇见一个老师如此有威慑力与细腻的心，您几乎可以洞悉每个学生的内心。

第一次被您感动得落泪，是在我们一次平常考试中，因为我的不认真和自我颓废，让我"荣幸"成为班级倒数第一名——物理考试 38 分。我十分羞愧、自责、无力，想过要辞职，我不想成为您倒数第一的科代表。您十分"大方"地批评了我，没有一点袒护，我感谢您的"无私"，让我懂得认真对待每一节课。在我无助无望时，您"严厉"地对我说了一句："以后每天来我办公室问一个问题，一星期六个问题，一个月二十四个问题，还有什么问题不能解决？"

"我是多么幸运，能够成为物理科代表。"当时我的脑海里就只有您那一句看似责骂，实则蕴含关心的话语。感谢，感谢您！

在一次偶然检查试卷时，我发现一个破天荒的秘密。您平常对千进制的乘除开根号，简直就是"速算王子"啊，不仅张口就来，还手到擒来，这怎么能让我相信，您在十进制加减运算中却出现如此低级的错误。再次看我那张印着"38"分的试卷，真有这么低分吗？草稿纸和计算器上的结果再次让我不得不信，您少给了我 20 分，整整 20 分。您的"错误"让我再次对您的"考后一百分""紧张快节奏"佩服得五体投地，也让我更加学会了正确认识自己。

感谢，您对我的相信和帮助！

感谢，您对大家的无私和无差别对待！

感谢，我们至亲的物理老师！

高一（13）班　陶丹

◆·超前、效率、实践·◆

进入高中，这门包含"110分"的物理学科成为大多数同学的"拦路虎"，我也不例外，常常被这包罗宇宙万象的学科所忙乱。在曾长兴老师的引导下，云里"物理"也逐渐揭开了它神秘的面纱。

在学习的道路上，我们不断跌倒，又不断前行。正如罗曼·罗兰所说："拼搏的道路是艰苦的、坎坷不平的。可是无论如何，那都是一条美好的道路。在那条路上，一步一个血迹也是值得的。"而在这条坎坷不平的道路上，超前学习、效率至上、重在实践，是曾长兴老师引领我们前行的捷径。

一、超前学习

作为课外自主学习的一部分——超前学习，也就是预习，起着至关重要的作用。在超前学习时，我们提前了解相关知识及其概念，把自己不明白的知识圈画出来，与同学交流或请教老师。曾长兴老师总是反复强调超前学习的重要性，并鼓励、引导大家如何超前学习。超前学习充分调动了我们的自主学习能力，听课的针对性更强，我们更能跟着老师的节奏，而不是被老师牵着走，课堂效率提高了20%以上，我便是其中的受益者之一。

二、效率至上

高中学习生活十分紧凑，对于繁重的学习来说，每天的时间都十分宝贵，而如何提高效率，也就是如何最大效益化地使用时间，成为我们学习突破的关键。曾长兴老师提出了一个行之有效的方法——限时训练。通过限时训练，我们能够以最快的速度进入考试状态。在限定的时间内通过定量的练习，既提高了效率，又锻炼了心理，可谓一举两得。曾长兴老师还拓展了限时训练的内涵——紧张快节奏，我们将这种方法也应用到其他学科，颇有收益。

三、重在实践

方法始终还是方法，最根本的还是要落实于实践，让曾长兴老师花费心思最多的，就是如何让同学们投身到实践中去。他经常挖掘我们的学习潜能，分析我们在学习中存在的问题，耐心地与我们交流，并提出相应的解决办法，帮助我们改进自己的不足。我也经常与曾长兴老师交流，无论是学习还是生活，我总能学到很多。

在此，我由衷地向曾长兴老师说一句：谢谢您！曾老师，我会尽自己所能，脚踏实地，坚定前行！

高二（8）班　黄稻子

❖·心路历程·❖

其实也不是心路，倒是我眼中的物理老师。

第一次遇见，是开学的那天晚上。曾长兴老师一来到教室就说："没完成寒假作业的不用写了，预习新课，准备明天要学习的内容。"我心中翻起一阵波澜，这老师与众不同啊！

再回到高一第一学期，物理还不是曾老师教，自认为物理学习成绩不错的我，等到期末联考，结果糟透了，而这一学期我对物理没什么感觉。

再插一件事吧，那也是在高一第一学期，那是第一次物理周测，命题人是曾长兴老师，其中一部分题涉及的内容我们班还没讲到，但出了相关的试题。我心中顿时产生了这样一个误会：这老师出题怎么这么随意？

回到正文，上您的课，神经要高度的"紧张"。首先，可能因为适应了上一个老师的讲课方式，对新老师还未适应；其次是课堂上疯狂的提问，自己还未进入角色，就被点中。最终克服了回答问题的紧张感，曾长兴老师一丝不苟的教学态度令我折服。课堂上，他对问题时而幽默风趣回答、时而深入浅出的讲解引发了我们更深层次的思考。赫胥黎曾说："继续开拓是我们每代人的职责。"物理课上，游标卡尺读数的"主游相减法"、磁约束体的"画轨迹、找联系、用规律"、电磁感应现象中的"源、路、力"等一大串的"独门绝技"，给我们留下了深刻印象。

曾有一位旅行者在游览杭州西湖后写过这样一首诗：

昔年曾见此湖图，不信人间有此湖。

今日打从湖上过，画工还欠费工夫。

如果读者读了前面的那些文字之后，还不相信曾长兴老师的魅力，那没有关系，上一堂曾老师的课吧，或许有一天他们会激动地说："写此文者还欠费功夫。"

高二（8）班　郑欣颖

◆·遇见您，预见未来·◆

（一）

因为刚好遇见您，所以在学习物理的路上，我风雨无阻。

因为刚好遇见您，所以在成长的过程中，我的合外力永远指向前方。

初见您的时候，我有一点失望，因为您并没有我想象的那么稳重，相反还显得有些拘谨。但在课堂上，您宛如变了一个人，丝毫看不出任何拘谨，也正是您精彩的课堂让我喜欢上了物理。上新课时，您常以幽默的方式导入，偶尔开开玩笑，想要"秀一波操作"，却经常掉链子。评讲试卷时，您却一改之前的幽默，以恨铁不成钢的姿态给我们评讲，"吓"得大家都不敢有丝毫的走神。正是因为您松弛有度的教学，让我对物理产生了浓厚的兴趣。

"物理"如同您给我介绍的一位朋友，我与"物理"有说不完的故事，我对您也同样有着说不完的话语。

高二（8）班　陈润文

图 4 - 29 为与留宿学生共度周末的照片。

图 4 - 29

（二）

您的课堂为我们展示了物理发展中充满睿智和灵气的科学思维，是您带领我们领略了丰富多彩的科学世界，感受物理学的博大精深和巨大影响。

在我的眼中，物理一直都是枯燥的代名词，可自从上了您的课，我发现从前的认识都错了。您上课时的情形让我想起了那些演说家：大气、淡定、自信。而那些物理公式，如同魔力一般，推衍出一条条理论。在您的影响下，我对物理的态度从静而远之变为形影不离。

高二（12）班　陈万东

（三）

您在黑板上刷刷刷地画出简图，应该说是一类题型，比在黑板上投影的冷冰冰的题目可爱多了，并且十分高效。

在学习物理的日子里能有您的陪伴，是我莫大的幸运。每次考试前，您常说不要紧张，正常发挥没问题；成绩出来后，您的体贴和关心总是让我感动不已。

您是我遇见的唯一一个能够坚持做题的老师。与别的只会喊着让我们做题的老师不同，您一直坚持限时做题。我们的问题在您心中永远都成不了问题，您总是以自身的努力，影响着每一位同学。在您的影响下，我们永远在加速前行。

高二（8）班　李政

（四）

有时候，您像一位小孩，时不时显露出"稚气"，让我们看到了一个童心未泯的曾老师。

有时候，您像一位少年，对运动的热爱、尝试新事物的好奇，让我们看到了一个热爱生活、富有激情的曾老师。

有时候，您更像一位长者，在我们犯错时，您会严厉地批评我们，让我们看到了一个严肃的曾老师。

可您，终究是一位默默无闻的人民教师，一位辛勤负责的物理教师。每当下午第一节课，您总是比我们先到，等候我们的到来；每当您要外出学习时，您总是先调好课，在请假前先上完课；每当大考来临前，您总要和我们一起放松心情。

虽然，我只是您万千学生中的一个，但您永远是我心中唯一的曾老师。

高二（12）班　严捷

图4-30为曾老师在第三届田径运动会的田径场观看学生比赛。

图4-30

（五）

岁月的洪流不断冲刷着历史的浮尘，您就像那钟表上的秒针，每天不停息地随着节奏跑，实实在在，一分钟也不停歇。

有人说，师恩如山，高山仰止，当更催后来之人奋发不已。正所谓"新竹高于旧竹枝，全凭老干为扶持"。我们的点滴进步和些许成绩全都凝聚着您辛勤的汗水。小舞台，大作为。三尺讲台方寸有限，却承载着您的崇高理想和辉煌事业！

您是我最尊重最喜欢的一位物理老师，本是枯燥无味的物理课，您却总能讲出一番风味来，振奋人心，物理课大概是最能令人开心的课堂了。

大路走尽还有小路，只要不停地走，就有数不尽的风光，祝您一生潇洒、一路风光、一切顺利！

高二（12） 黄宇霄

（六）

时间的沙漏悄然流逝，当初懵懂的自己已经消失在时光里，取而代之的是开始学会思考人生、规划未来，逐步迈向成熟。而这些，都离不开您。

在初中，学习对我来说只是一项必须完成的任务。进入高中，接触到了更多、更深奥的知识，我才发现了获取新知识的过程是如此激动人心。每每知道了新的知识，我对这世界的了解就更深了一些。这一切都源于遇见了您，因为您注重对我们学习兴趣的培养，才让我意识到学习的魅力。而在所有的科目中，我最喜欢的就是物理，小到粒子，大至宇宙，都要用这万物之理概括，让人怎能不着迷？

这是最好的时代，也是最坏的时代。为了让我们能跟上时代的步伐，您常常在不经意间引领我们前进。数据、人工智能、云计算……这些新科技让我倍感压力，却更想跃跃欲试，而这些，都源于遇见您。

高中三年，感谢有您。遇见您，预见未来！

高二（8）班 何欣嫣

附 录

（1）我之所以爱上物理，是因为我的一切成果，都源于我的物理思维。

（2）在讲物理题时，我把很多东西传授给了孩子，他们短期是高考受益，长期是人生受益！

（3）物理教学不应绕弯子，而应当让学生学得明白，学得清楚，学得"简单"。

（4）物质（质量）告诉时空如何弯曲，时空告诉物质如何运动。

（5）单项选择题解题策略：攻其一点，不及其余；多项选择题解题策略：疑项不选，每题必做。

（6）做题就像杀敌，研题就像观战，读书就像读兵法。只做题不会成为解题高手，不研题不读书，遇到难题一样输。

（7）高考题不是太难，是自己不知道自己位置；不是理综时间不够，是你太贪心，不知舍弃。

（8）陪伴是最长情的告白，教书是一门慢的艺术。

（9）紧张快节奏，考后一百分。

（10）你可以不做第一，但要做唯一；你可以不成功，但要成长。

（11）一堂好课的标准应符合以下几点：思路清、学生明、素材好、理念新。

（12）能提前想到的，都不是问题；临时碰到的，才是问题。今天的领跑，只为明天的跨越！

（13）遇见一个好老师极为重要，有时候好老师可遇而不可求。我感谢我的老师，他们给了我物理思维的萌芽。

（14）中学教师应静下心来好好研究教材和考试大纲，让这些东西发挥应有的作用。有些教师到处参加各种五花八门的"培训""讲座"，到头来不但没什么收获，反而把本职工作和生活都耽搁了。

（15）课堂上，教师只有相信学生、解放学生、引导学生，才能真正成就学生。

（16）教师要做到"定目标、快节奏、讲练结合、当堂训练"，体现"学一点、记一点、会一点"，落实"精讲多练、当堂消化"才能达到高效！

（17）只要你愿意，就算你比郭靖还笨，我都能教好你；如果你不愿意，就算你比黄蓉聪明，我也不愿意教你。

河源市教育局第三批中小学名校长工作室、名班主任工作室、名教师工作室主持人名单如附图1。

附图1

后　记

从教 25 年来，我一直耕耘在三尺讲台，坚持服务山区学生，践行用无悔青春追寻教育梦想。

在班级管理中，我始终坚持"三心育人"，以"爱心"育人成才，以"关心"助人成长，以"耐心"催人奋进。建立了"值周班干 + 班委会 + 值周简报"三位一体的班级管理模式，创建了班级微信公众号。所带班级 5 次被评为文明班级和先进班集体，2 名被评为省三好学生，4 名被评为市优秀班干部和市优秀三好学生。

我长年坚守在教育教学第一线，形成了"严谨、简约、朴实"的教学风格。在教学中，尤其在高三教学中，我坚持"四不"：不加班加点，不搞题海战术，不进行过多的测试，不滥用课外资料。而是在精心备课、精选习题、精讲精练上下足功夫，向课堂 40 分钟要效益、要质量。2014 年高考，县总分前 3 名均落在我的班级。近三年辅导学生参加全国物理竞赛，3 人获省级三等奖，12 人获市级以上二等奖。

在教研工作中，我坚持"在问题中思考，在思考中研究，在研究中进步"，积极参加学校和市教研室组织的各项教研活动。主持或参与市级以上课题 5 项，其中 3 项已结题；14 篇论文发表在国家级核心刊物，获各类教学比赛市级以上奖项 29 次。

作为经验丰富的老教师，我始终保持和年轻教师共同学习、共同进步的良好关系。经常和年轻教师一起研究教学中出现的疑难问题，交流教学体会，探讨如何创新实验教学等问题。作为科组长，精心指导青年教师刘淑婷、骆欢欢、刘小宁等老师的教学和班主任工作，三位教师屡次在省、市级教学大赛中获奖。

2016 年 8 月，作为学科带头人选调进入河源高级中学后，我一直担任理科创新班班主任、物理科组长和备课组长。经过三年的艰苦奋斗，2019 年 6 月我所带的理科创新班 40 人参加高考，39 人达到高优线，600 分以上 9 人，13 人达到中山大学录取分数线，平均分 580 分；我所教的追求卓越班平均分达 605 分，超出高优线 110 分，刘可郅同学以 653 分排全省 718 名。

我脚踏实地的工作态度，在赢得同事赞誉的同时，也受到了领导的肯定和上级部门的嘉奖。2016年至今，分别被评为广东省特级教师，省、市名师工作室主持人，市首席教师，市优秀班主任，2018年12月获得教育硕士学位。

屈子说："路曼曼其修远兮，吾将上下而求索。"我深感河源这片蓄势待发的土地是我施展才华的真正舞台。在以后的工作中，我将不忘初心，继续为广东教育事业尽绵薄之力！

曾长兴

2019年7月于广东河源